华章经管

HZBOOKS | Economics Finance Business & Management

海尔智慧

胡泳　郝亚洲 / 著

Haier
Wisdom

机械工业出版社
China Machine Press

图书在版编目（CIP）数据

海尔智慧 / 胡泳，郝亚洲著 . —北京：机械工业出版社，2020.1

ISBN 978-7-111-64084-4

I. 海… II. ①胡… ②郝… III. 海尔集团公司 – 企业管理 – 研究 IV. F426.6

中国版本图书馆 CIP 数据核字（2019）第 233129 号

本书以海尔为研究主体，从管理的源头、结构的演化、决策的迁移与管理的范式转变这四个方面论证和探讨了组织如何在新的环境里生产知识，并将自身由线性组织推进为平台型组织。本书涉及大量张瑞敏的实践思考，对企业管理者有很强的参考意义。

海尔智慧

出版发行：机械工业出版社（北京市西城区百万庄大街 22 号　邮政编码：100037）
责任编辑：林晨星　　　　　　　　　　　　　　责任校对：李秋荣
印　　刷：三河市宏图印务有限公司　　　　　　版　　次：2020 年 1 月第 1 版第 1 次印刷
开　　本：170mm×230mm　1/16　　　　　　　印　　张：17
书　　号：ISBN 978-7-111-64084-4　　　　　　定　　价：59.00 元

客服电话：(010) 88361066　88379833　68326294　　投稿热线：(010) 88379007
华章网站：www.hzbook.com　　　　　　　　　　　　读者信箱：hzjg@hzbook.com

版权所有 • 侵权必究
封底无防伪标均为盗版
本书法律顾问：北京大成律师事务所　韩光 / 邹晓东

| 题　记 |

我们生活在一个充满矛盾和悖论的世界，对这个事实，也许最根本的例证是这样的：知识问题之存在依赖于未来跟过去有所不同，而问题解决之可能则取决于未来像过去一样。

——弗兰克·奈特

归根结底，管理有关人性。如果组织还想生存，它自身就必须以某种方式在人性上造成较大幅度的变化，尤其是当我们来到自由的互联网时代之后。

——胡泳　郝亚洲

目录

序言 转型时代的管理思维

第一章
通往知识自由之路

第一节 知识塑造企业
  知识为王 / 2
  创造知识的企业 / 7
  信息时代与知识时代 / 8
  由制而创 / 13
  知识制造业 / 15
  布满沟壑的新经济 / 21

第二节 知识与自由
  建构与自发 / 26
  均衡与秩序 / 29
  在互联网时代重返哈耶克 / 35
  云与钟 / 42

第三节 让个体自由起来
  永不消逝的风险与不确定性 / 48
  人人都是 CEO / 52
  至高无上的个体 / 56
  网络时代的员工能力 / 60

| 第二章 |

结构与决策 I：结构

第一节　后组织时代

历史可以决定未来吗　/ 68

超文本组织　/ 72

组织不死吗　/ 77

第二节　网络个人主义

尼采与新经济　/ 81

管理回归到"人"　/ 88

"关系"取代"生产力"　/ 93

第三节　求变的海尔

失效的"变化管理"　/ 99

持续性失衡　/ 102

海尔的平台逻辑　/ 109

第四节　海尔的创新单元：小微

理解海尔变革的四个新词　/ 114

组织新范式：社群　/ 119

对组织社群化的想象　/ 124

| 第三章 |

结构与决策 II：决策

第一节　浮现机制与集体智慧

让组织具有坡度　/ 130

交响乐队和爵士乐队　/ 135

集中/分散的思辨关系　/ 138

第二节 **破局绩效主义**
　　流程宗教 / 143
　　组织的时代病 / 147
　　谷歌的 OKR & 海尔的二维点阵 / 151

第三节 **中层困局**
　　不死的层级 / 158
　　从"工具层级"到"价值层级" / 163
　　如何理解"消灭中层" / 166

第四节 **黑客文化与新组织理论**
　　黑客,电脑时代的牛仔 / 171
　　集市的开源与大教堂的闭源 / 175
　　网络决策 / 181

| 第四章 |

创造型企业家崛起

第一节 **从物理革命到管理革命**
　　牛顿、爱因斯坦以及量子力学 / 188
　　新旧知识的不可通约 / 195
　　打造高维组织 / 199
　　海尔的量子式变革 / 202

第二节 **创造型企业家**
　　实践智慧:浮士德、王阳明和英式橄榄球 / 208
　　领导者的二象性 / 215
　　重新定义管理 / 219
　　制度企业家 + 基因术士 = 创造型企业家 / 223

跋　没有颠覆,只有奥伏赫变 / 230

| 序　言 |

转型时代的管理思维

价值体系的破坏与跨越

2014年6月14日，沃顿商学院全球论坛在北京召开的第二天，海尔集团首席执行官张瑞敏以嘉宾身份迈步走上讲台，发表了一次日后引起巨大反响的演讲。

沃顿商学院是较早关注海尔变革的全球知名商学院之一，其教授马歇尔·迈耶（Marshall Mayer）曾多次到海尔调研，是张瑞敏多年的相识。迈耶本人也对海尔这几年持续的组织变革给予了充分的肯定。他认为，海尔的变革是将企业内部的静态契约关系动态化，改变了西方经济学理论中的委托/代理关系。在海尔，每一个人的业绩以市场为最终的衡量尺度，从而规避了由传统契约机制带来的博弈关系。

不过迈耶坦率地承认，他的研究跟不上海尔发展的速度。"对突然进入这个文化环境的某个人来说，这里最令人惊奇的一件事是组织创新的发生速度。在每个周六早晨高管层开会的时候，组织图几乎都会发生变化。我总是抓不住要领。墨迹还没干，就出来第2版、第3版、第4版了。这也是中国管理程序的特性。这让我们进行大家熟知的研究（西方学者熟知的研究）有些困难，因为我们想得到数据，我们想得到'硬'数据，想看到确切的事实。可在中国，这些事实始终处在变化之中，因为所有的事情都是试验性的。这是个高度分散化的系统。如果你运气不错，你会获得第一近似值（first approximation）。"①

其实迈耶有句话说错了，海尔组织创新的迭代速度并非中国管理程序的特性。可以毫不夸张地说，绝大多数中国公司都没有实行海尔式的激进变革。张瑞敏在沃顿全球论坛的演讲中，除了阐述海尔目前变革的逻辑之外，更多的是在公开传达自己的危机意识。

2010年4月，一家叫小米科技的公司在北京注册成立，共有7位创始人，其中的领头者是雷军。这家公司从深度定制安卓系统开始，针对刷机爱好者推出了MIUI操作系统。此时，小米并没有多少公众知名度。2011年秋季，小米在MIUI系统相对成熟的情况下，推出了小米手机"米1"。这款"为发烧而生"的手机制定了一个当时"略显尴尬"的价格：1999元。瞬间，小米手机就因为系统的流畅性和对用户习惯的精准把握，呈现出了蔓延之势。

2012年，小米手机出货量达到700多万部。而随着小米2S、小米3以及低价机红米的推出，小米很快从具有小众味道的"发烧机"变成了国民手机。2013年，小米手机出货1870万部。2018年，小米手机出货量已超过1亿部。

2010～2014年，仅仅4年多的时间，小米以纯粹的互联网公司的姿态杀入电子设备制造领域，来势凶猛，让几乎所有的传统制造业大佬不寒而栗。面对门口的野蛮人，如今，在制造业听到最多的一句话是："如果小米来做我们的产品，会是什么样子？"

小米平地崛起，究其原因，皆在于"互联网"三字。小米采用一种完全

---

① 沃顿知识在线. 海尔模式：将中国农村当作海外增长的教室 [EB/OL]. (2014-7-10) [2019-8-26]. http://www.knowledgeatwharton.com.cn/zh-hant/article/7523/.

的轻资产模式，不同于传统手机厂商，它没有销售渠道，没有自己的工厂，其成功缘于用互联网技术对手机制造业的改造：一是戴尔模式的供应链管理，实现了零库存，按需定制；二是亚马逊模式的渠道管理，降低了渠道成本；三是基于社会化媒体的"零费用营销"。小米为中国制造了一个经典的口水名词："互联网思维"，被雷军概括为"专注、极致、口碑、快"七字诀。因为小米，大家开始将所有具有互联网元素的传统企业都称为"具备了互联网思维"。

除了制造业，很多其他业界人士也都在讨论互联网如何颠覆传统的一切，比如媒体，比如教育，比如医疗。在这种语境下，以互联网的模式去解构传统行业，就是生与死的界限。

哈佛商学院教授克雷顿·克里斯滕森（Clayton Christensen）于1997年出版的《创新者的窘境》⊖再次被人提及，甚至成了金科玉律。创新者如何成为创新的永动机，这是摆在全球商业面前的一个永恒题目。在这道题目背后，是一种对命运的担忧，对"随时随地"被一股不明力量颠覆的焦虑，更是出于对自尊和荣耀的守卫。

尤其对于刚刚走过而立之年的中国商业来说，还没有体会到基业长青的滋味，便要被互联网的洪流所裹挟，在时代面前诚惶诚恐。用张瑞敏的话来说，企业要么自杀重生，要么他杀出局。没有成功的企业，只有时代的企业。

这就是互联网的本来力量，即速度的力量。这样的速度被美国计算机教授 T. G. 勒维斯（T. G. Lewis）称为"倍时速度"，它早已超越了摩尔定律的18个月周期论，强调了企业向用户"学习"的速度，也就是"迭代"的频率。⊜当有一天，企业发现自己逐渐落寞的时候，抛弃它的不是技术，而是

⊖ 克雷顿·克里斯滕森. 创新者的窘境 [M]. 吴潜龙, 译. 南京：江苏人民出版社, 2001. 此作者名又译为克莱顿·克里斯坦森、克莱顿·克里斯滕森。

⊜ T G 勒维斯. 非摩擦经济：网络时代的经济模式 [M]. 卞正东, 等译. 南京：江苏人民出版社, 2000.

每一个有名有姓的用户。

勒维斯认为："时间的计量与逆向经济学（inverse economics）[一]结合便产生了'倍时'一说。'倍时'是指某一产品、服务或者创意的市场翻一番所需要的时间，它通常与产品数量增加一倍所需要的时间一致。谨记：学习常常发生在产品数量翻番之际。哈勃常数是用来推算宇宙不断膨胀的速率的，同理，'倍时'也能反映一个企业或产品如何快速地遵循某一曲线发展。但与之不同的是，'倍时'不是一个常数，它随非线性主流曲线的变化而变化。"[二]

也就是说，产品的价值和"倍时"成反比，市场份额如果无法在一个时间量度之内翻番，其价值几乎为零。[三]

在互联网时代，市场份额是表象，速度才是真相，这个速度就是人的变化速度。这并不是说人的速度是被技术更迭的速度带起来的，而是说人天性中就有多变性，是被技术勾引出来了。勒维斯主张追求终端速度。终端即是人，非摩擦经济中的变化速度不是以技术来衡量的，而是以人的周期来衡量的。[四]

也许这可以解释小米的成功。它把一个本来冰冷，将用户和企业隔离的流水线变得人格化。小米不断收集用户的反馈，并形成下一次系统升级的需求。"我们就是要给予发烧友参与产品改进的机会。"

雷军曾经说，"小米每周更新四五十个甚至上百个功能，其中有1/3来源于米粉。苹果的更新是一年一次，谷歌是一个季度发布一个版本，而小米则是一个星期发布一个版本，风雨无阻"。强大的米粉军团，是支撑小米迅

[一] 原文译为"反经济学"，笔者修订为"逆向经济学"。
[二] T G 勒维斯. 非摩擦经济：网络时代的经济模式［M］. 卞正东，等译. 南京：江苏人民出版社，2000：122-123.
[三] T G 勒维斯. 非摩擦经济：网络时代的经济模式［M］. 卞正东，等译. 南京：江苏人民出版社，2000：123.
[四] T G 勒维斯. 非摩擦经济：网络时代的经济模式［M］. 卞正东，等译. 南京：江苏人民出版社，2000：18.

速成长的主要动力。也是基于此，小米可以展开一系列互联网服务，包括建设自己的销售渠道，从而可以大幅度降低产品成本。这背后其实是人为加快人的速度。

小米给传统制造商带来了两个噩梦：召之即来的粉丝群，超出想象的低价。当传统制造商还在苦心孤诣地在产品利润和销售渠道上下功夫的时候，小米反其道而行之，将作为价值链末端的用户前置，将其变成价值链的顶端。决定产品性能的不再是技术或者产品本身，而是用户。所谓终端的速度是人的速度，正合此意。

2013年12月，中国制造业诞生了一场著名的赌局。格力掌门人董明珠主动出击，在中央电视台的节目现场向雷军发出赌约，赌注10个亿，内容是小米在五年之内的营业额超过格力，即越过千亿规模。

当时，雷军是这样阐述小米的优势的："小米的盈利模式中最最重要的就是轻资产。第一，它没有工厂，所以它可以用世界上最好的工厂。第二，它没有渠道，没有零售店，所以它可以采用互联网的电商直销模式。这样的话就没有渠道成本，没有店面成本，没有销售成本，效率更高。第三，更重要的是，因为没有工厂，因为没有零售店，它可以把注意力全部放在产品研发，放在和用户的交流之上。所以，小米4000名员工，2500人在做跟用户沟通的事情，1400人在做研发。"

克里斯滕森在《创新者的窘境》中提到了"价值体系"（value network）的概念，将其界定为"公司识别用户的需要并做出反应，解决问题，获得输入，对竞争者做出反应并且努力创造利润的环境"。㊀决定一家公司采取持续性创新（sustaining innovation）还是突破性创新（disruptive innovation）的

㊀ 克雷顿·克里斯滕森. 创新者的窘境[M]. 吴潜龙，译. 南京：江苏人民出版社，2001：26.

主要原因在于预期的报酬，如果预期报酬高，则已定型的公司（指那些在给定产业中最大的玩家）会以某种方式聚集所需的资源，去开发和采用某种技术。克里斯滕森认为，已定型的公司往往会驱使资源分配向持续性创新发展而远离那些突破性创新。此外，新加入的公司与已定型的公司相比，更加适合利用本质上全新的技术，而不像后者那样，只善于在自己驾轻就熟的技术上做改进。

价值体系不止针对单个公司，它还和一个分层次排列的制造商和市场体系相关。在同一个广泛定义的行业中，可能存在平行的价值体系。不同的价值体系中，产品的定义和价值是不同的，成本结构也是不同的。这些都会对创新种类产生强大的影响。结果，已定型的公司在持续性创新中的明显强势和它们在突破性创新中的突出弱点（以及新加入的公司表现出的相反的力量和弱点）与两种公司在管理、组织和文化上乃至对全新技术的处理能力的不同上并没有多大关系，而是因为它们处在行业的不同价值体系中。

突破性技术的本质是要跨越此价值体系，进入彼价值体系。我们经常说的"互联网颠覆传统产业"，就是从对价值体系的破坏来讲的。传统的价值体系，本身是一个机械体样本：严密的逻辑结构、自上至下的信息渠道、集中式管理等。而互联网起到的价值体系破坏作用就在于，支撑这个体系的任何一个点都有可能被放大，进而颠覆全局。

用户鸿沟

全局可能被颠覆，这就是海尔领袖张瑞敏的深刻洞察。海尔作为全球白电品牌的领导者，事实上，自进入21世纪以来一直处于深重的忧患意识之中。而这个忧患要追溯到19年前的春天，张瑞敏参加达沃斯论坛归来。

2000年4月,张瑞敏在《海尔人》上发表了文章《新经济之我见》,不无感慨地把参加达沃斯论坛的心得汇总成文。也是在这篇文章里,张瑞敏明确提出了海尔的新经济之路,而这条路必定始于企业信息化:"首先网络使你无法自满,它使距离消亡到零,传统的连续性被打破及传统结构消亡。不能更新观念,无异于自我抛弃。其次是运行模式的创新,包括制度、组织结构等。我们的组织应成为有序的非平衡结构,内部流程应适应外部瞬息万变的市场。再次是新技术的创新,利用网络优势整合全球科技资源为我所用,以创新技术来创造新需求进而创造新市场。"

张瑞敏在考察完沃尔玛和戴尔后说,"仅仅停留在市场竞争、产品竞争已经远远不行了"。取代它们的是用户资源的竞争。随着"互联网思维"一词成为热门,张瑞敏对之也提出了自己的见解。他从系统的角度出发,将"互联网思维"总结为:零距离、去中心化、分布式。零距离,是要真正从过去的企业主导市场变成用户主导,企业和用户之间是零距离的。去中心化是针对组织结构而言的,从中心化的正三角组织系统变成扁平化平台,让员工直接去面对市场。分布式针对资源整合,"世界是我的研发部,也是我的人力资源部",从而形成一个完备的生态系统。

千变万化,其核心还是在于"用户"。用户是海尔的"圣经",可以说自海尔创业始,张瑞敏就一直在强调用户的力量。组织变革也好,战略演进也好,一切都要围绕用户进行。这是张瑞敏对互联网新经济的首要理解。他的焦虑,正是因为传统的工业流程和价值体系,并不能够真正地满足用户的个性化需求。而这,是靠事后的五星级服务无法根本解决的。工业时代的用户对于互联网时代来说,是"死"的,海尔此前依靠卖产品积累的"顾客"资源并不是今天所说的"用户"资源。用户的情感在一个功能性产品中无法得到延伸,没有人会用"尖叫"来表示对流水线上下来的海尔洗衣机或者冰箱的喜爱，更不会有成千上万的人像对待小米和苹果那样翘首以盼海尔的某款新家电的上市。海尔面临着一个巨大的难题：如何跨越"用户鸿沟"。这是一个时代结束、另一个时代开始的必然现象，曾经的霸主要么断臂求生，要么轰然倒闭，要么垂死挣扎。海尔能全身而跃吗？

我们多次旁听海尔内部的高管例会（就是前面迈耶所说的那个周六会），最深的感受也是会议室中弥漫的"危机感"。张瑞敏在会上说得最多的就是，"假如海尔明天就死掉……"。会上，高管会一起分析最新的互联网公司动向，小米、特斯拉、谷歌、阿里巴巴等，他们随时警示自己，海尔的对手一定来自互联网，颠覆只是一夜之间的事情。

海尔内部对员工的考核有两个指标：一个是横轴，是常规意义上的KPI，它被叫作企业价值，即市场成果；一个是纵轴，考察如何创造用户，相当于网络价值。网络价值与网络规模的平方成正比，而网络规模是由网络节点的多少以及网络连接用户的多少所决定的。网络价值强调的是，企业到底交互出了多少用户，企业的网络节点是什么。纵然横轴完成得漂亮，但如果纵轴不好，在海尔看来，就是失败的，因为这意味着企业仍然是在用传统的方法获取市场份额。

海尔把网络价值分为三个关键点：迭代、拐点和引领。迭代，就是要同用户真正交互起来；拐点，即形成网络效应的爆发点；引领，引导用户跟着企业走。为此，张瑞敏甚至发明了一个词——"迭代量"，强调改变原来先生产再销售的模式，不断和用户交互，改进产品。

张瑞敏曾经对高管说："落后的观念具有杀伤力！"他就是要通过横纵轴交叉考核的方式，把观念落实到绩效中，促使员工进行自我调整。

2014年，海尔上市了一款冰箱，销量出色。但是，其渠道模式依旧是"卖场返点"，厂商主动对卖场让利，从而提升卖场的销售动力。也因此，这款冰箱虽然卖得不错，但是其销售模式依然遭受了张瑞敏的严厉批评："现在还有一些买进卖出的交易，这个是不可以的。这个在传统经济时代可以有，但现在毫无意义，因为现在不需要你买进来再卖出去。买进卖出是逆潮流的，是根本不可以存在的。"

所谓"买进卖出"，指的是"硬件贸易差"思维。在这种思维下，经常出现要处理库存或者打价格战的现象。电子消费产业的产品同质化造成厂家利润稀薄，在此情况下还用价格战手段拼得你死我活，这本身就是一条"死路"。互联网电子消费品牌完全不以"硬件贸易差"盈利，而对传统厂商的价格体系釜底抽薪，这些搅局者直接击中了传统厂商的要害。

海尔追求"和用户零距离"，这不仅仅要满足用户的使用需求，更要让产品直接面对用户。张瑞敏一直很推崇德鲁克的一句管理箴言："企业的目的只有一种适当的定义，即创造顾客。"他在接受《IT经理世界》专访时称，互联网时代为传统制造企业带来了一个非常大的空间，即可以转型为平台型企业，此时"创造顾客"的关键已转变为"交互用户"。

在互联网时代，用户不再是一个购买者，而是变成一个参与者，也就是交互用户，企业要为用户创造全流程的最佳体验。张瑞敏说："我们在改变一个观点，过去我们关注的是市场占有率是多少，在某个地方卖了多少万台产品，现在我们关注的是这些用户有没有和海尔产生交互。过去回款是销售的结束，现在回款应该是销售的开始。"

张瑞敏举了一个例子：海尔洗衣机推出一个新产品，在市场上受到欢迎，一下子获得百分之几十的增长，洗衣机部门就有些自得，说自己没交互，产品不也不错吗？张瑞敏当即点醒他们，让他们不用沾沾自喜："到三个月，增速不下降就怪了。我干了30年，这点经验还能没有？连想都不用想。"市场后来果真如他所预见。张瑞敏痛切地说："特别传统的这些人，真是倒不过步来。你叫他去迭代,和用户交互,但是他真是不习惯,来不来的还是开发个产品推到市场上去。特别是有的时候,他就是闷着头弄出个产品推出去,还挺受欢迎,这其实是最糟糕的。这里面有一个困局,所有的产品,如果不是了不起的差异化,都没有什么太大市场,只不过一次性地觉得不错。甚至是那些差异化巨大的产品(比如苹果手机一出来,全世界都追捧)慢慢地也会走向商品化。"

为了避免这样的困局,海尔要分三个阶段与用户进行线上交互:一是创造互联网社区或平台,让用户"自愿来交互";二是用户之间实现"自动交互";三是海尔从交互中寻找"自我增值"的机会。"如果产品从无到有,始终都有用户参与的话,那么甚至产品的价格也应该是用户参与制定的。"

作为一家制造业大公司,张瑞敏提出,没有用户全流程最佳体验的产品就不应该生产。用户最佳体验的产品是什么呢?应该在设计阶段就开始和用户进行交互,一直到最后,全流程交互。张瑞敏严厉批评制造部门:"现在还有一些产品没有进行交互,还是关着门在那里搞设计,设计完之后就出去打广告。到今天,传统广告就不应该打,一个都不能打。如果你打广告,表示你现在和用户还有距离,认为通过广告就可以将用户吸引过来。这样根本不行,你必须在网上和用户进行交互。"

在制造业之外,张瑞敏针对海尔业务的另一翼——平台型的商业生态网,明确提出了另一个要求:没有价值交互平台的交易都不应该存在。传统模式下是为自己的产品找用户,而现在是为用户找他们可能需要的方案及产品。两者有本质的不同。

由于张瑞敏的严格,高管也常常会通过粉饰太平求"安全",但几乎无一不被张瑞敏点破。在一次会上,张瑞敏说:"最可怕的就是掩盖问题。管理就是解决问题,没事找事。埋下的问题早晚会成为定时炸弹,我希望听到问题以及解决问题的思路。"

事实上，张瑞敏也是这么要求自己的。他在公开场合的几次演讲，都会谈到海尔目前遭受的冲击，以及面对冲击时的调整。作为管理者，他的坦诚是让人意外的，有时你会发现他在内部和外部讲话的内容差别并不是很大。他对员工传达了自己的焦虑，也会同样向公众这样表达。

这种焦虑不仅仅是海尔或者张瑞敏要面对的，而是整个中国制造业要集体面对的。因此，才有了序言开篇所说的那篇演讲在业界掀起的一场风波：这场风波事关海尔的裁员。

裁员，还是转化

张瑞敏的此次演讲之所以引起剧烈反响，是因为他在阐释组织变革的时候提到："2013年我们去掉16 000人，年初的时候是86 000人，到年底变成70 000人，去掉了18%。2014年预计再去掉1万人，主要就是中间层，还有是一些业务变成智能化了，就不需要这么多人。"

此言一出，舆论哗然，海尔和张瑞敏都遭受了巨大的非议。社会责任论、变革激进论频出，国内财经作家吴晓波更是在新浪微博上将矛头直指张瑞敏，认为海尔的变革至此，是"主帅无能，累死三军"。不久，吴晓波又发表了《你还关心张瑞敏吗？》一文，提出海尔的变革过于聚焦内部管理，而忽略了技术创新和产消关系的重塑。

吴晓波的看法很有代表性。海尔一度被视为中国管理最好的企业之一，引来无数人参观学习。但近些年，伴随着互联网企业的崛起，外界对海尔出现了一种批评，认为海尔管理有余，但经营不足。年轻的互联网新秀甚至对孜孜以求地抓管理、练内功持一种嘲讽的态度：你一天到晚弄管理，有什么用，还不如弄弄产品，一款产品打天下，可能比你兢兢业业做管理，在快速变化的时代更有效。

我们就此向张瑞敏提问，他回答说："从来不存在一个管理和经营之间孰多孰少，或孰重孰轻的问题。企业里只有一个核心，就是到底你的战略是什么，你的战略创新是什么。对海尔来讲，现在的战略创新是什么呢？就是要从传统企业变成互联网时代的企业，而这种改变，意味着从组织结构到流程都得重新颠覆，就是要变成一种可以创业的组织。在此刻，你光想产品问题或者技术问题是没有用的。其实如果你整个组织结构和框架，以及战略都不改变，你从来不会有什么产品，有什么创新。"

喜欢引用古书的张瑞敏在此没有忘记用古人的智慧证明自己的看法："你看唐宋八大家的韩愈写的《师说》里头的那句话，'闻道有先后，术业有专攻'。你说什么技术，什么产品，那是术业，你能不能专攻，前提是你闻道对不对。道不对，那你术业有什么用呢？"

实际上，管理并非单就流程而言，而是对知识的生产和分配进行组织。其过程是在业务流程、技术创新、产消关系塑造、战略转型等一系列环节中体现出来的。对于初创企业而言，组织可以将精力和资源集中于产品之上，这是寻求市场地位的开山之斧。海尔在 20 世纪 80 年代也是这么做的，先是抓住了彼时产品的核心——"质量"，进而谋求服务。但是，对于成熟型组织而言，产品无法抛开内部其他资源和环节进行单兵突进。不断涌现出优秀产品的背后，必然是一个与之匹配的管理体系。换句话说，产品是管理的产物，从福特（Henry Ford）时代至今，这个道理颠扑不破。

当海尔面临"用户鸿沟"的时候，管理的颠覆势在必行。演讲过后处于风口浪尖的张瑞敏用了一个比喻来回应外界的质疑："鸡蛋从外面打破一定是人们的食物，如果从内部打破，则一定是新的生命。"

对于裁员，张瑞敏介绍说：

> 海尔"调整"了四类人。第一，一些业务外包出去了，包括服务、制造，只要海尔不如别人做得更好，通通外包出去。外包不等于海尔涉及的人没有活干，他们是跟着到外包单位去。第二，智能制造无人化，不需要这么多工人了。第三，中间层，海尔称之为"隔热墙"，也要去除。海尔的口号叫作"外去中间商，内去隔热墙"。第四，从"在册"转变为"在线"的员工，也就是自己出来的创业者。他们可能继续为海尔服务，也可能为社会提供服务，空间比原来大多了。

为什么要调整？张瑞敏对经济学者艾丰说："今天不做，明天企业就不存在了！"他引用数据称，美国代工企业在2013年回迁了200多家，它们利用智能化的因素，成本比在中国制造减少了20%。智能制造造成的人员缩减，其实是当下制造业的普遍现象，美国制造业的回潮会对中国的劳动密集型制造模式形成巨大打击。此时不智能，就会成为下一个底特律。

全世界智能化做得最好的或许是德国，它提出了"工业4.0"的概念。张瑞敏认为，所谓"工业4.0"说穿了就是互联工厂。"我们要做到无灯工厂：没有电灯，没有人，机器人和生产线可以对话。市场信息来了之后，机器人和生产线会做出反应，满足个性化的需求。"海尔已经开始推进无灯车间，比如，一条经改造的洗衣机生产线，原来有92个人，现在可以变成只有1名员工。

智能化逼迫企业必须减人，互联网带来的扁平化也使得企业的中间层成为冗余。例如，海尔专卖店在全国有超过3万个网店，从乡、县、市、省，有一系列的管理人员和销售人员，现在有了互联网，通过信息联网，就可以实现查询和销售。"试问我为什么要中间这些人？有时候还会信息不准！"张瑞敏说。

对于外界就海尔裁员的质疑，张瑞敏反问："现在做企业，为什么不倒过来思考呢？原来有几万人，为什么一定要有这么多人呢？互联网时代你用得了这么多人吗？到硅谷去看，100人100亿美元的公司都可以实现。有一个公司50人190亿美元。国内也是一样，小米才4000人，如果按照传统公司能做出来吗？"

更加重要的是，这种"裁员"，对于海尔来说，还是一场巨大的人力资源试验，是一个"在册"转"在线"的过程。"在册/在线"是海尔发明的人力资源词汇。海尔在向网状组织转型的过程中，提出了"接口人"的理念，他们行使网络中"节点"的功能。节点足够活跃，能力足够强大，就会链接新的节点，这样会有源源不断的人力资源接入进来。组织的界限不再那么清晰，内外也不再泾渭分明，只要在海尔这张大网上，皆可以称之为"员工"。

从海尔正在推进的小微公司的层面讲，当小微成为真正的创业公司的时候，创客就可以不再束缚于身份的限制。他们会主动从"在册"转为"在线"，且依然可以使用海尔的平台资源，这样反而可以将自己的利益最大化。

海尔"在册"转"在线"的人力资源试验或许太超前了，超出了绝大多数人的认知范围。他们对裁员的第一反应是，海尔的市场遇到寒流了吧？孰不知裁员这个词是属于传统组织结构的，对于网状组织结构来说，不存在这个概念；或者说，恰好是要力求打破这个概念。张瑞敏认为，这样做严格意义上不叫裁员，应该叫"转化"，因为在线的目标就是要创业，只不过是转到企业的大平台上。

组织变革是最大的战略

在沃顿商学院全球论坛上，张瑞敏发表的演讲题为《互联网时代的商业模式创新探索》。这是一个很值得玩味的题目，尤其是其中的"探索"二字。这种带有不确定性语气的表述，听上去充满了疑惑和未知。

张瑞敏的演讲引发众议的更关键的地方，是他谈及企业的中层问题时，用了一个十分尖刻的比喻："查尔斯·汉迪（Charles Handy）有一句话说企业里面的中间层就是一群烤熟的鹅，他们没有什么神经，他们不会把市场的情况反映进来，因此必须把他们除去。"㊀

对于"每个企业都有中间层，他们对企业发展必不可少"的传统认识，张瑞敏非常不以为然："中层的存在和组织的宗旨有关系，也和组织的目标有关系。如果你这个组织就是要集中力量办事，那你的中间层永远去不掉。但是我现在要把组织变成一个生态圈，由一个个小的组织构成，那到底要中层有什么用？"

事实上，如前所述，裁员风波引发了不少针对海尔这十几年来持续激进变革的质疑。管理学者陈春花就直指海尔的组织领先于战略："大部分情况下看到海尔谈论互联网，谈论流程创新，但是很少看到海尔谈论产品创新和基于产品的技术创新。"

张瑞敏关于"术业"与"闻道"的比较显示，他仍然把战略置于头等重要的位置。但从另外的角度我们也可以说，陈春花说得没错，海尔就是要让组织领先。海尔的确是一个管理驱动型的组织，张瑞敏就是要用管理解决组织战略和产品创新的问题。这基本上是沿袭了德鲁克的观点，用管理解决知识的生产和分配问题，管理是核心。

由此，我们可以思考这样一些问题：战略还能决定组织吗？真的存在一个清晰可见的路径让企业加以遵循，并顺利到达目标吗？还是说，在变革时

㊀ 此处有误，把中层形容为"烤熟的鹅"的比喻，实际上来自汤姆·彼得斯。（Peters, Tom (1992). *Liberation Management: Necessary Disorganization for the Nanosecond Nineties*. Randaom House Audio.）

期，是组织决定战略？

张瑞敏之所以认为传统型组织架构有很大的压缩空间，是因为存在既定的升迁轨道。这条轨道自下而上，支撑了整个组织，将其变成单向度的。单向度的组织受牛顿的万有引力定律支配，确立一个引力源，周围的物质都会被其吸引。虽然有反作用力，但终究会形成一种"围绕"运动的关系，且被吸引的物质之间不会形成相互作用，而是独立存在。在企业的层级架构中，"力"就是权力，也即利用信息不对称而形成的单向度引力。顶层吸引中层，中层吸引底层，层级内部的横向沟通不足，且底层无法对顶层形成"权力回馈"。

张瑞敏推行倒三角组织，就是要解决"权力回馈"的问题，让一线员工倒逼管理层。就像德鲁克的话一样："观念的改变并没有改变事实本身，而改变的是你对事实的看法。"然而三角形理念无论怎么变都是力学世界观的一种，并不能从根本上满足组织必须适应瞬息万变的市场的需求。于是，张瑞敏颠覆了自己的观念，对组织进行了量子式思考。

张瑞敏的量子变革理念，追求组织知识的最大化。这不同于传统理论中的"授权"，而是让员工认识到自己本该具有的权力，这个权力是用户赋予的。粒子是不遵循轨道原理的，粒子之间的力的方向和能量也不是外界施加的，粒子本身就可以产生能量场。

传统层级结构是知识化的绊脚石。如果期待员工有"量子跃迁"式的表现，结构再造是第一步。如果一定要说组织有什么战略的话，组织变革就是传统企业面对互联网时最大的战略。

张瑞敏设定的组织变革愿景是，未来的海尔，将不复是一个集团式的大企业，而毋宁说是一个创业平台，上有三种创业类型的企业：第一是自主创业，第二是在册－在线的创业，第三是自演进的机制。他具体阐述说：

自主创业很简单，过去不管要做什么项目，是由上级指令给他、告诉他、让他做，给他资源、资金、人力资源，做完了之后报给上级，到底有没有市场效果就不管了。现在则是自己去发现机会，自己来做，所以我们叫自创意、自发起、自组织。

第二个是在册－在线的创业。过去也有一些创业项目是在组织框架之内来做，现在你可以从组织内部到组织外部去，变成一种在线的小微，这叫从在册到在线。也可以是一个社会资源进到我们里面来，进来后也可以是在线的或者在册的，就是说没有企业的边界。

第三个自演进的机制，包括两方面：官兵互选自演进，以满足用户动态的最佳体验；商业模式自演进，以踏准时代的节拍。前者是为了让组织节点充满活力；后者其实就是根据时代的变化，不断改变自身的商业模式。

用牛顿力学来观察一个量子式的组织，可能会觉得眼花缭乱、不知所措。比如，在海尔，一个团队真的可以通过内部投标过程收编另一个团队。有时候，海尔员工也会与分销商和零售商组建合资企业。就这一点而言，他们承担了人力资源管理的部分职能。有些团队则脱离了海尔，成了完全独立的法人实体，虽然依然处在海尔的大家庭里，但从法律上则是独立的。

2014年，"小微"公司开始进入海尔变革的推进日程中。所谓小微，可以理解成创业单元。张瑞敏心中最理想的状态是，在海尔孵化出大量的小微，而每一个小微都能成为创业公司。也可以说，在张瑞敏继续执掌海尔的最后岁月里，他志在将其打造成一个大型的创业企业加速器。

这一次变革无疑是深入到灵魂深处的，同时肉体也要承受剧痛。张瑞敏把和他一起打天下多年的中层管理者斥为"烤鹅"，就显示了剧痛的程度。对于海尔的这次组织巨变，张瑞敏的态度一直很坚决，但是他也深知这会是一个开放性的结局。2013年年底和2014年年中的时候，我们都当面问过张瑞敏一个同样的问题："对这次变革的把握有多大？"第一次回答的时候，张瑞敏说，"没有十足的把握，但是这一步总是要走的"。第二次回答时，海尔的变革已然推进了半年时间，张瑞敏说，"有50%的把握吧"。

把握性的增加并没有打消张瑞敏的警觉，他的危机意识反而越来越强。因为海尔在2014年进入了网络化战略的第二年，也是组织变革的关键时刻。在此之前，张瑞敏通过倒三角、组织网络化等手段将海尔进行了彻底的再造，当时阵痛不断，然而这些阵痛在今天看来，不过是高潮之前的序曲。

张瑞敏有一个很有意思的"进球论"。他说海尔转型成功与否的标准是进没进球，如果没有进球，说什么都白搭，哪怕打到横梁上。我们追问，如何算是进球？张瑞敏说："前些年我把目标定得很清楚，海尔旗下两个上市公司都变成世界500强。2013年我跟他们讲，不再以它为目标了，因为这个反而把人都限制住了。再者说，前些年的500强到现在剩下了多少？有很多都退出去了，没有多大意思。这个不应该作为一个目标。如果是一个结果倒可以，行就行，不行就无所谓。海尔进球的标准要看这个平台上有多少创业公司。至于这些创业公司，不应该是我定义的，而应该是社会化的并被社会认可的。"

知识作为资产与策略

当知识这一概念最早在人类世界出现的时候，理解世界的能力，是我们和其他动物之间最根本的区别。这是我们作为人类的成就，也是我们的命运。知识本身互相配合，形成一个完美有序的整体。因此，在西方，数千年来，人们都认为知识是极致的美的对象。

中国古代对知识有着迥异的态度。对中国传统文化持激烈批评态度的芦笛认为，中国人的传统学问与西方"knowledge"的内涵完全不同，两者互相消长。他指出，老庄的学问是教人如何拒绝探索客观世界以"全真保性"，而儒家的学问是教人如何不受外界诱惑，全神贯注于内心世界的思想改造。两家都驱使信徒的注意力转为内向，放弃对客观世界的探索，这结果当然就是冻结了科技的发展，也使得传统"学问"长，则西式"知识"消，反之亦然。

西方人眼里的知识一开始也是和超验的上帝在一起的。上帝创造的伊甸园里有两棵树，一棵是生命之树，一棵是知识之树。吃了知识树上的果子，人会变得聪明，有了智慧，眼睛也明亮了，懂得分辨善恶，分辨是非。然而，上帝所禁吃的，恰恰就是这棵知识树上的果实。

这构成了西方人知识之旅的一个深刻隐喻。"在认识世界的过程中，我们尽力去体会上帝在创造这个世界时的想法，尽管我们带有凡人的局限；去认识这个世界，就像是去阅读一本上帝写下的书，他在书中解释了他是如何将万事万物凝聚在一起的。达尔文驾着一艘小船航行了五年，伽利略违抗了教皇的命令，居里夫人研究放射性物质，所有人都将追求知识作为人类最深刻的目标。这才是知识在我们文化之中的意义。"戴维·温伯格在《知识的边界》一书中这样写道。○这种古典意义上的知识，和我们今天所称的知识大不一样，今天我们会倾向于认为知识除了令事情办成的有用性（utility）之外，再无其他。

从西方文明的另一个源头古希腊来看，苏格拉底（Socrates）认为"德即知"，肯定一切罪恶起于无知，不可能有人自愿地、有知地犯错。这样苏格拉底间接地肯定人生而具有善欲，善的价值是德性美行的基础。知

○ Weinberger, David (2011). *Too Big to Know: Rethinking Knowledge Now That the Facts Aren't the Facts, Experts Are Everywhere, and the Smartest Person in the Room Is the Room*. Basic Books.

善始能行善，善知必先于善行。不过根据柏拉图的《普罗塔格拉斯篇》（*Protagoras*）㊀，苏格拉底并不认为德是一种"可以教导"的知识，在他而言，"德即知"的知毋宁是"自知"（know oneself）的知，亦即对个人灵魂的真知、对善恶的辨别，而不止于种种可传授的专门知识。

"德即知"这一苏格拉底的教诲经过柏拉图深深烙印在亚里士多德（Aristotle）的心中，但他更进一步认为，能知还要能行，知道什么是道德还不如知道怎样实践道德。苏格拉底认为，只要人一旦明了何为正义，此人同时便成了正义之人；亚里士多德则认为"实行正义"要比"知道正义"重要得多，而后者未必能保证前者。亚里士多德主张人类的智慧最重要的成就即是哲学智慧与实践智慧，个人至少要拥有这两种智慧，才有得到幸福的可能。这个"哲学"与"实践"之智的二分，也使得亚里士多德对"知""德"关系的看法异于苏格拉底。

历史显示，知识从道德伦理层面走到"实干"和应用层面，经历了漫长的发展过程。要到很晚，知识才从个人修为成为公共利益，以资源的形态出现。

在 19 世纪 80 年代之前的 100 年间，知识被用于工具、生产过程和产品，从而产生了工业革命。马克思主义以及阶级斗争理论便在这个阶段产生。从那个年代至第二次世界大战结束，知识被用在了工作中，典型的莫若泰勒（Frederick Winslow Taylor）的科学管理和福特的流水线模式，德鲁克称这一阶段为生产力革命。工人掌握劳动的知识，可以获取较高的薪水，在 75 年间无产阶级向中产阶级跃进，阶级斗争在西方资本主义社会中被生产力革命取代。第二次世界大战后，知识被用于知识本身，这就是管理革命。后现代社会理论便是在这样的背景下诞生的。

㊀ 柏拉图. 柏拉图对话六种 [M]. 张师竹，张东荪，译. 上海：华东师范大学出版社，2011.

"当许多社会进入我们通称的后工业时代,许多文化进入我们所谓的后现代时,知识的地位便发生了改变。"后现代主义的代表人物之一让－弗朗索瓦·利奥塔(Jean-Francois Lyotard)在1979年写道。在后现代状态中,知识以"信息"的形式出现,并且正在无止境地扩充着、膨胀着。"后现代知识不再以知识本身为最高目的。知识失去了'传统的价值',而成为商品化的重要领域。"㊀

这样的知识在谁手中呢?早在1967年约翰·肯尼斯·加尔布雷思(John Kenneth Galbraith)就指出,一个强有力的科技专家阶层正在崛起㊁;1969年,彼得·德鲁克(Peter F. Drucker)在《不连续的时代》㊂里为如何把控由信息技术和知识工作所造成的断裂提供了指南;丹尼尔·贝尔(Daniel Bell)则在1973年论证说,知识是后工业社会的核心特征㊃。从那以后,专家在当代社会中的作用便成了人们关注的话题。专门知识对于竞争力的重要性不断地在经济学家和商业战略家那里得到强调,他们认为,财富的创造不再依赖于官僚对资源的控制,而是更加依靠专门知识和能力的运用,以及对组织能力的管理。

在《后资本主义社会》㊄一书中,德鲁克集大成地论述了知识型企业的形成。这本书在德鲁克的学术生涯中占有绝对重要的地位,不仅仅因为他在这本书中提出了"知识社会"的概念,更在于他以社会生态学家的视角对战后资本主义的内在驱动力做出了精准的描述。直到德鲁克去世时,他期待的知

㊀ 利奥塔. 后现代状况:关于知识的报告 [M]. 岛子,译. 长沙:湖南美术出版社,1996:36.

㊁ Galbraith, J. (1967). *The New Industrial State*. Boston: Houghton Mifflin.

㊂ Drucker, Peter F. (1969). *The Age of Discontinuity: Guidelines to Our Changing Society*. Harper and Row.

㊃ Bell, Daniel (1973). *The Coming of Post-Industrial Society*. Basic Books.

㊄ Drucker, Peter F. (1993). *Post-Capitalist Society*. HarperCollins.

识社会并未完全来临，但是他关于"知识"与"管理"的关系的梳理，引领了半个世纪以来的管理思潮。

德鲁克有关"知识被用于知识"的命题，意味着进入员工头脑和企业文化的知识开始具有支配地位。

工业革命及其后的泰勒主义改变了组织和管理的本质，而现在，必须对这个范式进行革新了。生产力建立在新知识的应用和发展上，因而离不开专门的知识工作者的贡献。德鲁克认为，知识工作者与此前一代又一代的工人完全不同，这不仅是因为他们接受过高等教育，更主要的是因为，在以知识为基础的组织中，他们拥有组织的生产工具，即知识。为此，等级制或矩阵式的组织需要改变，甚至出现了建构在专家的专门化知识基础上的组织，比如医院和交响乐团。

当组织拥有了一批掌握专门学科体系的人之后，组织的任务就是如何让知识变得更有效。所谓让知识变得更有效，其实就是熊彼特说的要达到破坏式创新的目的。德鲁克认为创新是稳定的敌人，而创新就要依赖于组织中的专家利用自己的专业知识来生产新的知识。

德鲁克提出："从知识向种种学科的转变给予知识以创造一个新社会的权力，但是必须在专门化的知识和成为专家的知识人的基础上建构这种社会。这样也提出了一些基本问题：价值观、梦想、信仰问题，这是所有能使社会凝聚在一起并赋予生活以意义的东西。"

德鲁克为管理注入了两个新观念：知识社会就是专家社会，组织的知识化就是专家化。基于个人知识的意愿属性（在第一章中有专门论述），价值观、愿景也会成为组织管理的新要素。

德鲁克的这个假设成为张瑞敏践行组织变革的理念前提，并贯穿了海尔三四十年的发展历程。从创业初期，张瑞敏就希望通过从规范工作流程开始，让当时的工人具备专业素养。在专业素养之上，张瑞敏通过强化实施OEC管理，把员工的专业素养发展成一种稳定的工作伦理。随后的SBU、市场链、人单合一等试验，也可以称为一个从无到有、循序渐进的知识养成过程。可以说，张瑞敏今天有勇气和底气在海尔实行全盘组织颠覆，将组织彻底平台化，员工逐步创客化，完全得益于海尔这三四十年来从技能化、技术化到知识化的持续演进。

海尔的三四十年发展经历了德鲁克眼中的两个时代，即"生产力时代"到"管理时代"。很多人在评价海尔或者以海尔为代表的中国传统制造业时，更喜欢将其与新型互联网公司进行比较，而忽略了海尔在当时的时代背景之下的跨越。

在海尔进入互联网时代以来的知识实践中，知识不是简单地被看作可以保存的数据或信息，也包括情绪、价值以及信仰；公司不仅仅"管理"知识，也"创造"知识；组织中的每一个人都参与到组织知识的创造中，其中管理者尤其要转变为"知识工程师"。

现在海尔只有三种人：平台主、小微主、小微成员。小微成员不是过去指定式的，而是变成一个完全社会化的过程，有一些人流动很大。海尔在实践"官兵互选"："官"觉得"兵"不行，可以找更好的人进来；"兵"觉得"官"不好，也可以把"官"赶走。"官"和"兵"都必须提升自己的个人知识，否则在海尔就不会有出路。

小微主，就是一个个创业团队长，可以利用社会化的资源、社会化的资金进行创业。有关创业的知识不同于在企业里从事固定职位所需的知识，比如创业者不仅要有创业所在领域的专门知识，即创业发展的方向以及对创业机遇的把握，还要有相关的商业知识（营销知识、财务会计基本知识、外汇知识、资本知识等）、相关的企业管理知识（运营管理、人力资源管理、企业危机管理等）和社会知识。对他们的考核就如同创业企业一样。

平台主负责搭建平台，主要做两件事：①把原来的组织结构、流程破除掉之后，变成互联网式的；②确保这个平台的开放性。如果某个人无论怎么考核都不行，能不能有新人进来？新人进来奉行的原则有二，分别是"一流资源无障碍进入"以及"各方利益最大化"，因为只有各方利益最大化，才可能吸引更好的人进来。

有了平台主这一层大的架构，可以保证秩序打乱之后，流程不会乱；开放之后，也不会封闭。然而平台主如果不能努力转换为"知识工程师"，懂得建立知识型员工的驱动机制，则可能跟不上海尔向平台型公司转变的步伐，因为这种转变的根本目的是让所有员工都听命于市场而不是听命于传统的领导。平台主如果不能够提供好资源并设立好机制，那么也存在极大的可能性从组织的"漏斗"里被漏掉。

海尔现在有"两解"的说法，即小微不行就解散，个人不行就解约，而平台主显然也不是高枕无忧的。这样做的目的不是减人，是要把企业打造成一个完全开放的平台。

对于一个有着严密生产线和供应链的大型制造业企业来说，打造小微的第一步是让员工拥有创业者思维和市场意识。和之前海尔探索多年的自主经营体、利益共同体不同，小微更加强调员工的市场主体意识，尤其是资本意识。张瑞敏借用了《连线》杂志前主编克里斯·安德森（Chris Anderson）的概念，将小微的成员称为"创客"。当然，此"创客"非彼"创客"，在海尔，创客是像黑客那样具有颠覆精神的知识工作者。

海尔正在发展的互联工厂，说到底就是要把工厂和所有的知识连在一起。并不是说互联工厂的自动化程度达到多高就算实现了目标，着眼点仅仅

⊖ 克里斯·安德森. 创客：新工业革命[M]. 萧潇, 译. 北京：中信出版社, 2012.

在于提高生产效率，而是说生产出来的产品，出厂之前就已经有用户了。在这种情况下，设计师其实也是销售员，用户是消费者也是设计师，已无法分清这里的知识到底是谁的知识，而是用户需求成了把各方面知识串到一起的龙头。传统的知识分工走向融合，不再细分为营销知识、生产知识、研发知识等，而是变成统合的信息物理融合系统（cyber-physical system，CPS），物、信息、人三位一体。这并不是说知识分工会完全取消，而是说它最后服从于最佳用户体验这个唯一的目标。

传统企业是串联起来的线性组织，而现在海尔做的是协同起来的并联平台。企业内部的各个部门、用户以及合作方协同在一起，从个性化模块设计，到模块化供货，最后满足用户的需求。在以往的分段流程中，信息都是彼此割裂的，现在把信息变成一个同步的环状的流程，核心就是用户，用户的需求可以在第一时间反馈到企业运营中，让利益攸关方去完成协同。

创客不但要从用户需求倒推产品理念，更要学习关于资本的知识，因为他们要面对风投，面对社会上的创业者需要面对的一切。而海尔的变革框架，则围绕着如何成为一个为创业者快速配置资源的平台而展开。

张瑞敏已经明确提出，海尔集团的定位要从管控组织向投资平台转变。以前是旗下有很多很多的组织，都要听命于集团。今后，集团在下边的企业中可能占一定的股份，甚至不控股也无所谓，也可以搞一个像可变利益实体（variable interest entities，VIE）这样的概念，进行协议控制，因为这样的企业还是在海尔这个平台上运行。

和集团总部变成投资关系后，每一个下属组织都要完全市场化，自己成为市场主体。集团下的小微企业，集团来投资，之后必须要有风投，是谓"资本市场化"，而资本市场化一定会带来人才的市场化，因为风险资本首先看重的是人。在互联网时代，"世界就是我的人力资源部"，这样薪酬肯定也就市场化了。从创业企业群,到资本的市场化和人才的市场化,再到薪酬的市场化,这种模式对于大型企业的转型来说,放眼中国和世界,都是前所未有的。

进化与试验

"世上一切问题,皆源自思维的问题。"倡导量子管理学的丹娜·左哈(Danah Zohar)在推动企业从牛顿思维(Newtonian thinking)向量子思维(quantum thinking)转变的实践中,最喜欢引用量子物理学家戴维·玻姆(David Bohm)的这句名言。世界如飞变化,许多问题、危机及不确定性接踵而来,想要妥善应变,只有从根本上转变思维模式。㊀

有人问左哈,从"牛顿思维"转型成"量子思维"的过程中,最困难的是什么?她说:"恐惧。人们都害怕不能掌控一切,害怕冒险。看看那些所谓的风险评估分析师,他们试图把风险量化,希望自己可以掌握风险,结果就是因为这种恐惧心理,将人们从创新的路子上又拉了回来。大多数公司都被四种负面的动力带着走:恐惧、贪婪、愤怒和自利。在这些负面的动力氛围下,很难看到事物的正面契机。所以,企业需要另外四种正面的积极动力:探索、合作、自我管理(self-mastery)以及情境应变(situation-mastery)。"

如果敢于探索,也许就能发现契机所在。但如果害怕,你就无从发现。张瑞敏带领海尔走了这么远,真正想做的是,把海尔变成一个创业者社区,一个孵化平台,一个创投基地,总而言之,一个知识共同体。在这个过程中,海尔人需要把数据转化为信息,把信息转化为决策,把

㊀ Marshall, Ian and Zohar, Danah (1998). *Who's Afraid of Schrodinger's Cat: An A-to-Z Guide to All the New Science Ideas You Need to Keep Up with the New Thinking*. HarperCollins.

决策转化为行动，让行动促进持续创新，最后转化成企业的可持续的绩效。

今天，海尔的变革还仅仅是个开始，这个过程也许会比张瑞敏、比我们任何人所设想的都要漫长。结果无法被预知，但张瑞敏要想取得成功，必须在海尔坚持两样东西：进化与试验。

生物物种应对变化的方法是进化。企业和生物非常相似，可以采取同样的方式进行进化。一旦你训练你的组织很容易地定期进化，变化便不再是威胁。相反，它是一种资产，因为它能使你的竞争对手消亡。

真正的进化是迭代完成的，可继承并且可修正。迭代是重复反馈过程的活动，其目的通常是逼近所需的目标或结果。每一次对过程的重复都被称为一次"迭代"，而每一次迭代得到的结果都会被用来作为下一次迭代的初始值。

正反馈循环系统能够把输入放大并变成输出，然后再把输出返回来变成输入。在变化中，市场呈现的无序状态，会为那些新的玩家抓住早期的有利条件创造机会。谋划加上运气，或者说，人算加上天算，这些初始的有利条件会变成一种很大的领先，正反馈循环系统由此进入"飞涨"（runaway）状态。这是进化科学的先驱罗纳德·费希尔（Ronald Fisher）创造的一个术语，用来形容那些走在前面且越走越快的进化系统。

假如企业过分依赖一种制胜策略（winning strategy），那企业就不会很快进化。每一个公司在初创时期都是求变的，但成功宠坏了大多数企业，它们由于过于迷信自己的"一招鲜"，而变得过于臃肿、过于死板，并且过于害怕重新求变。出色的企业并不迷恋出色，用张瑞敏的话来说，做企业，永远不能自以为是，而必须自以为非。

迭代也意味着允许内部企业家每年进行难以数计的低成本试验，然后把其中成功的试验传播给其他同侪。这样做能够建立起一种动态过程，显著加快企业内部革新的速度。

试验是求变的必要组成部分。从根本上说，通过培训企业员工持续做出较小的和较容易的变化方式来克服企业对于变化的惧怕，构成了求变的精髓。

企业大都把变化看作一种威胁，而把生存当作目标。其实变化并不是威胁，而是一种机会。生存也不是目标，创新性的成功才是目标。试验意味着对变化采取一种不同的态度，即把创新和忙乱当成好事而不是威胁。通过试验，能够创造出蓬勃发展的企业，并可以在对企业的进一步改造中，获得个人的成功，从而享受驾驭企业的快乐。

一种企业中常见的正反馈循环是，能引起变化的企业吸引那些想造成变化的员工，害怕变化的企业则吸引那些害怕变化的员工。许多员工害怕变化。害怕变化是可以理解的，毕竟变化可能带来不好的结果。但在当今，不变化会比变化更加可能带来不好的结果。

大多数人不害怕停滞不前和慢慢的死，而更害怕那种突然的死。其实，慢慢的死同样痛苦，因为每时每刻都有死的感觉。相对而言，突然的死倒是一种更好的死法。

这也是为什么张瑞敏总在强调，一定要以自我颠覆来求得新生："当然情况不是这样简单，也可能出问题。但是，自我颠覆不一定获得新生，不自我颠覆一定死。"

|第一章|

通往知识自由之路

第一节

知识塑造企业

知识为王

1958年，加尔布雷思出版《富裕的社会》㊀一书，指出我们所需要的，并不是一个批量生产富人的社会，或者一个富者愈富的社会，而是一个大多数人能够享受经济上的安全的社会。2001年，德鲁克为《经济学人》杂志描绘了"下一个社会"㊁，这个社会身为知识社会，但其深刻内涵并不在于知识是这个社会的首要资源，知识工作者构成劳动人口的核心力量，而在于：知识工作者拥有比经济安全更重要的东西，那就是社会地位。

善于从历史中引证的德鲁克举了这样一个例子：19世纪50年代，英国失去了工业经济的领先地位，先是被美国，然后是被德国超过。造成这一结果的原因既非经济的，也非技术的，而主要是社会的。从经济上，特别是从金融上来看，英国直到第一次世界大战之前都属世界强国；在整个19世纪，

㊀ Galbraith, John Kenneth (1958). *The Affluent Society*. Houghton Mifflin.
㊁ Drucker, Peter F. (2001). "The next society". http://www.economist.com/node/770819.

它的科技成就也很夺目。合成染料，现代化学工业的第一批结晶，是在英国发明的，汽轮机也是如此，但英国却从不承认技术发明人员的社会地位。说来也奇怪，很少有国家像英国那样给予"科学家"极高的荣誉，它19世纪在物理学方面人才辈出，马克斯韦尔（James Clerk Maxwell）、法拉第（Michael Faraday）、卢瑟福（Ernest Rutherford）星光熠熠。相形之下，技术发明人员始终剥离不了"技工"的身份，他们成不了"绅士"。

德鲁克说，20世纪中叶以来的所谓"信息革命"实际上是"知识革命"。计算机只是一个触发器，软件才是关键，它将传统的工作根据世代的经验予以重组，其中凝聚了知识的应用和系统的逻辑分析。换言之，起作用的是认知科学。由此不难得出一个判断：在经济和技术上保持领先的要诀是知识专才的社会地位以及社会对他们的价值的承认。如果他们在组织中仍然被当作"雇员"看待，就会重蹈19世纪的英国人把发明家看作"技工"的覆辙，其后果如何，历史业已给出了答案。

德鲁克的这一分析触及知识的性质。在传统的社会里，知识是清高而个人的。希腊先哲苏格拉底曾说：知识的唯一功用就是"自知之明"（self-knowledge），意即自我在智力、道德和精神方面的成长。常和苏格拉底辩论的普罗塔格拉斯则认为：知识要达到的是知道如何说、如何说得好的能力，这种能力会让人看起来有"形象"。中国文化对知识的概念亦很接近。"述而不作"作为孔子基本的知识价值观，即是说，知识的应用只停留在思想的层次。而对道教徒和禅师而言，知识是走向启蒙和智慧的途径。不论东西方对知识的含义的看法有多大的不同，它们对知识不表示什么持完全一致的意见：知识不表示做的能力，功用从来不是知识，而是技能。

18世纪的西方，知识开始应用到工具、流程和产品上，创造了工业革命。工业革命的最大贡献是，彻底摆脱了农业经济的财富创造模式，财富的累积由算术级增长转为几何级增长。从此，"资本主义和技术征服全球，创造了世界文明"（德鲁克语）。在这一阶段，分工制度与近代教育奠基，各种技术学校纷立，知识开始经由系统的教育而不是个人经验的传递得到推广。技术成为工业革命的要素，并迅速转化为经济与财富的强大动力。从某种程度上说，工业革命就是依靠技术在世界范围内转变社会和文明的。

然而，社会价值的演变是缓慢的，在一般人的心目中，知识和技术仍有不同，因此社会对拥有"技能"的人虽给予相当的尊重，但仍然不视他们为"有知识的人"。经过19世纪末始于泰勒的生产力革命和第二次世界大战（以下简称"二战"）后的管理革命（用德鲁克的术语，前者是将知识应用于工作，后者是将知识应用于知识和系统创新），人们才彻底改变了对知识的看法："我们现在认为的知识是知识显示于行动之中。我们现在所说的知识是在行动中有效的信息，着重于效果的信息。"

回顾德鲁克笔下整个知识含义演化的进程，我们可以清楚地知道：传统的知识只能提升个人的教养，现在的知识却能通过有效率的企业系统扩张成为对全人类有益的经济商品；知识终于直接和经济联结，人类社会进入到知识经济化的时代。在这一时代，知识是个人所拥有的最基本的资源，也是整个经济活动中最基本的资源。土地、劳动力和资本，这些经济学家从不离口的传统的生产要素没有消失，但它们却转为次要的了。只要有知识，就能得到它们，而且能轻易地得到。

在德鲁克的回忆录《旁观者》[一]中，他说自己是"第一个使用'工业社会'这个名词的人"，而在《下一个社会的管理》[二]中，他又告诉我们，"知识工作"和"知识工作者"的说法是他在1960年左右发明的。对德鲁克来说，

[一] Drucker, Peter F. (1994). *Adventures of a Bystander*. Transaction Publishers.

[二] 本书已由机械工业出版社出版。

虽然他被称为世界级的管理学大师，但他曾很坦白地表示，在他出版的30多本书中，有一半并不谈"管理"问题，而是关怀、分析"社会"问题，亦即大社会的解构、转型和整合。德鲁克在管理学家与社会学家之间的摇摆，给他的读者造成了一种困难的局面：很多人对德鲁克的管理理论耳熟能详，对他的大社会理论却一知半解。他们尽管也熟练地使用着德鲁克所创造的这些新词，实际上并不清楚它们会怎样影响人的价值与行为，怎样改变经济和政治。

认识到这一点之后，德鲁克不遗余力地在知识问题上发言，其心思主要花在三个方面。首先，呼吁给出一种知识如何作为经济资源起作用的理论。他说："我们需要一种能使知识成为财富创造过程中心的经济理论。只有这种理论能解释目前的经济，只有它能解释经济增长，只有它能解释创新……只有它能解释尤其是高科技领域的后来者几乎可以在一夜之间横扫市场并驱逐所有竞争者的原因。"

这种理论被德鲁克称为"后经济理论"，因为此前流行的是一种拥有强大分析能力但却没有价值基础的经济学。它终止了经济学与人类行为的联系，而将其视为控制商品行为的学科。然而，自从我们明白，财富的来源的确是某种非常人性化的东西——知识之后，我们第一次拥有一种方法，可以使经济学成为一门人文学科，并使之与人类价值联系起来。其后果是，经济学将不得不随时准备适应剧烈的转向。

其次，关注如何改进劳动人口中占统治地位的新兴群体的生产力。德鲁克认为，发达国家管理者面临的最大挑战是如何"持续而系统地提高目前极为低下的知识工作者和服务人员的生产力"。如果做不到这一点，发达国家的经济将面临停滞。值得注意的是，德鲁克在此处强调，生产力不仅是竞争优势的真正源泉，也是社会稳定的关键要素。这使得他更多地着眼于提高服务工作的生产力。

这是因为，在发达国家中，职业和升迁的机会已经越来越集中于受过高等教育者的手中，他们是有资格从事知识工作的人。但是，这些人在总量上永远只占少数。缺乏知识、只能从事非技术性服务工作的人口在数量上总是占有优势，他们的地位类似于100多年前的"普罗阶级"，挤在人口爆炸的工业城市里。除非服务业工作的生产力快速提高，否则这一为数巨大的群体（其数量可能同制造业鼎盛时期的工人人数相仿）会看到他们的社会地位和经济地位快速下降。提高服务工作的生产力，是知识社会中管理人员最重要的社会担当。

最后，尝试解释知识工作者和他们的组织之间的关系。像资本家知道如何把资本用于生产一样，知识工作者知道如何把知识用于生产。他们既拥有"生产资料"，又拥有"生产工具"，前者是因为他们的养老金正在发达国家中成为唯一真正的所有者，而后者是因为知识工作者拥有知识并能随身带走。知识工作和知识工作者的兴起，驱使管理者认识到，使知识富有成效是一种管理的责任。

组织对知识的需求不断变化，造成越来越多的关键岗位由那些无法用传统方法管理的知识工作者占据。在许多情况下，他们可能甚至都不是公司里的雇员，而是外包合同工、专家、顾问、临时工、合伙人等。人们越来越多地根据所掌握的知识，而不是所属的公司，来标识自己的身份。尽管如此，大部分组织仍然在"骑墙"，秉持"资本至上"的传统心态，试图通过"贿赂"的方法留住知识工作者。无疑，知识工作者希望劳有所得，但更希望满足他们的价值追求，给予他们社会承认。创造条件使他们得以最好地运用他们的知识，才是当今组织用人的正道。

20世纪90年代，德鲁克在《后资本主义社会》一书中写道：知识史在下一个世纪应该成为重要的研究领域。他又说，希望100年后能够写出一本《知识论》。如今，哲人其萎，但我们无法忘记他在知识领域的筚路蓝缕之功，是他为我们讲述了知识的变化，知识所驱动的组织的变化，更重要的是，做一个有知识的人的含义的变化。

创造知识的企业

算起来，今年84岁的野中郁次郎从事知识管理研究已近50年。他和德鲁克其实非常相似，都擅长多学科的综合知识，都在职业生涯的早期进行了大量的采访，听取真正的经理人员谈论实际问题，从而保持他们的理论在现实世界中始终能够找到非常好的落脚点。

在《创造知识的企业》一书中，野中郁次郎与同事竹内弘高从柏拉图、笛卡尔（Rene Descartes）、迈克尔·波兰尼的知识哲学谈起，融入日本企业的实践经验，企图建构一套系统性的知识管理理论。两位作者在序言中说："在这本书里，我们把知识当成解释公司行为的基本单位。"

野中郁次郎试图用东方人的"心身合一"的整体观，取代西方人的主客体相分离的"笛卡尔式分离"观，从而在东西方之间闯出一条创造知识的"中间道路"。他确认了波兰尼所说的默会知识和外显知识，进一步指出了知识转化和创造的四种过程，并强调人在其中的重要地位。

德鲁克认为，知识的基本特性是寄生性。知识存在于人的大脑中和身体里。野中郁次郎顺着德鲁克的思路继续前进。他认为，我们不能通过互联网的网页来实现知识的流转。知识归根到底只存在于人体内部，知识工作者借助网络所使用的只能是信息。

知识反映了特定的立场、视角和意图。知识是关于行动的概念。知识是和特定情境相关的，关联性是其一大特征。显然，知识是人结合自身处境对信息的内化。人才是知识的主体。

然而野中的见识在今天的企业当中往往需要对抗常规实践。大多数公司都把知识管理当成一个IT问题，设法把最佳实践代码化，予以抓取、储存、索引、检索等。野中提及这点便长叹："这些公司不懂得人是如何学习和创造的。"不像土地、资本、能源、劳力和技术这些我们常见的"投入"，知识具有内在的自我更新性。"知识的生产与消费几乎是同时的。它的价值随着使用而增加。更加重要的是，知识作为一种资源，是行动中的个人在与他人发生关系时生成的。"

由此，野中所说的"创造知识的企业"更像是一个社区，慷慨是其中最关键的品质，人们作为突出的个体而被承认，交流是非正式而诚实的。专门设计的知识管理系统之所以无法良好运行，原因即在于这样的系统把人当作可以互换的部件，机械地接收和处理信息。尽管类似的系统非常昂贵，却基本无法产生创新成果。

信息时代与知识时代

在此基础之上，我们不难发现，信息时代和知识时代有着较为明显的区别。信息时代的到来，是以信息处理技术的跃迁为标志，尤其是计算机硬件的革命。对于企业而言，信息化就是为了满足工作流程中的数据交换而搭建信息系统。在信息时代中，管理围绕信息架构而搭建，人的作用在于填空。信息系统中的填空题虽然不会像流水线时代那么原始，但人的能动性依然受制约。

然而，因为知识的内生性，知识时代注定是属于人的时代。野中郁次郎提出:"由于时代的剧烈变化,价值的生成源泉已经不仅局限于工厂和硬件,而逐步转向以产品为媒介的问题处理、服务和信息提供等。这种现象不分行业类别。人或组织创造的知识或基于知识的资产成为价值产生的源泉。"

知识时代是信息时代的进化版,或者说正是因为有了信息的大爆炸,才有了以知识为媒介,唤醒"人"的机会。对于企业而言,"知识"的含义不是在信息系统中做概念的替换,更不是简单的效率提升。知识将导致未来的企业和生产经营方式发生革命。

知识为现代管理带来了什么?野中郁次郎在《知识经营的魅力》[⊖]一书中,总结了知识管理的两大源流:对企业内部资源的关注和对数字化经济的关注。

20世纪90年代初,美国经济遭遇危机,被迫为了削减成本而进行裁员和重组。美国企业开始反思自己的科学管理模式,转而学习日本企业,把注意力放在组织内部无形的资源和能力上,核心竞争力(core competence)[⊜]、学习型组织、流程再造等都可谓这一反思的经典成果。同时,裁员和重组的弊端开始显现。由于掌握知识的人才流出和部门分割,一直以来支撑企业发展的知识生态系统开始崩塌,进而引发了"知识问题"。大量的企业并购频繁发生,也导致企业原生的知识体系不相适应,促使企业更加关注内部资源的整合。此外,许多企业在全球化市场环境下面临生产周期大幅缩短的问题。这些企业迫切需要在关键领域掌控、有效利用知识。企业需要通过个人或组织的知识共享和转让(技术知识再利用),避免业务流程的重复,实现生产效率的提高和快速的市场反应。

⊖ 野中郁次郎,绀野登. 知识经营的魅力:知识管理与当今时代[M]. 赵群,译. 北京:中信出版社,2012.

⊜ 核心竞争力最初的提倡者加里·哈默尔(Gary Hamel)和普拉哈拉德(C. K. Prahalad),当时正是通过对两家日本企业(佳能公司和NEC公司)的研究,提出了这一著名概念。(Hamel, Gary and Prahalad, C. K. (1994). *Competing for the Future*. Harvard Business School Press.)

在这个时期，"敏捷"（agility）概念出现。这个词不单是指要快速反应，而且是出于美国硬件厂商的一种迫切意识，即仅仅制作硬件是无法生存下去的，需要为用户提出定制化的解决方案。这其中不仅要灵活处理好各类信息技术，还要重新定义与合作企业的虚拟组织关系，野中郁次郎甚至认为，要"不顾及经营形式发生质的变化"。例如，拆解开既存的企业价值链条，发展外包业务。如此，企业方能掌握经营"新知识"。1995年美国股市出现反弹，验证了这类尝试的成功。

具备了敏捷资质的美国企业，不再依靠硬件，而是依靠提供融入了服务的产品，迅速争取顾客。IBM和通用电气公司（GE）就是典型代表。IBM由原来的以硬件为核心的获利结构向以服务为中心的结构快速转变。当然，这是因为它自身遭遇史无前例的危机而濒临破产。来自食品与烟草公司的郭士纳出任IBM总裁，进行了一系列调整和改革，转移了公司发展的重点，使这个20世纪90年代初期几乎濒临灭绝的"恐龙"获得了重生和大踏步的发展。

同样将发展重心转向服务的还有GE。这种向服务的转移显示了知识在企业中地位的上升。德鲁克的先见之明得到了证实：知识才是企业竞争力所在，员工的知识是企业重要的资产；在未来的时代里，"服务经济"将取代"制造经济"，而"知识工作者"将取代"传统劳工"。在组织形态上，企业必须转变成为信息导向的形态，而它们是否能够脱颖而出提升竞争力，将取决于"知识管理"的导入与执行。

1991年6月3日，《财富》刊登了编委托马斯·A.斯图尔特（Thomas A. Stewart）的文章《脑力》（*Brainpower*）㊀，提出智识资本正在变成美国企业

㊀ 资料来源：http://archive.fortune.com/magazines/fortune/fortune_archive/1991/06/03/75096/index.htm.

最有价值的资产，也会成为其最有力的竞争武器。其后，他发表了一系列论证文章，并于1998年出版了《智识资本：组织的新财富》[一]一书。2003年，他出版了另外一本书《知识的财富：智识资本与21世纪的组织》[二]，讲述企业如何运用智识资产获取市场成功的故事。

进入新世纪，知识在企业中的价值已经成为不言而喻的事情。就在斯图尔特1991年的文章发表后不久，他遇到了GE的掌门人杰克·韦尔奇（Jack Welch）。韦尔奇激动地说："智识资产就是一切。我们正在做的、必须做的就是释放员工的想法，如果我们想赢的话。"很快GE就在自己的价值观中加上了一条："珍视全球智识资本和提供这种资本的人……建立多样化的团队以最大限度地发挥它。"2006年，德意志银行在《华尔街日报》上打出大字广告："想法是资本。其余的只是钱。"同一年，摩根大通在其第一份年度报告中也大声宣示："智识资本的力量在于其培育点燃价值的观念的能力。"

斯图尔特回顾智识资本的理念在美国企业中的扎根过程时说，十年间，发生了四大变化。[三]

第一个变化，公司董事会对待知识的态度。董事会上开始更多谈论"核心能力"而不是"核心业务"，平衡计分卡（balanced scorecard）提供了选择和衡量非财务绩效指标的方法，开始广为公司接受。今天，将知识当作一种资源的讨论已经格外的丰富，经理人和管理学者都清楚地知道哪

[一] Stewart, Thomas A. (1998). *Intellectual Capital: The New Wealth of Organizations*. Crown Business Publishers.

[二] Stewart, Thomas A. (2003). *Wealth of Knowledge: Intellectual Capital and the Twenty-first Century Organization*. Crown Business Publishers.

[三] Stewart, Thomas A. (May 28, 2001). "Intellectual Capital: Ten Years Later, How Far We've Come". http://archive.fortune.com/magazines/fortune/fortune_archive/2001/05/28/303836/index.htm.

些知识资源过于丰富（例如信息超载），而哪些又是稀缺的（例如注意力稀缺）。㊀

第二个变化，知识管理蔚为流行，有些公司还任命了首席知识官。越来越多的公司开始寻找他们的知识业务为何，知识价值主张又是什么，即发现自己可以销售哪些东西，以及如何通过销售来获得盈利，然后再决定如何管理知识。

第三个变化，"实践社区"（community of practice）深入人心，似乎在管理思维当中获得了永久性的位置。1987年之后，公司中的非正式组织开始引发人们的兴趣。当时，帕洛·阿尔托学习研究所（Institute for Research on Learning in Palo Alto）的认知人类学家简·雷弗（Jean Lave）和艾蒂安·温格（Etienne Wenger）辨明了一些特殊群体，并将其命名为实践社区。实践社区就是那些出现在与工作有关的领域或问题周围的群体。它们没有议程；它们按照自己从事的主题加以定义，而不是按照项目、级别、部门或是公司从属关系。它们就在发生学习和创新的地方。它们可能是自然演化出来的，因为社区成员在特定领域拥有共同兴趣；也可能是为了获取特定领域的知识而有意设计出来的。在分享信息和经验的过程中，社区成员得以相互学习，并在个人和职业两个层面获得发展自己的机会。㊁

学习是社会性的，聚焦于社区和团队的经理人可以提高绩效并产出社会资本，这现在已经成为组织的共识。

第四个变化，大多数公司的心态已经从知识储藏变为知识分享。20世纪80年代兴起了对标（benchmarking），其背景是质量运动。GE就是其中的

㊀ 关于这一点，可参见：托马斯·达文波特，约翰·贝克. 注意力经济［M］. 谢波峰，等译. 北京：中信出版社，2002.

㊁ Lave, Jean and Wenger, Etienne (1991). *Situated Learning: Legitimate Peripheral Participation*. Cambridge: Cambridge University Press.

翘楚，从 1988 年开始，它已和其他公司开始系统性地分享最佳实践。Lotus Notes[一]风行，互联网登场，协作性信息技术推动了知识管理和智识资本的发展。对"非此地发明"（not invented here）的抵制态度让位于"在别处发现"（probably found elsewhere）的开放性。

由制而创

1994 年 10 月 3 日，《财富》刊登了斯图尔特另外一篇谈智识资本的文章，名字一目了然：《你公司最有价值的资产：智识资本》[二]。其核心观点是新经济的主要成分是智识资本的内在表现形式，即技能、知识和信息。对于新经济环境中的制造业而言，其核心资本也应该由流水线、厂房转变成知识和信息。

20 世纪末，软件的兴起以及互联网的商业化，让传统制造业一度陷入增长乏力的境地。和处于不断的信息交换中的互联网产业相比，制造业让用户难以感觉到"温度"，产品的存在似乎仅仅是为了满足功能性的需求而已。加之陈旧的产业结构，越来越稀薄的利润，似乎在昭示，这里风景不再。

事实真的如此吗？在美国金融危机最危难之际，奥巴马政府打出了复兴制造业的旗号。2012 年，奥巴马在国情咨文中八次提到了"制造业"。相比之下，其前任小布什总统在八次国情咨文中，仅仅提到了一次"制造业"。奥巴马提出美国的复兴在于创新，但是其并没有把赌注压在被全球膜拜的创

[一] 一个协作客户端－服务器平台的客户端。
[二] Stewart, Thomas A. (October 3, 1994). "Your Company's Most Valuable Asset: Intellectual Capital". http://archive.fortune.com/magazines/fortune/fortune_archive/1994/10/03/79803/index.htm.

新圣地"硅谷"上，而是提出制造业才是创新之源。美国的"再工业化"之路并非重蹈现代化工业的传统路径，而是和IT技术紧密相连，以强大的互联网创新能力拉动制造业的创新。在大数据背景之下，GE的前CEO伊梅尔特（Jeffrey R. Immelt）甚至提出了"工业互联网革命"（industrial internet revolution）的概念。

野中郁次郎认为，制造业是各类产业知识的温床，抛弃制造业，单纯依赖软件型产业发展是不现实的。然而，重归制造业，不是要回到旧有的老路上。20世纪八九十年代作为制造业之纲的"质量管理"已经显露出了它的局限性，现在的世界正在向"创新管理"转变。以日本而言，其固然在制造业具有优势，但那毕竟是工业时代的优势，在当今知识社会的大环境下，必须重新找到自己的位置。

制造业要对自身进行革命，把用一条流水线将用户拒之千里的陈旧印象加以颠覆。制造业本身为什么不能成为服务业呢？"知识制造业"是一种全新的企业形态，由制造（manufacturing）到创造（making），个体的智慧被输入其中，也就是本来冷冰冰、硬邦邦的硬件设备，被赋予了大量信息，而这些信息是用来为用户服务的。在服务的过程中，信息会结合用户的使用场景，内化为知识，比如用户通过可穿戴设备看到自己身体的各项数据，从而对自己的身体机能有了全方位的了解。同时，产品内的信息于企业而言，意味着用户端的输入，经过分析处理之后，会成为新的知识，然后会运用到下一代产品之中。

美国计算机学者勒维斯在《非摩擦经济》①中，将信息到知识的转化称为"学习"。他认为，人是产品的终端，企业要有强大的学习能力，把从用户那

---

① T G 勒维斯. 非摩擦经济：网络时代的经济模式［M］. 卞正东，等译. 南京：江苏人民出版社，2000.

里获取的知识体现在产品里，用现在的流行词汇来说，就是要不断"迭代"。制造业不但依然重要，而且越来越重要，它扮演着用知识服务用户的角色。

天天把用户挂在嘴上的传统制造业存在一个悖论：缺少用户数据。虽然很多传统厂商都宣称自己的优势是用户资源，但这个用户资源和我们今天所强调的用户资源并不一样。传统厂商的用户资源是"死"的，一次性的。互联网时代的用户资源是具有扩散效应的，且具有低成本获取的可能性。以往，你需要用一台很棒的冰箱来捕获用户的心；现在，你只需要用一个不错的软件就能抓住用户。此外，通过对软件不断迭代，用户黏度会越来越高，用户人群会日益扩散，由此，你获取用户的边际成本会不断下降。

这是为什么在新的硬件革命中，"制造"这个概念会逐渐被弱化，我们称这个过程为"由制而创"，即 manufacturing 被 making 所取代。对公众而言，被"制造"出来的产品往往是那些没有生命体征的冰冷的产品。making 则因为个体智慧的介入，更能代表活跃的生命力，以及对用户的尊重。

新时代的产品往往是被 make 出来的，而不是 manufacture 出来的。所以，新的硬件革命也被称作"创客运动"（maker movement）。

我们正处在一场令人惊讶的变化的开始，这场变化事关我们如何打造、购买、消费和体验硬件设备。

知识制造业

对于制造业企业的经营模式而言，则要从传统的战略经营转变到创造性经营。野中郁次郎观察到，20 世纪 80 年代后的高速成长期是一个制造业的"战略时代"，企业的资源配置要依靠严谨的战略规划，组织机构因战略而设置，严密的分工和等级制度是彼时组织结构最大的特点。

在进入 20 世纪 90 年代后，信息技术飞速发展，更多的创新任务落在了小型公司之上，传统的制造业大型组织受到了严重冲击。以《追求卓越》闻名的美国商业畅销书作者汤姆·彼得斯振臂高呼"疯狂的时代呼唤疯狂的组织"，他认为大型组织显得笨重、迟钝，总部甚至都应该被取消掉[一]。同一时代，通用电气 CEO 杰克·韦尔奇更为大胆地提出了"无边界组织"（boundaryless organization）理念，他呼吁管理需要变得"流畅"起来。而普拉哈拉德更是提出，管理者必须超越现有的官僚限制。"管理者之所以无法从资产管理（asset management）转向资源利用（resource leverage），最常见的原因就是后者需要全新的管理方式。资源利用的实质，就是以创造性的新方式来学习、分享和重新配置知识，并将实物资产和智识资产捆绑在一起。因此，对于资源的利用来说，跨出当前管理边界的能力是一项关键的前提条件。这种跨界，或者说'无边界'行为的创造，就是……战略中的'如何'。"[二]

显然，传统的战略规划流派以及相应的金字塔式组织结构到了必须变革的时候。就像野中郁次郎谈到的，"企业通过制定战略规划促进资源的合理配置。但是，进入到新时代之后，企业身处的社会环境与 25 年前截然不同。企业的战略规划必须依据新时期的社会环境，做出相应调整"。[三]所谓调整，就是构造"机会 - 资源"或者"知识创造 - 有机组织"的结构形式。时代变化之快，已经容不得企业再去慢慢吞吞地行动了。而最快的调整方式，莫过于赋予用户开发者和消费者的双重角色，用这种最快捷的"学习"路径弥补

[一] 汤姆·彼得斯. 疯狂的时代呼唤疯狂的组织［M］. 蒋旭峰，译. 北京：中信出版社，2006.
[二] 出自普拉哈拉德为《无边界组织》写的序言（笔者改译）。（罗恩·阿什克纳斯，等. 无边界组织［M］. 姜文波，译. 北京：机械工业出版社，2005.）
[三] 野中郁次郎，绀野登. 知识经营的魅力：知识管理与当今时代［M］. 赵群，译. 北京：中信出版社，2012：193.

战略规划的不足。

从 2013 年开始，随着谷歌无人汽车的研发以及特斯拉的风行，制造业在经历了底特律之殇后，再次回到了人们的视野里。这一次它带来了完全不同的理念和产品，一部装了四个轮子的智能手机。这样的产品，既建立在生产线上，更根植于软件之中。如果说过去的 150 年的工业是分工经济学与大规模生产的天下，现在，信息流、数据和分析平台则构成了新时代的新工具，一如旧日的车床、气动锤和装配生产线。

机器与软件的联姻，生出的后代是定制化的、互联网化的，并且具有创作的能动性。新时代的硬件构成了产生新品种的服务和平台的基础，它们利用软件，尤其数据，可以颠覆一系列我们所熟悉的行业，从改变健康行为到革新农场的经营方式。

制造业开始变得智慧起来，它变得懂得人、关心人。而这种与人的关系的和解的背后，是知识工作者带来的企业知识能力、产品中融入的知识以及为用户提供各种问题解决方案的系统知识。

正如野中郁次郎所言，21 世纪的制造业是知识产业。

作为知识产业的制造业，会重新塑造全球格局。美国《外交政策》杂志网站 2012 年 7 月 17 日发表了一篇题为《制造业的未来在美国而不在中国》⊖ 的文章，作者是杜克大学企业家精神与商业化研究中心主任维威克·威赫瓦（Vivek Wadhwa），他预言道："技术进步将使中国的制造业像过去 20 年里美国制造业那样迅速衰落。"他认为，未来将出现一种"创造者经济"（creator economy），大规模生产将被个性化生产所取代。在此情况下，这个十年结束之时，制造业将重返美国，最晚不会超过下一个年代之初。

⊖ Wadhwa, Vivek (July 17, 2012). "The Future of Manufacturing Is in America, Not China". *Foreign Policy*. http://www.foreignpolicy.com/articles/2012/07/17/the_future_of_manufacturing_is_in_america_not_china.

2012 年 7 月 23 日的另外一篇文章《中国制造的终结和美国的产业重生》①中，威赫瓦甚至提出中国存在"制造业泡沫"。由于补贴、便宜的劳力、规制的宽松以及人民币的低估，中国成功地诱使美国公司将其制造业转移海外。然而最近几年，出于劳力成本上升、对知识产权被窃的担忧以及生产周期滞后的疑虑，一批公司把制造基地从中国迁回美国，其中包括道化学公司、卡特彼勒、GE 以及福特。

但成本上升和政治压力并不是导致这个趋势发生的最核心原因。破坏来自一系列正在以指数速率挺进和融合的技术，包括机器人、人工智能、3D 打印和纳米技术。这里的机器人是指由软件和遥控器控制的专业化的电－机设备，它们现在可以从事各式各样的任务：进行外科手术，挤奶，搬运货物，军事侦察和打击。此外，通过开源社区和现成的机器人开发工具，人们可以自行动手组装机器人，或是为这些机器人开发应用。

《纽约时报》报道，谷歌这样的大公司在悄悄布局。它在过去几年中收购了数家技术公司以便生产新一代机器人。领导智能机器人团队的是谷歌工程副总裁，一手打造了安卓系统的安迪·鲁宾（Andy Rubin）。谷歌对公司这方面的计划守口如瓶，但至少在目前，并不会直接针对消费者，而是会面向制造业，或是在零售领域同亚马逊竞争。一个现实的可能是，将现有的供应链部分予以自动化，这条供应链从工厂车间一直延伸到将货物运送和分发到消费者的家门口。这样的机器人可能替代的是在车间流水线上工作的工人，在分发中心搬运货物的搬运工，以及在杂货店面间分拣货物的售货员。

也许有一天，上门送货的也会是机器人。这样的前景与谷歌的联合创始人拉里·佩奇（Larry Page）所梦想的完全一致，那就是，凡是苦工和重复

---

① Wadhwa, Vivek (23 July 2012). "The End of Chinese Manufacturing and Rebirth of U.S. Industry". *Forbes*, http://www.forbes.com/sites/singularity/2012/07/23/the-end-of-chinese-manufacturing-and-rebirth-of-u-s-industry/.

性劳动,都应该让技术而不是人来做。

鲁宾拒绝透露谷歌投资多少来支持这样的努力。他表示机器人的硬件问题,比如移动和动手,已经解决,但软件和传感器方面还有待加强。不像谷歌的 X 实验室从事的是无人驾驶汽车和谷歌眼镜这样的未来项目,鲁宾的想法是尽快让机器人商用化。

鲁宾称当他面对今天消费电子业的复杂度时深感挫败。他希望机器人领域不会如此。他的团队自建硬件,自建软件,自建系统,意在创造完整体验。⊖

仅就生产线上的机器人而言,中国制造业面临一个巨大挑战:下一代机器人很快就会变得比人工更便宜。中国最大制造商之一的富士康早在 2011 年就宣布,将在 3 年时间内在工厂里安装 100 万台机器人。目前,富士康已有 7 座无人工厂。世界上最先进的汽车特斯拉 S 型是在硅谷生产的,尽人皆知那里是美国最贵的地方之一,特斯拉之所以负担得起,正是因为它在生产线上使用机器人。

第二项对制造业产生重大影响的技术是人工智能。它进入了新的发展阶段,为各种技术提供支持。它在 1997 年击败国际象棋大师卡斯帕罗夫(Garry Kasparov)的 IBM 深蓝计算机身后,也在 2011 年击败美国益智节目《危险》人类冠军的"华生"超级计算机身后。没有人工智能,无人驾驶汽车是不可想象的,苹果的 Siri、微软的小冰以及 Facebook 的人脸识别软件,都是不可能的。人工智能技术正在进入制造业,使得我们可以借助人工智能设计助手的殷勤服务,在家设计自己的产品。

假定我们完成了自己的个性化设计,怎样才能将其变成产品呢?可以在

⊖ Markoff, John (December 4, 2013). "Google Puts Money on Robots, Using the Man Behind Android". *New York Times*.

家或者在公用的生产设施中用 3D 打印机打印出来。3D 打印带来了"增材制造"(additive manufacturing)，它与传统的材料加工生产方法截然相反。过去的方法是，使用有动力的机械工具将材料的多余部分去除，以获得合适的形状。这一过程笨拙而复杂，耗时又费力。在增材制造中，基于三维 CAD 模型数据，可以使用粉末状金属或塑料等可黏合材料，通过逐层打印的方式来构造物体，这个过程增加材料而不是减少材料。这使得我们无需任何工具或者固定装置就可以创造对象。它既不产生废料，也不会随着复杂性的增加而增加成本。

今天，3D 打印机已经可以制造医疗器械、医疗植入物、珠宝甚至服装。最便宜的只能打印最基本物体的 3D 打印机售价从几十美元至上千美元不等，用不了多久，我们就能以这个价格用上可以打印玩具和家庭用品的打印机。到这个十年的末尾，3D 打印机将可以小规模地应用在以前的一些劳动密集型行业当中。下一个十年，我们开始用 3D 打印机打印电子产品和建筑材料，应该都不是幻想。

随着材料科学的进步，我们将会生产出更结实、更轻、更节能、更耐用的产品。而纳米技术（也即"分子制造"(molecular manufacturing)）将构成制造业的"圣杯"，可以在分子水平上一个原子、一个原子地制造具有崭新的分子组织的纳米结构。纳米结构材料将会表现出来新颖的和有重大改进的物理、化学和生物学特性，从而使得创造新的东西的可能性成为无限的。产业界的思想领袖认为，纳米技术在这个世纪将改变几乎每一件人造物体的特性，材料性能的重大改善和制造模式的变革将引发另一场工业革命。在这场工业革命中，今天中国工厂（美国工厂也是一样），中的流水线作业将毫无立足之地。

就算中国工厂启用人工智能支持的机器人并大量生产 3D 打印机，把原料运到中国，加工成产品再运回美国，这样的做法也越来越将失去意义。制造业会再次变成地方性产业，产品在靠近原料或者市场的地方生产。以美国而言，二战过后，全球一体化的盛行使得美国制造业越来越难保留工作岗位。但是在互联网的帮助下，产品从设计生产到销售服务的各个环节正在经历一场变革。其重要特征是从创意到产品越来越容易成为现实，而每一件产品升级淘汰的周期却在缩短。以往的周期大概是几个月，而今可能是几个星期，在当地生产具有明显的去物流成本优势。

新一代智能制造与快速反应技术，降低了产品设计、制造的门槛，对市场的快速有效反应成了抢占市场的制胜法宝。机器人技术的使用、廉价的能源、产品制造和技术研发变得相互依赖的产业趋势等，正成为这场制造业新变化的推手。信息、节能、新能源、高附加值的先进制造业成为拓展前沿。制造业在这几年间，经历了否定之否定的过程。如今，没有网络化的制造就像是生产一堆没有生命体征的破铜烂铁，注定会被时代所抛弃。

布满沟壑的新经济

在海尔首席执行官张瑞敏和凯文·凯利（Kevin Kelly，KK）会面的过程中，KK的一个比喻让张瑞敏记忆尤深，那就是企业站在山峰的那一刻就是要回退到山谷的节点。而企业要做的就是学会主动后退，寻找新的高山，同时还要保持前进的姿态。这对于海尔这样的大型组织而言，难度奇高，张瑞敏形容这个过程是"边破边立"。

无独有偶，中国的重量级经济学者张维迎在一次公开演讲中提到："中国要真正地转型，不死一批企业不可能转型，如果中国的经济不掉下来，也不可能转型。"

张维迎认为，企业倒闭是创造性破坏，是社会进步的表现。每个企业都想做百年老店，但这几乎不可能，概率上很大部分企业总是过一段时间就会倒闭。所以，应该把企业看作一个经济活动的阶段性过程，一个企业家能够在企业存续期内，做最好的努力，发挥自己的作用就可以了。

竞争越激烈越是这样，企业要适应，但是没有任何一个企业可以持续适应。如果你会持续营业就不会发展，没有一个企业会自觉地革自己的命，只是当别人已经快摧毁它了，它可能会做下努力；如果没有人摧毁的话，没有一个企业会真正进行革命性的创造，我们叫创造性破坏。[一]

张维迎谈到的同样是企业主动回退的问题。显然，KK和张维迎都受到了熊彼特"创造性破坏"的影响。熊彼特的观点核心是企业家要学会破坏当下的经济结构，用创造性的方法制造动态失衡。而"失衡"，才是常态。

KK是美国著名的数字思想预言家，他写作于20世纪90年代中期的《失控》[二]一书不但完美地阐释了技术进化的过程，更是预言了十几年后网络经济的飞速发展。此书在中国也经历了一个因为其知识体系庞大，而无人问津，到现在大量企业家"趋之若鹜"的奇特经历。究其根本，中国这个互联网发展最为迅猛的国度里，人们开始认识到，新经济蕴含着新的规则：顺者昌，逆者亡。

KK在《新经济，新规则》一书中提出，企业就像是在生态系统中进化的有机体。"生态和谐并不是静止不动的完美，而是一个不断打破平衡又再平衡的过程。"网络经济的特点是互通性强，且多样性和变化性也强，竞争

[一] 凤凰财经综合. 张维迎：中国不死一批企业不可能真正转型［EB/OL］. (2013-9-12)［2019-8-26］. http://finance.ifeng.com/a/20130912/10662611_0.shtml.

[二] 凯文·凯利. 失控：全人类的最终命运和结局［M］. 东西文库，译. 北京：新星出版社，2010.

者随时出现，机会转瞬即逝。KK借助了生态学的环境适应理念对此加以描述。

生态学家把有机体不断适应环境变化的过程形容为一个爬高山的漫长旅程。当企业站在华山之巅的时候，他面临的窘境是一个下滑速度更陡峭、死亡危险率更高的下坡。而网络经济会加剧这样的局面，因为网络经济的环境比工业经济时更加复杂，地貌更加难以判断。有时，企业以为自己爬到了华山之巅，其实上去的可能只是一座香山。

企业越成功，被自己的视野困住的可能性就越大。索尼、诺基亚、底特律巨头都是如此。所以，"只有一条走出去的道路，卡住的公司必须回退，为了从所在山的高峰走向另一座更高山的山峰，企业必须先下山"⊖。而这个下山的过程无疑是混乱无序，且面临适应度挑战的高难度过程。

熊彼特的"创造性破坏"有两层意指：先创造，再拆卸。实则这是一个过程，就是把企业不断地放在创业的姿态上，正如张瑞敏谈到的，"没有守业，只有创业"。

"相互连锁的技能组合是企业的一个优势，但在变革的时候会变成阻碍。"KK谈到的正是哈耶克所说的知识的组合是松散且快速变化的。公司的目标也不再是由传统组织中的战略部门发出，而是随着个人知识的释放和强化变得越来越不可控。KK提出，"一个公司的能力越是综合，想要通过微小的改变来转型的难度就越大。"这就意味着组织必须要迎来剧烈的变革，把原有的结构打散，重新进行连接。这个连接的过程是去中心化、去指挥部的过程，也就是哈耶克所讲的计划职能（即战略职能）逐步退出的过程，势必要用竞争来完成这个任务。

⊖ 凯文·凯利. 新经济，新规则 [M]. 刘仲涛，康欣叶，侯煜，译. 北京：电子工业出版社，2014.

这种剧变往往从组织的边缘地带开始，很多新经济学者将其称为"臭鼬模式"。该模式因洛克希德·马丁公司高级开发项目的绰号臭鼬工厂（skunk works）而知名，此工厂以担任秘密研究计划为主，研制了洛马公司的许多著名飞行器产品，包括 U-2 侦察机、SR-71 黑鸟式侦察机、F-117 夜鹰战斗机、F-35 闪电 II 战斗机、F-22 猛禽战斗机等。臭鼬工厂有着高度自治的管理模式，避免了组织内部的想法创意等由于官僚主义而被限制。

推崇"臭鼬模式"，是因为处于传统组织结构核心地位的知识已经趋于僵化且难以在短时间内被拆解。边缘地带的知识组合相对松散，所以组织创新的首要原则是扩大自己的边缘地带，把组织的疆界打破。海尔目前实行的网状组织战略无疑是这种原则的典型代表，而其平台上孵化出来的产品（如"雷神"游戏本等）则很像是"臭鼬模式"。

商业成功的法则从未改变过，那就是专注于用户，而新经济的倍时速度则让适应客户变得越来越难。"速度和灵活胜于体量和经验，快速走向新路途只解决一半问题，快速放弃旧成功解决另外重要的一半。"KK 所言恰恰与一位堪称"大师中的大师"的管理学者詹姆斯·马奇（James G. March）的"低智学习"和"高智解释"暗合。所谓"低智学习"（low-intellect learning），指的是在不求理解因果结构的情况下，直接复制与成功相连的行为。而"高智解释"（high-intellect explanation），指的是努力理解因果结构，并用其指导以后的行动。㊀

在我们看来，"低智学习"更像是经验，"高智解释"更像是知识。简单的经验复制只会把企业局限在同一座山峰之上，当山峰塌陷时，企业也会随之灭亡。企业只有获取下山以及攀爬另一座山峰的合理路径，才算是"高智解释"。

㊀ March, James G. (2010). *The Ambiguities of Experience.* Cornell University Press.

"边破边立"也好,"主动回退"也罢,这个过程注定是"失控"的,因为知识需要自主进行连接。但是,这绝不意味着顶层架构的消亡,即使这个架构不再具有控制和设计的职能。在自组织理论上有一个经典的案例,是KK在《失控》和《新经济,新规则》两本书中都讲到过的:1990年的计算机图形大会上,洛伦·卡朋特邀请了5000名观众参与他开发的电脑飞行模拟器试验。每一个人都可以控制飞机的方向,5000名观众通过喊话来互相沟通。令人惊奇的是,这5000名没有飞行驾驶经验的观众,在没有指挥的前提下居然完美地完成了飞机着陆动作。于是,这个案例被广泛传播,人们津津乐道于这种去中心化的组织模式。

然而,这个故事还有升级版。1995年,卡朋特再次带着改进的电脑模拟程序来到了计算机图形大会,这次任务难度加大了很多,要求观众驾驶潜水艇完成几项任务。由于潜水艇的操作难度更高,参加试验的观众的选择也更多。同样是没有指挥,依靠喊话来沟通,这一次,潜水艇纹丝不动。直到卡朋特大喊一声"向右",大家才齐心调动了潜水艇。

控制和设计的元素不在了,并不意味着不需要领导元素了。KK认为,如果缺乏来自顶层的指导,单纯的自下而上的控制方式会在面临多选时失败。规则非常重要,即使是主张自由的哈耶克也没有否认。

新经济的优势在于使分权和自治有了更大的可能,领导者依然不能缺失,他们已经从设计者变成了协调者或者监督者。所以,我们可以看到,组织变革中,最难革命的是组织的领导者。他们必须要适应角色的转变,而这种适应之旅是从寻找新知开始的。

第二节

知识与自由

建构与自发

哈耶克在《关于行为规则系统之进化问题的若干评注》[一]中说："一个由动物或人组成的社会，总是由一些遵循那些会在他们生活的环境中产生一种行动秩序（an order of actions）的共同行为规则（common rules of conduct）的个体组成。"在这句话中，"共同行为规则"是核心。哈耶克认为，自生自发秩序赖以维系的规则可以是自发形成的，但未必总是如此，也可能完全是刻意设计的结果。这是解释自组织何以成为现实的关键所在。

比如，大雁南飞时排成了人字形、蜜蜂和蚂蚁的自组织，都不是基于中央指令的发出，而是基于应对即时性情势和劳动分工的规则。当然，哈耶克在举这两个例子的时候小心翼翼地使用了"可能"这个词。也就是说，他认为这些抽象规则是无法解释的，是触摸不到的理性的边界。转换到人类社会

[一] Hayek, F.A. (1967). "Notes on the Evolution of Systems of Rules of Conduct". *In The Market and Other Orders, The Collected Works of F.A. Hayek, Vol. 15.* Ed. Bruce Caldwell, Routledge, 2014, p.279. 中译文见：邓正来. 哈耶克读本 [M]. 北京：北京大学出版社，2001.

更是如此，因为人类社会的运转复杂程度更高。

因此，哈耶克指出，建构主义（constructivism）是谬误的。人类自己都无法解释清楚社会秩序运行的原理，又怎么可能去设计以及控制社会秩序呢？这与哲学家迈克尔·波兰尼的"个人知识"理论[1]不谋而合。波兰尼颠覆性地提出，知识是属于个体的。在此之前，"知识"普遍被认为是公共的、客观的，怎么可能和个人有关？

波兰尼认为，传统的知识观极为糟粕，因为任何科学知识的开发都离不开科学家个人热情的投入，怎么可能是绝对客观呢？他认为，知识的本质是人对美的追求，是发自内心的，充满了个人感情与投入。知识具有人性，也具有逻辑性，这就是知识的神奇之处。如果用一个命题来表达，那就是"所有知识都是个体参与的"。这一命题也可以转换成另外一个命题，即"所有知识都包含着个人系数"（the personal coefficient）。

客观主义知识观强调主客二分，认为认识过程是人对客观事物的镜式反映，强调知识的绝对客观性、普适性、价值中立性，认为知识就是完全外显的可加以形式化的严密的陈述体系。波兰尼体察到这种知识观因其对个人完全否定而导致理智与情感、科学与人性、理论与实践、知识分子与普通大众之间的内在分裂，并极易造成知识的教条化，致使现代的唯科学主义与过去的教会一样残酷地禁锢着思维。波兰尼提出，知识具有不可消除的主观性维度，"我们以纯粹个人的方式来认识事物"（we know things in a purely personal manner）。[2]

波兰尼非常强调科学发现中求知热情等情感因素的作用。他的观点是，

---

[1] 迈克尔·波兰尼. 个人知识：迈向后批判哲学 [M]. 许泽民，译. 贵阳：贵州人民出版社, 2000.

[2] Polanyi, Michael (1958). *Personal Knowledge: Toward a Post-Critical Philosophy*. Roueledge & Kegan Paul, p.67.

知情的猜测、直觉和想象是由他所描述的"激情"所驱动的试探性行为的一部分，它们很可能也意在发现"真理"，但并不一定能以命题或正式形式加以说明。他将这种前逻辑阶段的认知称为"默会知识"。默会成分的存在是"个人系数"存在的主要原因。

人们常说"只可意会不可言传"，这说明人们早已意识到波兰尼所说的默会知识的存在，只是没有形成系统、清晰的论述。波兰尼的默会知识概念深刻影响了野中郁次郎，默会知识也即完全属于个人、无法言喻的知识形式。知识是一个整体，它由焦点和细节组成。人对于细节的关注度不同，决定了作为整体的知识逻辑发生了变化。比如钉钉子的时候，我们的焦点是钉钉子的总体效果，力量和手掌的把握则是细节。正是这样的细节因人而异，用一个统一的逻辑无法做出解释。

默会知识论主张，所有的知识要么是默会的，要么以默会知识为基础；默会知识是人类所有外显知识的"向导"和"主人"。默会知识论反对知识观中的客观主义，强调知识的个体性。这就从知识论上论证了不仅要掌握作为公共品的外显知识，也要掌握独特的个体性的默会知识。

此外，波兰尼认为知识的源泉是信念，即个体内心的意愿，与智力无关。个体性、默会性、信念，这是知识的三大要素，也构成了野中郁次郎知识管理理论的基石。比如他谈到知识与信息的区别时强调，知识是要依赖特定情境的。

波兰尼的默会知识与哈耶克所强调的分散化、地方化的知识也若合符节。抽象规则依赖于个人知识，而个人知识则要依据情境而发生变化。哈耶克认为："个人行为规则与其他个人行动和外部环境型构一种整体性秩序过程中所发生的互动关系，很可能是一种高度复杂的现象。"[一]哈耶克在这里用的"型

[一] Hayek, F. A. (1967). "Notes on the Evolution of Systems of Rules of Conduct". *In The Market and Other Orders, The Collected Works of F.A. Hayek, Vol. 15*. Ed. Bruce Caldwell, Routledge, 2014. p.283.

构"是一个流动的过程。比如,"同一种个人行为规则系统在某些情形中会产生某种特定的行动秩序,但是在另外一些外部环境中却无法做到这一点"。

哈耶克在《知识的僭妄》一文中,明确批判了自笛卡尔以来的二分哲学观,即自然/人为。哈耶克吸收了苏格兰启蒙运动者的"三分观",提出了一种介于"自然"和"人为"之间的居间范畴,国内学者邓正来将其称为"第三范畴"。由于没有合适的词汇来表达,哈耶克干脆用了一个长长的表达——"人之行动而非人之设计的结果"。㊀他想以此范畴来表达社会是自生自发的秩序,而非可以设计的秩序。这也是亚当·斯密(Adam Smith)"看不见的手"的假设,所有的人都从一个复杂社会的广泛分工中获得了益处,而这种分工唯有通过自生自发的有序力量才能够得到实现,换言之,这种分工不是人为设计出来的。

哈耶克指出:"虽然自然环境的秩序是独立于人的意志而存在的:对于我们来说乃是给定的,但是社会环境的秩序却在部分上,而且也仅仅在部分上,是人之设计的结果。那种促使人们把社会环境的秩序全部视作是人之行动的刻意产物的诱惑,实是滋生谬误的主要根源之一。一如我们所知,有一种洞见认为,并非所有源于人之行动互动关系的秩序都是设计的结果。显而易见,这一洞见才是社会理论的真正起源或出发点。"㊁

均衡与秩序

在人行动的时候,竞争就是一个极为重要的过程。哈耶克嘲讽传统经济

㊀ Hayek, F. A. (December 11, 1974). "The Pretence of Knowledge". http://www.nobelprize.org/nobel_prizes/economic-sciences/laureates/1974/hayek-lecture.html.

㊁ 哈耶克. 政治思想中的语言混淆 [M]. 邓正来, 译 // 许章润. 清华法学(第二辑). 北京: 清华大学出版社, 2003: 4.

学的竞争理论，认为其竞争是被设计出来的，而竞争的真正价值在于结果的不可知。因此，竞争的本质是"一种发现的过程"（a discovery procedure）。竞争无法对特定的事实做出预测。比如，传统经济学的核心假设是"稀缺品"的供应，但是何谓稀缺品？哈耶克认为，这个答案唯有通过竞争才能够发现。

哈耶克在《作为一种发现过程的竞争》[1]一文中谈道："每个个人的特定技艺和能力的组合（在很多方面来看都极为独特）并不只是（甚或首先是）个人能够详细列举出来或向某个政府机构汇报的那种技艺。我所意指的知识，毋宁在很大程度上是由一种探明特定情势的能力构成的。只有当市场告诉人们需要何种物品或服务，以及这类需要有多么迫切的时候，这种能力才能被个人有效地使用。"

正是因为个人知识的重要性，在自生自发的秩序中，才会有个人之间的对立，而这种对立来自个人目的的不同，这种差异恰恰就是竞争所要服务的内容。也就是说，在一个自生自发的秩序之内，通过竞争，参与者的分立目的都会得以实现。

因此，哈耶克认为"秩序"比"均衡"重要。均衡是经济学上的经典概念，围绕什么构成均衡和如何界定均衡，均衡分析始终占据经济学的主导地位。从20世纪30年代出现的"瓦尔拉斯均衡"，到"阿罗-德布鲁"均衡，一直到目前已融入当代主流经济学的博弈论中的"纳什均衡"及"演进博弈均衡"等，不一而足。

里昂·瓦尔拉斯（Leon Walras）提出了一般均衡理论，即如果消费者可以获得最大效用，企业家可以获得最大利润，生产要素的所有者可以得到

---

[1] Hayek, F. A. (1968). "Competition as a Discovery Procedure". https://mises.org/journals/qjae/pdf/qjae5_3_3.pdf.

最大报酬,则可以称经济处于稳定的均衡状态。㊀详述之,一般均衡意味着,经济中存在着这样一套价格系统,它能够使:①每个消费者都能在给定价格下提供自己所拥有的生产要素,并在各自的预算限制下购买产品来达到自己的消费效用极大化;②每个企业都会在给定的价格下决定产量和对生产要素的需求,来达到利润的极大化;③每个市场(产品市场和要素市场)都会在这套价格体系下达到总供给与总需求的相等(均衡)。

哈耶克则完全从知识的角度理解均衡概念。在《经济学与知识》中,他指出:"均衡状态的意思无非是说,我们可以设想,在特定条件下,社会不同成员的知识和意图越来越趋于协调,或者用较为泛化、不那么精确但更具体的话说,人们,尤其是企业家的预期将变得越来越正确。"他强调了预知概念,即在市场中,"所有知识都是让人预测的能力"(all knowledge is capacity to predict)。他说:"均衡概念仅仅意味着,社会不同成员的预见是正确的。预见正确就是判定是否属于均衡状态的基本特征。"㊁

标准的均衡理论假定所有的参与者都享有同样的客观正确的知识,而在现实中却存在着知识分工。世界上实存的知识是分散化的,不同的人获取不同的部分。同时,均衡对最终状态的强调等于是认定事先的经济活动已经产生了结果,而哈耶克却认为:第一,均衡不是发生在静态经济中,而存在于动态经济中;第二,均衡不是发生在某个时间点上,而是存在于时间过程中。

在1968年3月29日于芝加哥费城学会做"作为一种发现过程的竞争"的讲演时,哈耶克公开宣称,人们常常把竞争带来的秩序称为均衡,其实它"是一个有些误人子弟的概念"。"真正的均衡假定,相关事实已经确知,因

㊀ 里昂·瓦尔拉斯. 纯粹经济学要义或社会财富理论[M]. 蔡受百,译. 北京:商务印书馆,1989.

㊁ Hayek, F. A. (November 10, 1936). "Economics and Knowledge". http://mises.org/page/1411.

而竞争过程也就停止了。而我宁肯使用'秩序'而不是'均衡',我们能说秩序或多或少地得以实现,况且秩序也能在事情变化时保留下来。与均衡从来就不真正存在相比,当说我们的理论所描述的某种秩序是理想型的时候,至少有其正当理由。"[1]

可以看出,到20世纪60年代末,哈耶克已决定抛弃均衡这一概念,转而使用他后期社会经济理论的核心概念"秩序"。什么是秩序？在《法律、立法与自由》第一卷[2]中,哈耶克对秩序所下的定义如下："秩序,我们将一以贯之地意指这样一种事态,其间,无数且各种各样的要素之间的相互关系是极为密切的,所以我们可以从我们对整体中的某个空间部分或某个时间部分所做的了解中学会对其余部分做出正确的预期,或者至少是做出颇有希望被证明为正确的预期。"

那么,均衡分析与秩序理论的建构,孰优？哈耶克当然认为是后者。韦森总结说,按照哈耶克及其理论诠释者的分析进路,秩序与均衡相比,至少有如下三个优点。

首先,正如哈耶克在上面一段话中所表露的那样,均衡实际上是指一种最终状态,而秩序则可指一个过程。这也意味着,一个彰显某种秩序的体系本身就蕴涵它自身正在经历着一种自我转型过程。由此可以认为,秩序可以长期驻存,而均衡即使存在,也往往是瞬间的事。同理,我们也可以认为,均衡只是一种理想状态,而秩序则是一种现实实存。从一定意义上,我们可以得出结论,秩序是一般,而均衡则是特殊。

其次,正是因为秩序本身并不是涵指一种最终状态,而是一种过程,

---

[1] Hayek, F. A. (1968). "Competition as a Discovery Procedure". https://mises.org/journals/qjae/pdf/qjae5_3_3.pdf.

[2] Hayek, F. A. (1973). *Law, Legislation and Liberty. Vol.1 Rules and Order*. University of Chicago Press. P. 36.

哈耶克的演进秩序理论也就并不像新古典主义经济学那样是一种"最优理论"或"效率理论"。演进秩序正是哈耶克经济学进路的一种长处。其实从更广泛的角度说，演进（进化）贯穿了哈耶克的心理学、经济学和社会秩序理论，它与自生自发秩序理论紧密相连。杰拉尔德·奥迪斯科尔（Gerald O'Driscoll）和马里奥·里佐（Mario Rizzo）两位论者在1985年出版的《无知和时间的经济学》[一]中总结道：演进秩序理论"并不是要说明竞争会完成我们的预期要求它所做的事，而是告诉我们不要期望竞争会做我们的预期要它做的事"。

最后，"秩序"和"趋于秩序"概念与"均衡"和"趋于均衡"概念，有一个根本区别。这就是，前一种趋向并不是趋于任何一种"最终的（最优）状态"，而是趋于一种更好的"协调预期"。正是从这一点出发，我们可以看出，哈耶克社会理论的精粹就在于他认为，市场秩序与命令经济相比，其长处并不在于前者本身具有一种趋向于一种"唯一"和"稳定"均衡（即"帕累托最优"和诸如此类的概念）的能力，而在于前者有利于应用人们的"分散知识"和"默会知识"，从而更好地协调人们的经济活动。[二]

哈耶克进路的一个重要方面是它令均衡远离作为一种静止状态或力量平衡态的物理维度，为其进入人的大脑打下了一个牢固的基础。换言之，哈耶克的均衡观（均衡是人们计划的兼容）完全不同于新古典经济学的供求相等。协调（coordination）和预期（expectation），这是哈耶克均衡观的两个关键词。当代奥地利学派掌门人伊斯雷尔·柯兹纳（Israel M. Kirzner）这样解释哈耶克的观点："均衡状态就是一切行为完美协调的状态，每位市场参与

    ㊀ O'Driscoll, Gerald and Rizzo, Mario (1985). *The Economics of Time and Ignorance.* Basil Blackwell.

    ㊁ 韦森. 剑桥书简之三：均衡与秩序——新古典主流经济学与哈耶克经济理论如是说[M] // 韦森. 经济学如诗. 上海：上海人民出版社，2003.

者的决策都与他人严密契合，他可以（完全精确地）预期其他参与者会做出何种决策。均衡状态定义中所包括的知识完备性假设，能够确保个人计划实现完全协调。"柯兹纳接着说："从非均衡走向均衡，乃是从不完备知识（imperfect knowledge）趋向完备知识（perfect knowledge），从不协调趋向协调的结果。"⊖

计划得以实现，预期被证明是正确的，在这里，哈耶克完成了将"均衡"改写为"秩序"的工作。从非均衡趋向均衡是沟通信息的过程。因而，秩序本身是一个信息收集过程，它能够使广泛散布的信息公之于众并得到利用。而这些知识不用说哪个人，即使是任何中央计划机构，也是无法全部知道、占有或控制的。人们没有必要在统一目标上求得一致，因为广泛分散的知识随时可以满足不同的目标。

放弃了中央控制，"配置资源的权力以可以变化的方式分散在许多能够实际决定这些资源用途的个人手里（这种分散是通过个人自由和分立的财产做到的），才能使分散的知识得到最充分的利用"。哈耶克在《致命的自负》⊜中如此说道。

也就是说，个人只有通过自己的意愿来运用其知识，社会内的知识才有可能得到更多运用。但是，个人知识并不是在最开始就可以释放出来，只有伴随着人们的行动，才会慢慢明确下来，需要和个人所处的环境及具体工作结合起来。知识是越使用就越多、越明确的。

鉴于知识的个人化，个体的差异化越大，通过合作让其发挥力量的可能性就越大。让结果发生的是知识，但不是一个中央控制的大脑，也不是某个

⊖ Kirzner, Israel (1973). *Competition and Entrepreneurship*. University of Chicago Press. pp. 218-219.

⊜ 哈耶克. 致命的自负：社会主义的谬误 [M]. 冯克利，等译. 北京：中国社会科学出版社，2000：86.

具体的人，而是一个竞争性的过程，也就是在秩序之中。秩序中的构成要素越复杂，就会呈现出越大的多样性，居间范畴的扩展就会越广袤。哈耶克建议，"个人能够加入复杂的合作结构之前，必须变得与众不同。进一步说，他们还必须结成一个性质独特的实体——它不仅仅是个总和，而且是一个结构。"

哈耶克顺便讽刺了一下企图追求已知的、可观察的目标的群体，说他们是"小家子气的伦理学的残留物"。○在管理学上，这句话恰好可以作为对所谓"战略规划"学派的反动。

在现实中，并非所有自生自发秩序都会成功，它们的失败在哈耶克看来是因为遭到了干预。秩序一旦被诱发，就不可以被干预。所谓的"计划经济"是不合理的，个人知识随着秩序的扩展而越发显得渺小，任何人都不可能预知结局，更不要说做出合理规划。知识之间进行组合，可以解决局部认知的问题，从而出现全新的经济增长点。但是，这类组合是不可能长盛不衰的，因为知识始终处于分散和变化中，兴亡更替不可避免。因此，均衡状态是不可能存在的。

在互联网时代重返哈耶克

在哈耶克身后的二十几年间，互联网为主导的信息经济成为时代主流。如果说在哈耶克在世的时候，其知识理论尚且备受质疑的话，互联网则成为该理论的坚实样本。

哈耶克认识到人类社会相互作用产生的现象是复杂的，属于复杂现象，

○ 哈耶克. 致命的自负：社会主义的谬误 [M]. 冯克利，等译. 北京：中国社会科学出版社，2000：90.

从根本上不同于"物理现象"。正是复杂性使我们不可能做出详尽的预测，从而不可能进行控制。他抨击说，认为每个人在心理上能形成关于物理世界的一般概念，与人们希望获得指导社会的普遍规则，这两种想法如出一辙。个人不管是欲详尽了解外部世界，还是欲充分控制社会，都是不可能的。

知识的界限规定着政府的界限。"真正竞争的好处在于，通过竞争，分散在很多人中间的知识可得以利用，而如果我们要在一个中央指导下的经济中利用这些知识，就必须将其整合为单一的计划。而假定所有的知识都可自动地被计划当局掌握，在我看来，这完全是不着边际的想法。"○哈耶克特别反对所有的知识都可以由某个天才人物（比如原始部落的首领）掌握的想法，他说："如果我们迷恋过去，屈从于部落时代遗传下来的本能，企图把部落社会的原则，即认为部落首领对社会中各种具体情况都了如指掌，强加于整个社会，那么这我们就必然返回到部落社会状态。"○

在哈耶克的思想中，知识的有限性始终都是关键所在。例如，他对经济学的看法是："经济的全部问题就是如何利用高度分散的、个人根本不可能整体掌握的知识的问题。"对真理根本没有什么绝对的证明：我们所能获得的那些最好的真理，总要不断进行修正。艾伯斯坦在《哈耶克传》○中说，哈耶克的这种比较含糊的真理观与他的其他观点是相关联的："并不是所有的知识都可以用言辞来表述，社会是在无人指挥的情况下自生自发地演进发展的。"

○ Hayek, F. A. (1997). "Socialist Calculation: The Competitive 'Solution'". *In Socialism and War: Essays, Documents, Reviews, The Collected Works of F.A.Haye, Vol.X*. Edited by Bruce Caldwell. The University of Chicago Press. p.134.

○ Hayek, F. A. (2005). *The Trend of Economic Thinking: Essays on Political Economists and Economic History. The Collected Works of F. A. Hayek, Vol.III*. Edited by W. W. Bartley III and Stephen Kresge. Routledge. p.122.

○ 艾伦·艾伯斯坦. 哈耶克传 [M]. 秋风, 译. 北京：中信出版社，2014：148.

知识是地方化的，也即每个个体对其特定场所、条件、需要和资源拥有最好的知识，但却缺乏有关其他个体的足够知识，从而很难为他人做出决定。知识也是分散化的，现代社会的基础就在于利用广泛分布的知识。我们之所以能够利用各种资源，仅仅是因为我们利用了成百上千万人的知识。知识又是实践性的，存在着连行动者本人都不可能语言化的知识。知识当然是主观性的，哈耶克说过："知识只会作为个人的知识而存在。所谓整个社会的知识，只是一种比喻而已。所有个人的知识（the knowledge of all the individuals）的总和，绝不是作为一种整合过的整体知识（an integrated whole）而存在的。"㊀

吉米·威尔士（Jimmy Wales），维基百科的创始人，堪称将哈耶克的知识理论应用到了日常实践当中。如果说政府不能够获得足够的知识来实行计划经济，那么凭什么假定一群专家拥有足够多的知识可以解释一部百科全书的所有词条？还有一个问题是时间。百科全书需要漫长的编辑和更新时间，而且，随着世界变化的速度越来越快，事实和数据几乎是刚放进书中就过时了。认定知识分散在整个社群之中，威尔士采用一种叫作维基（wiki）的工具，通过自发的劳动分工（哈耶克会称之为知识分工）聚合其广大用户的小小贡献。词条可以随时撰写和修订，公众审阅持续进行，有专门的内容讨论页面，以使用户对每个话题的丰富角度加以感知。每一词条都有无数的链接和参考资料，如果出了偏差，也有强大的自我纠错机制（威尔士称之为"自愈"）。

这种知识分工是如何形成的，或者为什么我们更愿意将此称之为知识分工而不是劳动分工？劳动分工通常是与高度管理的环境相联系的，然而它在维基百科实施的方式却远远缺少管理。

㊀ 哈耶克. 自由秩序原理：上册 [M]. 邓正来, 译. 北京：三联书店, 1997: 22.

克莱·舍基在《人人时代》中描绘了这个"不受管理的劳动分工"的过程。有人决定应该写一个关于沥青的词条，他就创建它了。创建以后就开始有了读者。不久，读者中有一群人自我选择决定成为内容贡献者。他们中有的人添加新的文字，有的编辑现有文章，有的加上供参考的其他文章或外部资源，还有的更正错别字和语法错误。这些人中没有谁懂得关于沥青的所有知识，所有以上的贡献都是递增的。当然，并不是所有的修改都是改进：增加的内容可能把一个句子弄乱了，更正的内容无意中带入了新的错误，如此等等。然而每次修改自身也是临时性的。这一点对于维基百科有利，部分地是因为不好的修改能被更快地清除，部分地是因为人类的知识也是临时性的。

一篇维基百科文章是一个过程，不是一个产品，因而它永远也没有完成的时候。一篇维基百科文章的改进就在于好的修改要超过坏的修改。维基百科没有在用户贡献的内容发布前过滤它们，它只是假定老的错误改起来要比新的错误产生起来快。这个假定被证明是正确的。尽管时而出现故意破坏的行为，维基百科的文章长期来看，普遍地越来越好。

工业环境下的劳动分工很容易理解。一辆汽车出产在装配线上，先是车轴，再是轮子，从一组专业人员转移到下一组专业人员。一个维基的劳动分工却不是这样。在舍基描绘沥青词条这个例子的时候，关于沥青的文章有 129 个不同的内容贡献者，他们将它分为两篇单独的文章，一篇讲关于作为石油衍生品的沥青，另一篇则讲用于道路覆盖的沥青混凝土。对于每篇文章，内容贡献者都新增或编辑了许多小节，包括沥青质沉积的化学性质、历史和地理分布，包括不同类型的沥青路面，甚至沥青（asphalt）一词的词源。最初只有短短几个字的条目转变为两篇详尽而令人大长见识的文章，没有一个人负责管理，然而调研、协作、修改、校对所有这些工作在 5 年内都开展了。同样的模式也存在于整个维基百科的各项工作之中：一个人可以在一天里就沥青写了新的内容，改正了冥王星网页里的拼写错误，并为维特根斯坦的文章增加外部参考书目。这个系统也允许工作努力上的巨大差异：在与沥青主题有关的 129 名内容贡献者中，有 100 位只编辑过一次，而 6 位最活跃的贡献者，人均编辑了将近 50 次，几乎占到总数的 1/4。对于沥青主题最活跃的贡献者名叫施哈特（SCEhardt），他比其余贡献者的平均表现要活跃 10 倍，而比最不活跃的贡献者要活跃超过 100 倍。

如果一个汽车公司让工人就做他们想做的，当他们想做的时候才做，过不了几周它就得关门了，然而维基百科避免了机构困境。因为内容贡献者不是雇员，因而维基能以最少的一般管理费用获取惊人数量的内容。这对于它的成功至关重要：它不需要确保内容贡献者都能胜任，或者都能稳定地创造内容，甚至不用管他们是否出现。由于没有人得到工资，积极的贡献者和偶尔为之的那些人能够在这一生态系统中开心地共处。

如果在一个体系里，任何人都能自由地开始一件事，做得不好也没关系，则一篇短短的信息贫乏的文章可能会支持一篇好文章最终出现。正是这种不足驱使人们对它做改进；那些愿意改进一篇差文章的人比愿意从头写一篇好文章的人要多得多。一个简单模式的早期成功正好造成进一步改进它的动力（人们的关注，让所做的工作传播开去的欲望）。尽管日常工作充满混乱，这种动力却保证了长时间内下一个可预料的模式将会出现：读者会继续读下去，其中有些人变成内容贡献者，维基百科继续成长，而它的文章则不断变得更好。比起制作一辆汽车，这个过程更类似于珊瑚礁的形成，是数百万个体行动的总和。而创造这些个体行为的关键在于给予普通用户尽可能多的自由。㊀

㊀ 克莱·舍基. 人人时代：无组织的组织力量 [M]. 胡泳，沈满琳，译. 北京：中国人民大学出版社，2012.

哈耶克思想的应用当然不止步于维基百科。开源软件和众多的互联网工具，都建立在一个假设之上：如果把数以百万计的个体的地方化知识自由地汇集到一起，较之任何中央权威单独的指令计划，将形成大得多的力量。就连Facebook这样的社交网络也主要是由其多样化的用户的需求和主意驱动的，就连谷歌这样的搜索引擎也利用了哈耶克式的分散众识来令其功能越来越趋向智能化。

舍基的《人人时代》意在展示如果给予普通人自由，他们会创造出伟大的协同事业。在他的下一部著作《认知盈余》[一]中，他注意到了全世界受教育公民的自由时间。他给这种集合体起了一个名字叫认知盈余（cognitive surplus），并以维基百科为例，计算了一下这种盈余会有多大。设想将所有人花在维基百科上的时间总数作为一种计量单位：对每一篇文章的每一处编辑，对每一次编辑的讨论。马丁·沃登伯格（Martin Wattenberg），一位致力于研究维基百科的IBM研究员，给出了一个时间总数：维基百科大概代表了1亿个小时的人类思考。

这个数字看上去很庞大，但和另外一个数字比起来就相形见绌了：美国人一年花在看电视上的时间大约为2000亿个小时。这几乎是2000个维基百科项目每年所需要的时间。这是很大一部分盈余。相比我们全部所拥有的自由时间的总和而言，维基百科项目所占用的时间是多么微不足道。如今是一个不平凡的时代，因为我们现在可以把自由时间当作一种普遍的社会资产，用于大型的共同创造的项目，而不是一组仅供个人消磨的一连串时间。

和罗斯巴德（Murray Rothbard）、柯兹纳齐名的拉赫曼（Ludwig Lachmann），被称为现代奥地利学派的"三雄"之一，他曾提出所谓的"拉赫曼公理"（Lachmann's axiom），表述为："时间和知识属于彼此。当我们容

[一] 克莱·舍基. 认知盈余[M]. 胡泳，哈丽丝，译. 北京：中国人民大学出版社，2012.

许时间流逝,我们就必须允许知识改变。知识的格局从不故步自封。"㊀承认这个公理,就无法避免得出一个结论:变化是内生的、持续的,任何均衡态都可能被打破。问题的关键在于"个人预期的独立性",以及由此导致的选择。而预期必须被视为独立的,就如同人类偏好迥然相异。可以肯定的是,它们会被经验所改变,但我们无法推测任何变化的特定模式。个体行为不可预测,缘于未来的知识不可预测。

回看哈耶克,"认知盈余"就像是其知识理论的强化版,所谓"认知"与知识息息相关。正是因为互联网造就了个体知识得以释放的时空,"盈余"才得以实现。我们可以说,互联网上所有的组织活动都在运用哈耶克的分散化知识观解决问题,而且解决得相当好:亚马逊的顾客评论使我们得以发现好的产品;淘宝的反馈帮助我们找到好的卖家;大众点评带我们去好的餐馆。就连"砖石和水泥"类的服务也在向众包发展,如同 Airbnb 对租房和 RelayRides 对租车这两个行业所做的那样。

对于从传统制造业向互联网企业转型的企业来说,哈耶克的意义更加重大。他的理论意味着"管理"这个词必须要发生本质性的变化,整个组织也势将完成一次天翻地覆的再造。变化的主体是一群被称为"知识员工"的人,变化的规则则是基于个体知识的解放。

明天的大企业不会是那些精心守护其行业内部知识、力图以此形成突破从而有所发明的公司,而是赋权员工、令其得以在一个充满活力的市场中自由分享他们的知识和资源的公司。今天,对于企业来说,核心挑战不是如何打磨精致的内部管理,而是倾力打造市集和论坛,以鼓励分散化的知识生产与知识协作。

㊀ Lachmann, Ludwig M. (1978/1956). *Capital and Its Structure*. Kansas City: Sheed Andrews and McMeel Inc. p.3.

新一代知识员工本能地懂得这一点。凡是网上搜索不到的东西，他们认为都不存在。他们捍卫网上的自由，就好像现实生活当中的自由遇到了危险。他们嘲讽那些中央计划者，因为"老古董"不相信众包知识的存在。他们使用珍贵的时间写博客、微博和维基文章，并非为了金钱，而是为了在"大合唱"当中提高自己的声音。他们甚至想去解决过去只能由政府解决的问题，因为他们现在拥有了社群能力。他们都知道最好的知识藏于何处：知识在众人之中，而不在部落首领那里。

英国自由主义领导人威廉·哈尔科特爵士（William Vernon Harcourt）曾在 1884 年说过一句名言："我们如今都是社会主义者。"来到互联网时代，信奉互联网的人可以说：我们如今都是哈耶克主义者。

当然，这里的"我们"不可能是每一个人。毋宁说，"我们"是与互联网一道成长起来的人，日常活动中的大部分都离不开它。这里的哈耶克主义也不是指这位伟大的经济学家关于资本的理论，或是这位伟大的政治哲学家关于法治的理论，而是指这位伟大的知识论奠基者有关知识的远见。

这就是我们今天重回哈耶克的原因。

云与钟

小艾尔弗雷德·斯隆（Alfred Sloan, Jr.）在《我在通用汽车的岁月》㊀中对管理的总结是："很难说清楚为什么一种管理是成功的，而另一种管理是失败的。成功或失败的原因是深刻而复杂的，其中机遇起到了关键的作用。经验告诉我，对于一个企业的管理者来说，动机和机遇是其走向成功的两个

㊀ 小艾尔弗雷德·斯隆. 我在通用汽车的岁月 [M]. 刘昕，译. 北京：华夏出版社，2005：383.

非常重要的因素。前者通过在某些方面的激励报酬得到很好的应用，后者则是通过分权管理体制。"

机遇是实现自由的前提，给组织内个体提供机遇，便是提供了自由的窗口。一向不乏质疑说，给予人过多自由的权利会带来不堪承受的重负。的确，自由一定会带来各种既有秩序的混乱，比如表达自由所造成的信息爆炸。但是，哈耶克认为，自由带来的就是自由本身。"自由要求允许个人追求他自己的目标：所谓自由的人，是一个在和平年代不再受共同目标束缚的人。这种个人决定的自由之所以成为可能，是因为规定了明确的个人权利（例如财产权），并界定了每个人能够把自己所掌握的手段用于个人目标的范围。也就是说，为每个人规定了一块公认的自由领地。这件事至关重要，因为拥有自己的东西，不管它多么少，构成了独立的个体得以形成的基础，它创造了能够追求具体的个人目标的特定环境。"⊖

获得机遇，被允许追求自己的目标，并不代表自由已经降临。波普尔问："偶然性是否真比决定论更令人满意？"比如，我们写文字的时候，绝对不会有人认为，我们写就的文字是偶然的结果。它是一个个人写作规则的产物，受到了教育、出身、所处环境等诸多因素的合力影响。了解人类理性行为，就要将其放在理想的云和绝对完美的钟之间进行思考。人的行动，受到了目的、宗旨、协议的控制，这些因素内化为人类自身的信念。

这里的问题从根本上来讲事关控制，不仅包括对行为的控制，也包括人类思想或头脑抽象物对物理世界的控制。所以，自由并不仅仅是机遇，它的实现必须有规则的保证。作为波普尔的朋友，哈耶克也持有类似的观点，只有规则可以替代群体的共同目标，它保障了多样性和自由的空间。更大的多

⊖ 哈耶克. 致命的自负：社会主义的谬误 [M]. 冯克利，等译. 北京：中国社会科学出版社，2000：69-70.

样性进一步带来更大的秩序。所以，哈耶克说，"规则是秩序之母，而不是它的女儿"。

而规则就是波普尔眼中的"某种几乎任意或偶然的东西和某种像是限制性或选择性控制（比如目标或标准）的东西之间的微妙的相互作用的结果"（the result of a subtle interplay between something almost random or haphazard, and something like a restrictive or selective control）。他将自由和控制相结合的思想称之为"可塑性控制"（plastic control）。

"可塑性控制"不是简单的总开关模式或者中央控制模式，那意味着一种自上而下的信息流单程循环。"可塑性控制"系统中，依然会有层级，这个层级不是传统金字塔组织模式的"上/下"，而是类似于网状的母体与节点的关系。控制方和受控方是彼此影响、相互作用的。控制在意识层面发生效果，前提是被控方的主体意识要非常强烈。

这就意味着"可塑性控制"系统的目的并非单一的，在控制方和可控方进行交互的时候，目的可以随时改变。因此，目的不是问题，选择目的则成了问题。如果新的目的和生存的目的相矛盾，那么新的目的自然会被淘汰。

回过头来再看斯隆在通用汽车做的分权实践。虽然受限于当时的工业化思维，但它多少印证了皮尔斯说的"所有的钟都是云"。斯隆在回忆录里说，他认为自己的任务就是对集团管理层进行调整，这也在暗示，通用汽车内部存在着控制方和受控方的交互体系。斯隆把集权和分权有机地统一起来，建立了一个"在政策上统一，在管理上分权"的"纯粹集权制和纯粹分权制之间的折中组织"。斯隆坚持"集体可以制定政策，但推行政策只能依靠个人"的管理格言，德鲁克在《公司的概念》①中对此给予高度评价。后来，分权制被日本和欧洲演化成现代管理的经典运营模式：事业部制。斯隆本人也总结

---

① 彼得·德鲁克. 公司的概念 [M]. 慕凤丽, 译. 北京：机械工业出版社, 2006.

说:"从精神到实际行动上都奉行分权管理,这是通用汽车长寿的根本。"内部结构(或者说知识结构)的相对松散,得以让通用汽车因为富有创意的产品,领衔美国汽车制造业。

在管理学上,目的约等于战略。管理史学家艾尔弗雷德·D.钱德勒(Alfred D. Chandler)于20世纪60年代早期开始观察大型企业,提出了经典的"战略决定结构"论。⊖这是典型的钟式思维,一台精密的、严丝合缝的机器随着时针向着既定目标前进。钱德勒认为,企业的经营战略要适应环境的变化,而组织结构则随企业战略的变化而变化。也就是说,组织结构的所有层面,从部门的创设,到汇报关系的设计,都需要时刻考虑战略意图。

钱德勒首倡的战略-结构关系研究很快就演变成为一个先有鸡还是先有蛋的问题。例如,当组建一个企业时,是先有战略再建立组织,还是相反?当绩效下降超过可接受限度时,是先进行战略改变,然后结构随之变化以相匹配呢,还是结构首先变革,以吸收新的管理者形成与结构相一致的新战略呢?亨利·明茨伯格(Henry Mintzberg)出来"和稀泥"说:战略与结构的关系是互相作用的,结构也会影响战略,"结构追随战略……就好像左脚追随右脚"。⊜

今天,不客气地说,结构紧随战略已从20世纪60年代的公认事实变成了失效的说法。按照"钟"的世界观,企业会先孵化出完美的战略,再匹配上整洁的结构和组织图。现实却是,战略与结构的关系是"剪不断,理还乱"的一团乱麻。钱德勒的命题在静止的、界限清楚的市场上无疑是成立的,但在界限模糊、动态变化的市场上,根本无法讨论孰先孰后的问题。

⊖ 艾尔弗雷德 D 钱德勒. 战略与结构:美国工商企业成长的若干篇章[M]. 孟昕,译. 昆明:云南人民出版社,2002.

⊜ Mintzberg, Henry (Mar.-Apr. 1990). "The Design School: Reconsidering the Basic Premises of Strategic Management". *Strategic Management Journal*, Vol. 11, Issue 3, 171-195.

对钱德勒另外的批评来自他将制定战略的角色过多地归于高层经理人。对战略制定，他似乎持一种"英雄主义"的视角，因而也就把战略过程视为完全从上至下的。今天，这个过程越来越分散化。由于高层经理人往往不能够为其公司制定一个合理的战略，战略的形成越来越多地成为一个"组织过程"，在公司内多个层级卷入多位人员。战略成了自由的结果，是规则下多个个人互动的结果。

归根结底，钱德勒是"钟"式世界观的信奉者。他对世界是从牛顿的视角看的：凡是有着不确定性外观的现象都会被认定，我们对它们的理解还不到位；只要假以时日，它们必定要变成规则的和可预测的。可以再引用一下波普尔的比喻："所有的云都是钟，哪怕是最模糊不清的云（the most cloudy of clouds）。"

20世纪20年代之后，当量子理论挑战"钟"式自然观，认定不确定性和偶然性是所有自然进程的基础时，波普尔的比喻被颠倒过来了。现在我们说，在某种程度上，所有的钟都是云。换言之，只有云存在，虽然云的模糊性各自不同。

我们看到，组织特性是时代赋予的。工业时代由物理决定论开启，柏拉图以来的理性主义走到了极致。组织的意志仿佛机器的意志，组织中的人就像《摩登时代》中描述的那样，被齿轮异化。这台机器与外部资源的对接不具备有机体特征，它只有输入和输出模式。

而互联网时代的组织是一个生态系统，组织首先要有一个完善的"呼吸"系统，从狭义意义上的呼吸器官到皮肤组织、体内细胞，让所有的个体和子系统活跃起来，在一个具有意识的大脑协调之下，同步工作。知识分布在每一个个体之中，通过相互作用，以及大脑与环境的交互，从而形成一个不断更新的生态知识系统。

好的组织赋予员工机遇，并利用处于"云"和"钟"之间的"可塑性控制"帮助成员达成个人目标。坏的组织则是扼杀成员的个人目标。这也是为什么张瑞敏一再强调，"企业不再是管控组织，而是平台"。

自由，让组织看似松散，实则开始具有"反脆弱"性。尼古拉斯·塔勒布（Nicholas Taleb）提出，"有些事情能从冲击中受益，当暴露在波动性、随机性、混乱和压力、风险和不确定性下之时，它们反而能茁壮成长"。⊖ 传统一体化的高精度组织模式，因为信息的传送渠道单一，环境信息无法更为真实地被接收。当环境剧变，单一造成的滞后带来了巨大的脆弱性：波普尔提出的"黑天鹅"会随时出现，冲垮你的意志以及现有策略（这种脆弱包含结构的脆弱和整体心理的脆弱）。

自由带来了松散，松散带来了无序，无序带来了系统的复杂性。就像塔勒布认为的那样，最简单的东西往往最复杂。"简单"是指缺少了中央集权的设计过程，而强调了主体的能动性。"复杂"则是指其间的生态关系。因为缺少了单一、生硬的中央指令，使得个体之间的交往充满了不确定性、多面性。但终究，一个完整的生命出现了。KK 眼中的"生命"就是对抗脆弱的最好形态。一旦萌芽，生生不息。

⊖ 纳西姆·尼古拉斯·塔勒布. 反脆弱：从不确定性中获益［M］. 雨珂，译. 北京：中信出版社，2014.

第三节

让个体自由起来

永不消逝的风险与不确定性

波士顿咨询公司首席执行官李瑞麒（Rich I. Lesser）给张瑞敏讲了一个重塑创业文化的例子：Facebook 想从桌面式网络转换到移动式网络，为此成立了两个团队，开发两种不同的平台，其中一个平台非常成功，另外一个则失败了。第二个平台虽然最终失败，但是它的团队领导者在技术上有贡献，得到了晋升，成为这家公司技术方面的负责人。李瑞麒解释说，"整个组织向人们发出一个信号，鼓励大家去承担风险，做正确的事情，使得公司往前进。即便第二个团队的领导者选用的平台最终失败，但他并没有因此在职业上受挫，反而得到了晋升。"

我们可以将这种鼓励看作对承担风险的回报。变革的主要风险在于组织内个体的不适应性，这种不适应性常常发生在从一种知识状态进入另一种知识状态，甚至是从一种文化状态进入另一种文化状态的时候。

哈耶克认为，在社会演进中，固然有个人的选择问题，但选择主要不是通过个体的生理选择，而是通过文化传递的特性、制度和惯例而进行的。获得成功的个体或群体的行为惯例会被人普遍效仿，这些惯例将随着时间的推移而占据主导地位。

企业的演化其实遵循同样的道理。海尔创业之初，张瑞敏对下面招收干部要求就是八个字：同心同德，独当一面。所谓"同心同德"就是干部对集团的发展方向和要求应该认同。所谓"独当一面"就是在干部负责的部分，能够把集团的思路转化为具体行动。由此海尔形成了自己独有的文化，一个特点是团队精神，所有发展都取决于大家的齐心协力；再一个特点是，它是一种强执行力的文化。

但在转型过程中，集团要求经理人要找到自己的市场用户，并通过创造用户来体现自身价值。也就是说，执行力文化必须向创业文化演变。很多中层经理人马上感到迷茫和困惑，甚至向张瑞敏请求：集团到底怎么弄，能否直接下指令？我们也不要操那么多心了，只要跟着好好干就行了。

张瑞敏形容说："一下子变成了这样：原来你叫我向东，我绝对不往西，你叫我向东今天跑100米，我绝对不会跑90米，可是突然叫我自己跑了，有点不会跑。有点像一个小学生，老师叫他做什么，原来都有标准答案在那了，现在叫他自己做一个东西，那就难了。很多中间层原来就是承上启下的，现在一下变成自己要自找市场，自找出路，这完全是一个太大的落差。但是有什么办法呢？某种意义上说，文化就是个双刃剑，本来过去这种雷厉风行的执行觉得挺好，但是现在它反过来会伤到你自己。"

张瑞敏提出了组织变革中最根本的问题："文化的双刃剑"问题。一种占主导地位的文化，经由普遍的推行而内化为组织中每个人的行为准则时，可能会对企业的剧烈变革产生反制作用。此时，企业必须主动开刀动手术，修正此前其赖以成功的惯例和路径。我们将此称为"成功者文化的自我解构"。

海尔此前的文化是强执行力文化，不管理解不理解只要去执行就可以了。制造业组织的强执行力文化是由组织结构的信息流特点决定的。所谓的生产效率，就是指执行效率，本质上是上层意志的传播效率。作为中间环节，经理人的任务是尽量减少信息的临时存储空间，从而让信息不间断地向下流淌。人作为生产知识的主体功能越来越弱，在根本上是对知识型组织的一个反动。

当海尔进行网状组织的剧烈变革时，对人的要求是和上述特性完全相反的。网状组织中的一个核心要素是节点能力，节点的知识生产力越好，其链接能力就越强，从而给整个网状组织带来的新陈代谢的效率就越高。

但节点能力并不意味着执行力要被削弱，所以我们才用了"解构"这个词。执行力并不是不需要了，而是要把传统的线性执行力变成节点执行力，也就是加强个人的创新力、领导力。按照网络价值规律，节点能力强大的时候，组织的创造力是呈几何级速度增长的。那么如何加强节点的能力呢？就是让其变成创业者，令市场效果与其个人利益息息相关。

在完成变革的过程中，企业要承担必需的风险，即个体的失败以及退场。KK认为，在一个复杂性系统里，"创造性失灵"是不可避免的，甚至是"活系统的标记"。部件将死，整体永生。

企业应该追求生命的力度，而非长度。有力的生命才可以产生更多的生命。这个过程中会处处存在风险。

经济学家对风险概念有着大量的研究。在这一方面，美国经济学家弗兰克·奈特的贡献是经典性的。1921年，奈特出版了博士论文《风险、不确定性和利润》[一]。他通过对风险与不确定性的区分，来研究利润的起源。奈特

[一] 弗兰克·奈特. 风险、不确定性和利润[M]. 王宇，王文玉，译. 北京：中国人民大学出版社，2005.

指出，只有当变化及其结果是不可预测的时候，才可能带来特殊形式的收入，这就是利润。只有敢于创新的企业家，才可能创造出乎人们预料的收入，才能带来利润。这种不可预测的变化及其结果，就是不确定性。而风险则是可以被计量的，不会带来利润。

具体而言，风险是人们可以预知概率分布状态的，比如可根据以往的数据对某只股票未来一段时间的表现做出预估，这种预估是基于涨跌的概率分布而言的。也就是说，当未来发生事件的概率可以计量时，我们遭遇风险；而当未来事件发生的可能性是不确定的或是难以估量的，我们遭遇不确定性。和风险相比，不确定性更加难以捉摸。它甚至可以存在于风险之中。比如了解了一只股票的历史涨跌的概率分布，也相应做了未来的投资，但没有想到的是，这家上市公司突然爆出了内幕交易的丑闻，这个事件打乱了模型中的概率分布。这就属于不确定性了。

无论是通过先验方式还是经验观察，风险可以量化，因此，人们可以做好事先安排，防止自己受到风险损害，从而把风险变成确定性。而不确定性，由于其不可量化，因而无法提前防范。它不合规，所以不能进行先验的分析；它太独特，也不能经由经验观察到。奈特写道："利润从事物内在的、绝对的不可预测中产生。"面对不确定性，一个人只有依靠自己的判断力。正是基于良好的判断和由此而来的对资源的调动，个人才可能挣得利润。谁可以窥视到未来更不可知的那一面，并决定什么是自己合适的道路，谁就将被赐予利润；决定的道路不合适，则遭受损失。

那些在面临不确定性的情况下一直成功地做出正确决策的人，别高兴得太早了。奈特说，从某一事情中获利，可以说是卓越的判断的结果。但这其实是一个有关判断的判断，因为没有办法断定获利到底是因为好运还是因为好判断。如果出现了一系列足以衡量判断好坏或是决定其可能价值的事例，利润在此刻就变为了工资。

这个提醒对企业家来说是个谦恭的警示。等到在不确定性情况下发生的一系列事例足以证明企业家的判断准确的时候，不确定性在这段时间内就变成了风险。风险是可知的，没有利润可以赢取，那个一度带领企业穿越不确定性去力争利润的企业家，现在不过是为了一份工资在管理着已知的风险。

由此，奈特的风险与不确定性理论的深刻性在于，利润虽仍然来自我们周围世界的内在的不可预测性，但其中一些不可预测性是可管理的，只有那些努力超越这种可管理性的人才能赢得利润。这是在礼赞不确定性对于企业家的重要意义。

人人都是 CEO

在《风险、不确定性和利润》一书中，企业家被赋予不确定性决策者的角色。奈特理论对这一问题的解释包含以下相互联系的两个方面：对"企业家才能"的认识和对"企业"的认识。

首先，每个人都可能是企业家，企业家才能不是"人"的概念而是一个"函数"的概念。很多人把企业的生产经营者看成是企业家和具有企业家才能的人，而认定大多数人不能成为企业家，是因为他们不具有企业家才能。而奈特把企业和企业家才能分开，因为每个人都要面对不确定性，对不确定性做出判断和决定，每个人都可以成为企业家。

奈特对企业家的理解和米塞斯《人的行为》[⊖]一书中对企业家才能的论述是一致的。米塞斯说，所有人类行为都会有企业家要素。由于行动总是耗时

⊖ Mises, Ludwig Von (1963/1949). *Human Action: A Treatise On Economics*. San Francisco: Fox & Wikes.

费力而未来又是不可预测的,所以行动内在地就具有不确定性,这种不确定性又进一步被企业家行动的新奇性所加强,诸如打造新产品、提供新服务、建立新企业等。

米塞斯及后来的奥地利学派经济学家认为企业家才能蕴藏在每一个人身上,因为每个人都要对不确定性做出判断。当然,人们承担不确定性的能力有差别,企业家才能也有高低。

其次,企业是降低不确定性的组织。企业为市场生产,因此要面对不确定性,奈特指出企业不确定性的降低是通过责任的层层转移实现的。他强调企业中最重要的决定是对"人"的决定而不是对"物"的决定,是对人判断的判断,这也是企业家才能最重要的体现。

企业中上级对下级的人选做出判断和决定之后,上级就把他要承担的不确定性转化为下级的责任,降低了他自己要面对的不确定性,他其余的工作也就成了"惯例"。但奈特指出对人的评价和决定往往会发生错误,本身就包含很大的不确定性,因此对人的评价和决定本身既是降低不确定性的手段,也是不确定性本身最主要的来源。○

奈特又强调,利润应当由那些承担不确定性的人分享。不确定性看似是依靠知识无法预知的,但是依然可以利用个体拥有的越来越多的信息和知识的积累进行应对。在知识型企业中,抵御不确定性的主体是每一个员工个人,让每一个人行使企业家的职能,也就是张瑞敏所说的"人人都是CEO"。

海尔目前进行的"失控式"组织变革,被外界普遍认为过于激进。用不确定性理论来看,其就是对未来商业环境大变革的应对。在不确定性因素

○ 朱海就. 大改革:中国市场化改革的理论与现实取向[M]. 福州:福建教育出版社,2012.

不断增多的情况下,"失控"也许不是唯一的路径,但一定是最符合常识的路径。

在"失控"状态下,对不确定性做出判断和应对的"企业家",不仅海尔内部要成批出产,而且还要向外寻求供应。张瑞敏总结自己的管理心得时用了九个字:"企业即人,管理即借力。"他说,"所有的管理工具都只是手段,企业的资产要增值只能靠人,所有企业管理的优化都应靠开放系统借来的一流人力,而非自我封闭,靠身边的几个人打江山。"

张瑞敏提出未来的企业组织形式是分散化加合作化,此种形态宣告了我们熟知的管理理论寿终正寝。传统经济管理理论的基础是亚当·斯密的分工理论,在分工理论指导下发展出科学管理和科层制。直到今天,企业还是靠这两条:生产是流水线,组织是金字塔。但这些已完全不适用于互联网时代。因为在企业的外部,用户变得极度网络化,并具有联合行动能力;相应地,在企业的内部,员工必须主导企业,才能准确把握用户的需求碎片化和个性化趋势。

网络化的企业,张瑞敏用了三个"无"来概括其特征。企业无边界,海尔一定要变成以自主经营体为基本细胞的一个并联生态圈,拥有按单聚散的平台型团队。管理无领导,海尔在探索自治的小微公司,每一个员工都可能成为小微公司,而用户才是真正的领导。供应链无尺度,这一个由关键性节点组成的复杂网络,每一个节点都具有自主性和活力,可以为小众和大众同时提供服务。

张瑞敏在2011年时谈道:"人,是保证创新的决定性因素。人人都应成为创新的主体。我们设计市场链的思路正是体现了这一点。为每个员工提供最大的发挥空间,利用网络的共享信息和组织结构扁平化所带来的最短信息链,经营自我,挑战自我,体现自身价值和创新成果,形成团队合力。"

这里牵涉企业家才能的另外一种描述，它是熊彼特式的。熊彼特认为，所谓创新就是建立一种新的生产函数，把一种从未有过的有关生产要素和生产条件的新组合引入生产系统。企业家是创新者，而企业家才能则是一种创新能力。企业家引入新的组合以后，通过"创造性破坏"（creative destruction）的过程改变经济体以前的均衡状态。这种新的组合包括新产品、新的生产方式、新市场、新的供给源和新的产业组合，等等。显然，这种企业家在瓦尔拉斯的一般均衡体系中不存在，因此，熊彼特将企业家看成是经济波动的源泉。他认为，"企业家不是一种职业，一般来说也不是一种持久的状态"，是能以"创造性破坏"的精神去建立或不断改进一种生产函数的群体。[一]

2014年，在明确了海尔的方向是"平台型组织"之后，张瑞敏进一步把"人人都是CEO"的口号修改为"人人创客"，"创客"在此的内涵是"创业的人"，突出创新的价值。组织作为平台（或市场），其中的创业者和一般企业的内部创业者的不同在于，前者从一开始就要面对市场，他们的生死是由市场直接决定的。对于海尔来说，创业者不但要面对市场，还要把市场作为自己全流程中的一部分，让自己的产品在构思阶段就要和市场的需求相匹配。

事实上，企业全流程再造的最终极状态很可能会是这个样子：个体可以直接借助企业的力量自我满足需求。此时，传统组织理论中的容器论完全失效，企业完全被社会化成了一个平台。用张瑞敏的话来说，就是人人创客化。这就实现了彻底的海尔式颠覆：从制造产品到制造创客。

创客究竟是谁，是问题的关键所在。张瑞敏在阐释这一理念的时候强调

[一] Schumpeter, Joseph A. (2003/1943). *Capitalism, Socialism, and Democracy.* London & New York: Routledge.

双向性，即传统的只能于组织内创新的人，现在可从在册变为在线创业；与此同时，社会资源亦可来到海尔，转化为在线、在册创业。如果说，"人人都是CEO"多少还带有企业内部视角的话，那么"人人创客"则是完全的开放心态。显然，张瑞敏在有意抹去组织边界，强调组织的社会化趋势。

无论是"CEO"还是"创客"，其本质都是把传统组织中的人变成大市场中的人，其面临的不仅仅是企业内部市场，更要接受外部市场的检验，市场检验的准则是优胜劣汰。

每个人都去面对充满不确定性的市场，有人离场，留下的经受创业的洗礼，这就是企业演化的法则。

至高无上的个体

在现实的组织中，真正懂得赋予个体机遇，并帮助他们实现自由的案例并不多。因为，领导者没有把组织作为一个生命来看待，更谈不上对知识型组织的理解。组织对于这些人而言，不过是工具，就像榔头、铁锹这样的可以随心所欲使用的冷冰冰的工具。这些人也会去考虑改善组织，但还是囿于如何把榔头使用的效率提高。他们认为改善或者创新还是要发源于上层，也就是组织内一两个部门的任务，而根本不会去真的对解放个体做出实践。

彼得·斯卡辛斯基（Peter Skarzynski）和罗恩·吉布森（Rowan Gibson）合著《从核心创新》，①认为这个问题"源于一个普遍的观念，即普通员工不可能成为创造财富的创新源头。回到十几年前，我们发现相似的偏见阻碍了大多数西方企业达到更高水平"。这种情况就像戴明（W. Edwards Deming）

---

① 彼得·斯卡辛斯基，罗恩·吉布森. 从核心创新［M］. 陈劲，译. 北京：中信出版社，2009.

提出"全面质量管理"之前,企业都把质量工作看作专业部门专业人士的事情,对一线员工收紧决策权。戴明提出了质量管理体系,开展了相反的做法,让一线员工掌握过程控制的知识,让他们拥有一定的决策权。

但是,这种来自日本企业的管理理念并没有得到很好的应用,究其原因,在于组织流程的阻碍,企业不知道该如何授权。管理大师迈克尔·哈默(Michael Hammer)和詹姆斯·钱皮(James Champy)在那本著名的《流程再造》[一]中一针见血:"当前的企业结构是实行专业分工并把整个流程分割得鸡零狗碎。这种结构遏制了企业内的革新和创造性而使自身凝固了。"当一位员工有了新想法,他必须层层上报,只要有一层的领导否定,这个想法就被扼杀了。"这种企业结构的设计者却认为,这种内在的制约革新的企业结构不是它的一种缺点,而是一种保护性措施,防止那种可能会带来不必要风险的变革。"

"防止变革带来的风险",其潜在前提是,传统组织结构带来的安全性是基于对员工能力的不信任。而专业化分解流程带来的一大弊病是,企业在黏合业务板块上消耗的成本远高于花在直接劳动力上的成本,直白一点就是,员工的价值没有流程的价值高。因此,大师提出,流程必须再造!

我们认为,流程再造的本质是个体知识的最大化,这是反流水线模式的。野中郁次郎则使用了一个很简单的词来表达相同意思,"投入"。他观察了很多日本企业,发现他们频繁使用"投入"。这不是简单的我们常说的"全身心投入到"工作中的"投入",不是把多少时间花费在公司上,更不是为了工作牺牲多少自己的利益,而是指你可以把多少个人知识或信念融入组织的知识里。

[一] 中译本译为《改革公司》。(迈克尔·哈默,詹姆斯·钱皮. 改革公司[M]. 胡毓源,等译. 上海:上海译文出版社,1998.)

雅马哈集团曾经开发了一款发光吉他,其主导者是一位叫作旭保彦的中层管理者。他最初想到这款产品是基于自己的童年经历。旭保彦出生于1958年,那时正逢日本民谣音乐盛行。弹吉他可以让男孩变得很酷,也很受欢迎,从儿时起,旭保彦就有了"酷酷地弹吉他"的梦想。野中郁次郎认为,旭保彦不是一时冲动想到了发光吉他的概念,而是他心中一个存在已久的信念被组织唤醒了。

事实上,我们发现,大多数创新型产品都是源于主导者的某个梦想或者情怀,组织是否可以创造一个好的场域将其梦想激活,是为创新的关键。也许,我们可以从发明如何成为可能的角度来理解这个命题。

熊彼特说:"无论你如何重组邮政马车,你永远不可能得到铁路。"创新不是某个"域"的自娱自乐,而是对各类秩序的重新整合。同时,技术的进化也绝不是偶然得之,它更像是一种市场行为,需要满足与被满足。

"土壤""冒险精神",类似的对创新的解释,在以研究复杂性科学而闻名的圣塔菲研究所(Santa Fe Institute)的元老级学者布莱恩·阿瑟(Brian Arthur)眼里来看,都是囫囵吞枣,并没有在根本上解释技术是如何起源的,发明是如何成为现实。⊖不过有一点很重要,发明过程中最核心的要素是联想力,这是非天才不办。如果说,技术的创新过程是一个可以描述的、偏于机械式的系统的话,没有灵光一现,这个过程也根本无法实现。

阿瑟对新技术的定义是,针对现有目的而采用一个全新的或不同的原理来实现的技术。原理就是做某件事情的操作方法,使某件事情运作的基本方式。这个很好理解,比如计算机技术是用电子中继技术取代了机电方式。

那么原理的本质又是什么呢?阿瑟认为,原理就是应用某种现象、概念

⊖ 布莱恩·阿瑟. 技术的本质:技术是什么,它是如何进化的[M]. 曹东溟,王健,译. 杭州:浙江人民出版社,2014.

和理念，所谓新原理，就是构建在新的或者不同的现象之上。这就暗示出了，新技术的一端是需求，一端是现象，端对端的过程就是发明。

发明本身是一个系统集成行为，需要解决好每一个链条上的任务，而每个任务又有自己的次级方案甚至再次一级方案。只有每一个方案都得到解决，这个发明链条才算完整。阿瑟认为这是一个递归的过程。

所谓的端对端，并非仅仅是指从需求到现象这么简单，还可以是从现象到需求。很多基于日常生活中的偶然而产生的伟大发明，就属于后者。

原理的产生更像是潜意识的唤醒，通过连续思考获得一个大概的理念框架。在这个框架之下，考虑各种组合方案。在寻找解决方案的时候，障碍是在所难免的。每一个障碍就是自身的次级问题，也许在次级问题中，还会有障碍，那就是次次级问题。直到你找到了这些次级问题的答案，梳理原理的过程就又跃迁到最初的大的理念框架。

有意思的是，我们在解决次级方案的时候，常常"浮现出"新的解决框架，这需要很好的追溯思维。就好像做几何题，按照最开始的解题思路进行到某一个论证环节时走不下去了，这个时候，会立刻从这个细小的点反射回去，自动检查当初的解题思路。大部分时候，会有新的可行性方案出现。

可见，"灵感"很重要。灵感常常是一个人的事情，而不是团队的事情。

阿瑟认为，灵感仅仅是开始，下一步是要转译，即把需求进行问题化。这很类似我们常说的"产品化"。把模糊的需求进行明确的技术表达，也就是拆解。只有进行转译，才可能形成框架。

比如，发现青霉素可以进行治疗的时候，就要将其技术化为"对青霉素中的活性成分进行隔离和纯化"。在此基础之上，再研究其化学结构，进行临床试验和生产，直到盘尼西林问世。这个过程长达 13 年。

阿瑟认为，发明的核心是联想能力，但绝不意味着仅仅就是天赋。丰富的领域知识，加之想象力，联想力才得以实现。

这是一个发明的微观过程，最终还是落回到了个体身上。发明的过程是个体从闪现灵光，到详细论证，再进行充分联想。这种高度个人化的过程，需要组织给予足够的时空频宽。

海尔的小微模式看似是一个组织变型，实则是一次彻底的个体解放运动。个人要有市场的洞察力，有方案的执行力，同时还要有承担风险的责任心。和传统的大公司内部创业不同，海尔要求创业者以真正的市场主体身份进行活动，追求回报也承担风险，为自己负责，也为资本和平台负责。

网络时代的员工能力

我们采访过一个互联网硬件创业公司，最大感受就是创业者把公司本身看作了一个变量系统。变量是相对于定量而言。以手机为例，从流程上来讲，传统厂商遵循的是线性开放模式：运营商提需求框架，厂商的产品总监定义产品，供应链开始运转。这个过程中，几乎没有讨论和各抒已见。整个系统中的赋值都是一定的，所以系统也是一定的。

而这家创业公司有一个无序机制。在讨论产品的时候，所有人都要参与进来，包括粉丝。大家拼命发散思维，把想法扔进一个"框"。然后，再由几位经验丰富的创始人，把大家的想法进行提炼，进而形成关于产品的知识。

创始人说，他要做一个变量系统。每个人都是变量，赋值不是别人给的，而是自己给自己的。一个系统，一个产品，很可能因为你的一个奇思妙想就会有新的生机。

同时，为了保持这家公司的创新活力，他们每个季度都要劝退排在末位的员工。我们很少看到创业公司会这么做，因为团队稳定性是很重要的。但创始人跟我们说，只有这样做才能保证他们团队里的人是最优秀的人。互联网公司是不养庸才的。

如今，海尔从传统制造业公司向互联网公司转型，就是从一个定量系统向变量系统转变。

经典的公司都像大型机器一样是有组织的，每个环节都被设计成了防止出现大的变化。所谓定量转向变量，就是要把这个组织上每一个环节的"防变化"阀门去掉。如果说，稳定的金字塔形组织结构是以不变应万变的话，网状组织就是要以万变应万变。

去掉"防变化"阀门的第一步，是取消传统的人力薪酬模式。"在册"转"在线"，绝不意味着抛弃。相反，于公司，释放了员工的自由属性，使得组织的变量区间无限加大；于个人，个人变量区间也在加大，也许海尔仅仅是你的区间中的一个赋值，而不是全部。那时，"在线"的内涵就会更加饱满。

互联网时代里，有两大思维并行前进：产品经理思维和工程师思维。前者着眼于用户，后者着眼于技术。很难说两种思维孰优孰劣，因为彼此在流程上是各有侧重的。但是，在一个全流程的闭环中，常常要求一个人要兼备两种思维。既有产品经理对用户需求的敏感度，也有工程师的专业精神。

无论是"在册"也好，"在线"也罢，要随着组织一同进行提升。对于海尔这样的时代型公司而言，被时代淘汰就等同被海尔淘汰。

在网状组织中，节点的重要性不言而喻。它担负着扩大组织辐射能力，交流优质资源的重要职能。如果按照变革的理想状态看，个人会取代小型组织来担任节点，也就是说，一个小型组织所具有的能力，个人也要具备。

这样的能力包括两方面：资源整合能力和知识学习能力。

资源整合能力偏向于产品经理思维，你要通过种种资源渠道了解到用户需求，并形成快速的反馈回路，再将资源迅速整合起来。把自己看作平台，并能形成一个有效的信息闭环。这一点考验的是员工的信息化能力。

知识学习能力是我们参观完海尔的沈阳智能工厂后想到的。当时，我们问了一个问题：在IT流程中，人的因素是大了还是小了？一位海尔的合作伙伴说，工人现在要思考的事实上比从前多了。以前，他只盯一个单子，在信息透明化之后，他要进行模块式的思考，并进行决策。一个显性指标就是，现在工人都要会建模。

智能制造一定会淘汰掉很多冗余环节的人力，知识型员工反而会越来越受到重视。把专业知识提升到时代所需要的水准，你就永远不会被淘汰。

海尔将组织开放后获取的人力资源称之为"在线"。但是，我们应该看到，这个"线"不应该是一条条单向度的射线。"在线"体系的第一要务是人力社区化，这才是网状组织区分于传统开放型组织的重要隔断。

开放是一件看上去似乎并不太难的事情，哪怕你以甲方身份，多召唤些乙方共同谋划，也可以看作开放。可是，这样在本质上和传统型组织并没有什么区别，变化的只是你的供应商数字而已。而"在线"的含义是以一种超越了甲乙双方合同的契约形式，将大家的愿景一致化。在这个框架之内，形成一种自组织的形式。类似于BBS或者社交媒体，用户在其中可以平等受益于规则，同时还有一个默契的隐形的谅解备忘录，即退出机制。相比于权力色彩浓重的甲乙双方合同模式，社区模式无疑更加尊重个人。

而人力社区化的最大益处在于可以形成知识的传递和新知识。这是甲乙双方合同无法完成的任务。

按照野中郁次郎的观点，知识的转换有四种模式：从默会知识到默会知识，称为"共同化"；从默会知识到外显知识，称为"外在化"；从外显知识到外显知识，称为"联结化"；从外显知识到默会知识，称为"内在化"。

在传统型组织中，共同化是很难实现的，不易对知识达成全面系统的了解，知识也不易被使用，每个人的领悟力也各不相同。社区型组织有助于社区成员之间分享经验而创造默会知识，帮助成员通过观察、模仿及练习等方式去学习传授者的隐性技巧。

从显性到隐性的内在化也不容易。社区型组织可以利用社区示范边做边学的方式，令组织成员将相关经验内化至个人的默会知识基础之中，进而成为组织文化的一部分。

联结化和外在化相对容易，这两个过程也可以利用社区扩大公司现有的知识基础。

这里所说的社区型组织，不仅仅局限于在线社区或者线下社区，也可以是能力的网络化。能力可以是个人能力，也可以是组织能力。

社区的最大好处就是大家可以在共识之下，畅所欲言。这个畅所欲言遵循的是社区法则，而不是业务法则。这个时候，社区内的"讨论"就会变成"表述"。只要社区的开放尺度大于企业，表述就可以充分形成默会知识与外显知识的源头。

比如，有人表述自己的个人经验，有人表述行业的普遍经验，这些都可以看作知识的形式化。当社区观众看到这些表述后，便会自觉或者不自觉地将其内在化，与自己的经验相结合，进而形成自己的默会知识。本书笔者之一是一位疯狂的网球爱好者，早年间混迹于国内两三个知名的网球论坛，深深知道，这种知识的转化过程对一个人的专业修养极其重要。

组织同时是社区的搭建者兼用户，它需要的是把"在线"和"在册"统筹为一个社区，促使所有人将自己的默会知识表述出来，同时再将其转译成属于组织自有的默会知识。

这才是"在线"的知识价值观。但实践起来也有很多难点。

难点一：组织外的人就永远是对的吗

张瑞敏经常说，海尔是一个"自以为非"的企业。正是因为不断地颠覆自己，才会有今天的成就。很多人都把这个理念误解为，海尔自己的员工一定是错的，只有外部的人才是对的。因此，事事都要找外部资源来解决。我们认为，这是对"自以为非"最大的误读。

"自以为非"是一个很有意思的哲学命题，甚至带有存在主义的意味。今天的自己不会是昨天的自己，河水依然流淌，只是人们跨进的并非同一条河流。恐怕这是对张瑞敏"自以为非"命题的最贴切的解释。张瑞敏的另一句名言是，"没有成功的企业，只有时代的企业"，我们甚至可以将"自以为非"看作"时代的企业"的哲学源头。

抱着"自以为非"的想法，寻找组织外的资源，这更像是映照自己，而不能用孰对孰错来进行判断。当你发现"在线"的人也并没有很好地解决的自己的问题时，错的不是"在线"的人，而是你的社区规则。

难点二：利益是让社区活跃的动力吗

很少见到一个活跃的社区是因为利益分享机制。恰恰相反，好的社区机制的共同点是，你是否让其中的用户身心愉悦，或者说有知识上的收获。

我们说服一个人加入自己的创业团队，物质激励往往是放在后面说的，因为大家都知道，在创始阶段，所有的物质承诺都是镜中花。未来的利益分享无法取代当下的创业热情,所以,在进行"在线"激励的时候,单一的缺乏情感的物质承诺会显得较为苍白。

难点三:找到合适的版主

在海尔内部,联结资源的人叫"接口人",打个比方,类似于"家庭路由器"。事实上,路由器本身是无法为用户带来直观信息的,而是需要各个终端加以实现,比如电视、空调、冰箱等。也就是说它需要找到次级信息结构,才能完成信息传达的使命。

"接口人"的任务应该是去寻找合适的社区版主,而版主才是最能理解社区用户需求的那个人。

| 第二章 |

结构与决策 I：结构

第一节

后组织时代

历史可以决定未来吗

张瑞敏认为海尔在转型期间遇到了两大问题：组织和文化。组织层面，科层制带来的官僚作风，被张瑞敏视为组织最大的病症。而文化方面，海尔赖以成名的强执行力文化也在面临挑战。流水线式的被动型强执行力文化成就了海尔，同时也在阻碍海尔的前进。

哈耶克对文化的进化有着独到的见解，他既不认为文化是可以被建构起来的，同时也反对达尔文主义在社会科学上的滥用。起码他认为，达尔文的生物进化学说是从哲学和经济学那里得到了启发。文化进化与生物进化的区别是，生物进化排除了后天获得特征的遗传，而文化进化则正是建立在此特征之上，即那些以指导个人间相互关系的规则为表现形式的特征，它们并不是个人固有的，而是在学习中掌握的。

"学习"是文化进化的支点，不可能有先天的文化基因可以遗传。人们在行动中习得并将之形成规则，这便是所谓的文化基因。对于组织而言，同样如此。组织的文化是在实践中形成的,哈耶克所讲的"心智与文化是共存并进的关系"便是这个道理。如果把企业看成有机体,它所生存的环境势必影响到其模仿、学习进而创新的路径。

哈耶克在《在本能与理性之间》○中写道:"无论是文化的进化还是生物的,都是对不可预见的事情、无法预知的环境变化不断适应的过程。这是进化论无法使我们对未来的进化做出合理预测和控制的一个原因。它能够做到的,不过是揭示复杂的结构如何具有一种使进化进一步发展的调整方式,但是由其性质决定,这种发展本身是不可预测的。"

"历史决定论"就这样被彻底否定。

也许有人会说,领导者性格或喜好会对组织文化起决定作用。显而易见的是,领导者自身的知识水平的确会对企业文化造成很大的影响,但绝不是决定因素。因为,领导者本人也在受着环境的影响,他同样在"学习"。如果把领导者看成组织大脑的话,大脑扮演的应该是"吸收文化而不是设计文化的器官"。

20世纪80年代中期,松下幸之助的管理哲学传入中国,这是当时国内最早见到的外来管理思想之一,自然就形成了当时中国商界的主流营养源。随后,李·艾柯卡(Lee Iacocca)奋力拯救克莱斯勒的传奇故事被企业家竞相阅读,美国管理几乎和日本管理同时传入了中国。张瑞敏在2002年接受NHK采访的时候称,海尔就是同时在吸收美国和日本的管理精髓:

> 我们的管理主要是从日本和美国吸收的经验。比方说丰田汽车,我们主要学习它的看板管理,在整个现场里,使工作更加有序。那时候,中国的企业根本不清楚什么叫看板管理。当然我们做

○ 哈耶克. 致命的自负:社会主义的谬误[M]. 冯克利,等译. 北京:中国社会科学出版社,2000.

不到它那么好，就和中国的实际操作来结合。我们还学习了松下公司，主要学习松下的文化。松下的企业文化是把所有的员工都凝聚在一起，使大家都能够因为松下是我的家，我就要为松下来奉献我的一切。另外我们也学习日本企业都有的"5S"管理。我们把"5S"又加上一个"S"，就是安全，叫作"6S"（即整理、整顿、清扫、清洁、素养、安全）。简单地说，学习日本企业主要是学习他们的这种团队精神、敬业精神和企业的凝聚力。

我们学习美国企业主要是学习创新精神。创新精神更具体体现在分配上，以工作业绩为主进行分配。也学习了他们的激励，我们自己移植回来，就叫"1010原则"。"1010原则"就是不管在哪个层面，至少有10%的人应该成为大家学习的榜样，还有在末尾的10%干得不好的，我们会帮助他，对他提出要求，如果还是提高不上来，就要淘汰掉，或者免职、降职，甚至解除劳动合同。

20世纪80年代中期，一本名为《有效的管理者》的书吸引了张瑞敏的目光。这本书是台湾地区翻译并出版的，作者叫杜拉克。书中的一句话刺激了张瑞敏，"管理好的企业没有任何激动人心的事情发生"。当时中国的工厂喜欢搞些激动人心的事情，誓师大会、大奋战、提前多少天完成任务之类的，杜拉克这句话听似逆耳。张瑞敏看了这本书，意识到那些工厂的做法其实是错的，没有预算，没有规划，也就谈不上业绩，"企业把很多事情变成了意外管理。如果一个企业每天都是在应付意外管理，这个企业就混乱不堪"。

在杜拉克的启发下，张瑞敏开始做预算，并创造了"日清工作法"，即"日事日毕，日清日高"，把工作任务分解到每个人的每一天上，这样就能有效解决管理混乱的问题。

这位杜拉克，就是管理大师德鲁克，那本《有效的管理者》后来在大陆被译成《卓有成效的管理者》出版。我们问张瑞敏:"在德鲁克之前,接触到的管理思想是什么?"张瑞敏的回答是,以中国传统文化为主。

  一开始也运用不少,《论语》主要是教大家怎么样忠诚于职业,忠诚于企业;《孙子兵法》对企业的战术有很大帮助。慢慢地,更加追求老子所说的"太上不知有之"的无为境界。我曾说自己也有点像《淮南子》里面所讲的,"因循而任下,责成而不劳",我给下属创造一个平台和环境,每个人按照自己的追求,各负其责地去干。

从创业至今,海尔一直在努力追求创新。对"创新"的理解,除了组织创新和产品创新之外,对文化本身的创新更为重要。组织文化创新是随着企业自觉的学习过程而不自觉形成的。张瑞敏在读《论语》的时候,想不到松下幸之助的"自来水哲学",想不到会在日后接触到德鲁克的思想,更想不到海尔现在会学习硅谷的创业文化。

在组织文化进化上,领导者就好像大脑一样运转,不断扫描并吸收多变的环境中一切可以为之利用的有效因素,以为企业的助力。这种进化也可以看作一种"迭代",去除不适应现状的元素,加入新的活力因子,直到基因彻底改变。如前所述,长期以来,海尔在组织文化更迭上形成了强执行力文化,可以看作之前企业实践的高度优化。但当传统经济遭遇新经济冲击,企业需要随时应变;个人的行为也在发生变化,比如主动获取知识的欲望开始强于被动执行的惯性,这时,组织文化就面临着又一次迭代了。

这个进化的过程是痛苦、无序且充满竞争的。哈耶克认为,生物进化和文化进化都遵循了同样的自然选择原理:生存优势或者繁荣优势。所有的进化都取决于竞争。事实上,这个过程并非是设计出来的。作为企业领导者,不是去干预这个进化过程,而是平等地提高组织内成员的学习能力,让新的文化与学习过程共同存在。

从更广义上来看，组织文化的进化是整个人类文化进化的一个子集，当大文化已经出现新趋势的时候，组织文化顺应趋势则是一件很正常的事情。

海尔早年打造的"日清"是强执行力文化的基本前提，同时也保障了管理的有序性。但是，在互联网环境里，"有序"有时是创新的最大敌人。"执行"常常被看作"战略"的下一步，而战略规划因为无法预见瞬息万变的外部环境而日渐式微。过去"战略"和"执行"分为两个泾渭分明的阶段的认识已脱离现实，企业需要随时随地地"学习"。可见，海尔的组织文化进化必将经历一个更加痛苦的蜕变。

超文本组织

结构主义大师罗兰·巴特（Roland Barthes）认为，如果说古典语言是线性不可逆的，现代语言则是一些独立、静止的语言片段的临时聚会，它们可能随时分化，即使前后相依，也可能貌合神离，充满矛盾和悖论。现代语言的无序和混乱不可能提供一个完整、稳固的世界的感受。

传统写作中，作者作为现实的代言人在文本中体现出了不可撼动的权威性。罗兰·巴特将这样的文本称为"可读的"。读者仅仅是"消费者"，他们被动到无法充分发挥自己的想象力，接收是唯一的宿命。

罗兰·巴特却宣称"作者已死"。他认为"作品"和"文本"的区别正是，前者是僵化、定型的，而后者具有开放性，其意义可以被读者无限衍生。在真正的文本里，作者不再是写作的主体和意义垄断的主体。文本永远处于未完成的开放状态，读者才是其意义的生产者。

此外，文本还具有去中心化的特征。因为文本要最终还原成语言，像语言一样，它没有中心，没有终结，而具有无限开放性。语言是由字词构成的，而字词应该是活力四射的。

几乎与罗兰·巴特同一时代的另一位思想家把这个构想往现实推动了一步。泰德·纳尔逊（Ted Nelson），这个被称为 IT 梦想家的人，在第一次接触到计算机之后，就梦想能有这样一款软件，它可以模拟人类的思考模式，即并行而非线性，同时可以随意把各种不同版本的文档组合在一起。

1965 年，纳尔逊将这样的文档模式命名为"超文本"（hypertext）。超文本是在文字、思想和资料来源之间实况链接的模糊网络，正文与脚注之间界限全无，可以随意在其间穿越。

和罗兰·巴特的构思如此契合的是，用户甚至无法在超文本中找到唯一的作者。因为它的无边界性，你可以将其看作由多位作者联合完成的"群集式文本"。在超文本中，读者摆脱了线性文本的控制，可以随意地在任何地方停下来，进入另一个文本。读者成了真正的作者。

"超文本的读者在作者架构的网络上又做出了自己的创造，这种创造取决于读者是怎样看待并利用素材的。"在英文中，"权威"和"作者"具有相同词根（author）。当作者的唯一性被撼动后，KK 激动地将超文本称为"权威的终结"。

1990 年，互联网之父之一的蒂姆·伯纳斯 – 李（Tim Berners-Lee）编写出了世界第 1 版超文本链接的文档格式语言 HTML。罗兰·巴特的理想文本和纳尔逊的"超文本"梦想终于成为现实。

将"超文本"概念运用于组织，权威发生了从企业向消费者的转移。在福特 T 型车称霸的时代，有一句名言："只要是黑色的，什么颜色都可以。"这是规模经济的经典论调，消费者只能是无差别的群体。

张瑞敏曾经提出过完全相反的命题："如果用户需要三角形的冰箱，我们会立即满足他。"这是互联网时代里的经典阐述,企业就是要满足消费者千差万别的需求。

在规模经济时代,消费者的需求是稳定的,与之相对应,就应该有一个稳定且能带来经济效益的组织形式。按照线性权力结构设置的金字塔体系无疑是最好的解决方案。

在T型车时代,并不是用户只需要黑色的车身,而是因为他们的需求被企业所垄断。所以,当凯迪拉克出现的时候,T型车霸局被瞬间瓦解。欧洲汽车厂商长期奉行的定制化服务,完全体现了单个用户需求的多样化。比如可以允许用户选择内饰材质、发动机类型等。

事实上,在传统管理中,企业也并非完全垄断用户需求,他们用对消费者分群的方法来细分市场,比如20岁和40岁的用户对手机的要求不同。在互联网时代,用户的个性化需求被逐渐激发出来,个体用户会被当作整个消费市场来看待,对其需求的细分可能达到"一人市场"的境界。

已故管理学大师普拉哈拉德将这种基于单个客户需求的多样化称为"$N = 1$",即消费者独特的个性化体验是价值的基础。同时,他提出没有任何一家企业可以在规模和范围上满足任何一位消费者在一瞬间的体验,企业必须要在全球范围内获取资源,即 $R = G$(R = resource,G = global)。注意在这里,获取资源不是拥有资源。

普拉哈拉德认为,在互联网和全球化的时代里,大变革不可避免,但是企业一定要知道变革的两大支柱就是 $N = 1$ 和 $R = G$。把两者融合起来看,就是如何运用广泛的资源满足个体消费者的价值主张,而这个满足过程是企业和用户一同来完成的。

"如果价值的轨迹是从产品和服务向体验转移的话,那么可以肯定,价值创造必须以个体消费者为重点。"普拉哈拉德写道。在这个变革中,用户体验是价值输送的终点。

就像张瑞敏在阐述网状化战略时说的，千人千面的市场决定了海尔必须网络化。这是对线性组织最大的颠覆。当用户需求瞬息万变的时候，只有距离最近的且富有活力的节点才可以最快感知且利用四通八达的触角，从全球各个角落获取满足用户细微需求的资源。

在网状组织中，没有所谓唯一的大脑，更没有一个可以提前规划的网络走势图。用户的需求在哪里，网络就应该抵达哪里。组织正如罗兰·巴特对文本的期待那样，不再是一层面纱，①而是一个动态变化的过程；不再走向"确定性结构"和"规则"，而是不确定的和多元化的。

网状组织有多大完全取决于节点的能力，用解构主义学者德里达（Jacques Derrida）的话来说，就是"延异"（difference）能力。我们借用"延异"来指一种不断产生差异的自由游戏或展现活动。节点与节点之间的差异反而形成了网络的同一性。组织更像一个广义的文本，应该保持罗兰·巴特般的"零度"（中立，不介入）。作者（领导者）要让自己完全消失，从而赋予字词独立的品质，也就是让每一个节点充分活跃起来。

保持零度并非要组织冷冰冰的，而是要把整体功能让位于节点功能。在传统管理中，组织总是要突破产权的阻力，掌控绝大多数生产资源。如今，"掌控"换成了"获取"或者"整合"。

比如，海尔的小微公司，就是要实行一个自治组织的职能，而不仅仅是

---

① 巴特将文本比作编织加以形象地说明："文（texte）的意思是织物（tissu），不过迄今为止我们总是将此织物视作产品，视作已然织就的面纱，在其背后，忽隐忽露地闪现着意义（真理）。如今我们以这织物来强调生成观念，也就是说，在不停地编织之中，文被制就，被加工出来；主体隐没于这织物——这纹理内，自我消融了，一如蜘蛛叠化于蛛网这极富创造性的分泌物内。"（Barthes, Roland and Miller, Richard 1990). *The Pleasure of the Text*. Oxford: Blackwell. p. 64.）文本即是织物，从词源上讲，textus 意谓"织成"，强调织的过程。文本不再是面纱，其背后亦无隐藏的真理。

把自己当作公司机器上的一颗螺丝钉，自始至终都在等待一个自上至下的行动指令。节点因为活跃而衍生出来的新网络，可以看作网状组织的"脚注"，整个网状组织就是一个超文本，其完成要依赖于"读者"，即用户和供应商等外部资源的生产。

海尔作为超文本，在"脚注"不断生成的过程中，节点的分布是非平衡的，也就是说内外部资源会分布不均。网络让企业内部协同和外部协同的成本都有所下降，但外部协同成本的下降速度更快。在海尔经常会听到自主经营体所需要的外部资源并非直接获取，而是由其对接的外部资源介绍而来，最后通过契约的方式把各个节点连接在一起，形成利益共同体。

1955年，一位美国图书管理员研发出了一个可以根据论文引文进行索引的信息系统。引文索引不但可以跟踪都有谁引用了自己的文章，还可以通过引用频率了解该文章的热度如何。

KK认为可以将引文索引看作一种脚注系统："如果你把每页参考目录看作正文的脚注，那么一份引文索引就把你引向脚注，然后允许你找出脚注的脚注。"这就是前面所说的"超文本"。

在网状组织中，激活个人的最直接方法就是将其作为索引。

普拉哈拉德认为"$N = 1，R = G$"的变革法则要求企业不但需要重新梳理和消费者之间的关系，还必须将每位员工作为独立的个体来对待，并根据个人的能力特点在全球性团队中流动。

作为节点的最小单位，只有个体活跃起来，内接高单，外找高人，网状组织才能真正具有超文本特性。在海尔的变革中，"以人为索引"被作为自主经营体的核算体系，并进一步实践针对每个人按单预酬，即按照每个人的"单"的价值事先锁定薪酬。

为了获取高单高酬，个体就必须用CEO的标准要求自己，了解用户，了解资源在哪里，了解如何实现资源与用户的对接。

互联网时代里，企业呈现出了巴特式文本特质，去中心化、开放性、可写性，并映射出了纳尔逊的超文本思路。这种转变基于两点：价值的基础是消费者独特而个性化的体验，没有任何一家企业可以满足某一具体消费者在某一具体时刻的体验。因此，企业一定要具备两种基本能力：与消费者共创价值的能力，以及在全球获取资源而非拥有资源的能力。

其实，超文本特性并非网状组织独有。日本管理学者野中郁次郎将层级体制和任务团队的互补结构也称为超文本。他认为该结构既有等级管理制组织结构的高效应用现有知识的优势，又有任务团队制组织结构的便于新知识开发的特点。事实上，这只能是半个超文本，因为其文本是半开放性的，且金字塔主体难以撼动。只有到了网络时代才可能实现真正的超文本组织。

组织不死吗

组织因何而变革？或者说，组织适应环境的目的是什么？有人说是为了追求"长生不老"。组织真的可以"长生不老"吗？对这个问题的解答，也许会重新定义"变革"。

齐格蒙特·鲍曼认为，现代性正在从"固体"阶段转向"流体"阶段。^㊀被传统社会所固化下来的行为模式、个体选择等社会形态都不能再长久保持不变，因为一个形态腐朽的速度远快于人们对其重塑的速度。即使有某种形态被塑造出来，来不及等它固化，就会被新的形态取代。社会形态永远是在迅速流动中。

在信息世界里，没有人、机器、物的区别，所有这些都可以被代码化，

㊀ 齐格蒙特·鲍曼. 流动的现代性[M]. 欧阳景根, 译. 上海：上海三联书店, 2002.

可以在赛博空间与现实中自由穿行。直到此时，我们才觉得和古希腊哲学之间产生了某种不期而遇的兴奋，因为"万物皆流"。

如果说，印刷术将信息通过线性和因果关系的方式进行组合，形成了现代管理基因的话，计算机的出现则无疑使得基因发生了突变。

计算机语言的并行处理模式以及在显示屏上呈现出来的可随时删减、前进和倒退的形式，完全颠覆了印刷术模式。尤其是互联网兴起后，超文本将并行的技能扩展到了编程人员之外，我们每一个人都可以成为文本作者，文本呈现出了KK所说的"大千图书馆"的信息迷宫特征。"电子通信的结构性、规则性和分析性更弱，但是趣味无穷。"计算机语言带来的是更加符合人类潜意识的真实思维特征。

信息不再被线性方式组织，而是进入了控制论的方法论范畴。因果关系被以连续整合活动为特征的新型关系所取代，也就是"反馈"关系。控制论认为，事物维持自身活动的方法是信息在内外流动，进而实时进行局部反馈。人们发现以"信息"和"反馈"为基础的控制论同样适用于生物以及整个人类社会。

在工业时代，整体被简单地认为是部分之和。但是，控制论认为整体是一个整合的结果。信息在部分之间、在整体和外部之间不断循环/反馈，进而形成一个具有自我调节功能的整体。当因果关系不再泾渭分明，事件无法彼此孤立的时候，线性组织的模式就显得苍白无力。

企业信息管理系统最初帮助企业进行规模化生产，本是管理的辅助工具，如今正在成为企业本身的定义。杰里米·里夫金（Jeremy Rifkin）提出，"企业本来就是嵌入在关系网中的信息系统"。

新的信息组织形式对企业而言，带来了两大革命性突破：组织永生成为可能，而企业则会转瞬即逝。

我们在这里将"组织"定义成集成信息平台,"企业"是这个平台之上的节点。就像主体与客体的关系,在千百年来的哲学语境中,始终是一个分离的关系。组织与组织外是一个完全隔离的主/客体视角,组织与其成员之间也是如此。而在互联网语境中,主体与客体的关系被节点和网络的关系所取代,结构与功能因为信息的穿梭和反馈变得界限全无。过程取代了固化的结构。

所谓的"大组织,小企业"正是基于这个原理。

麻省理工学院的萨斯曼教授(Gerald Jay Sussman)曾经这样表达过他对于信息社会的憧憬,"我们可能是最后一代面临死亡的人了"。因为,信息可以无视时间的存在。

KK 在《失控》中写道:"生命对我们保有一个大秘密,这秘密就是,生命一旦出世,它就是不朽的。一旦发动,它就是不能根除的。"生命是一种生态属性,而非个体属性。它以网状形式出现,构成分布式存在。"没有单独的生命,哪里也看不到单个有机体的独奏。生命总是复数形式,生命承接彼此的联系、链接,还有多方共享。"

在一个去中心化的信息系统之内,信息就像生命一样,具有分布式特点。信息在此处被删除,并不意味着信息死去。这也是互联网被发明时的初衷。可以说,网络是一个模拟自然生态的产物,物在其中,生生不息。

著名文学评论家乔治·斯坦纳(George Steiner)说,"我们对过去和未来的范畴的观念是机械的,似乎宇宙本身就是一本印刷书,我们正在翻动其中的书页。"这看上去更像是现代管理学者眼中的世界。一个技术驱动的机器,管理者的任务就是用这台机器生产生出更多的机器,且新机器也要具备生育功能。

这种机械视角决定了工业时代的企业最多也只能算是一台机器,完全不具备有机生命体的特征，因此当机器承受规模之重的时候，死亡是一件再正常不过的事情了。如果要让企业做到不死，企业就要摒弃机械思维，将自己打造成一个具有自然生态意味的平台。这是本质性的改变。结束自己的机械身躯，让一个连生命都称不上的冰冷的支架，变成一条条活跃的生命体赖以存在的土壤。

很多人在理解张瑞敏的"他杀死亡，自杀重生"这句话的时候，都简单地认为是组织再造。也许只有看到张瑞敏的另外一句话，才可以洞悉他的真正意图："把一条命变成千百条命。"海尔从流水线变成平台，其革命性意义在于对生命的解放。在这平台上，有阳光，有雨露，有风暴，有泥沼，生命在其中自我生长，并自发形成秩序，通过自由竞争，通过非均衡发展，达成一个完整的"生命"，被分布的"生命"。

组织会死，如果它仅是一台攫取利润的机器。组织不会死，如果它是一个具有生态属性的生命。

第二节

网络个人主义

尼采与新经济

国内的数字思想学者段永朝在《新物种起源》一书中,将乔布斯(Steve Jobs)的成功归于"禅"。他认为,乔布斯找到了科学与艺术对话的"界面",即通过"大众经验"来解决长达百年的科学和艺术之间的激烈矛盾。

美国哲学家威廉·巴雷特(William Barrett)感慨,"任何一个信徒,不管他多么虔诚,即使他具有堪与但丁(Dante)媲美的才华,今天也写不出一部《神曲》。幻象和象征对我们不再具有它们对这位中世纪诗人所具有的那种直接有力的现实性了。"㊀

在《神曲》里,整个自然只不过是一块宗教用符号和形象点缀的画布而已。理性主义从中世纪以来,便试图取代宗教,并持续努力了 500 年。但启蒙时期的理性主义却远非当今时代的"无限制理性主义"。有限的理性与有

㊀ Barrett, William (1958). *Irrational Man: A Study in Existential Philosophy*. Anchor Books. p. 25.

限的宗教之间存在的巨大张力，在康德（Immanuel Kant）的哲学中被全面展示。

康德的思想被称为哲学领域内的"哥白尼革命"（Copernican Revolution）。康德所处的时期，是西方哲学家最为活跃的时代，以休谟（David Hume）为代表的经验主义和以笛卡尔为代表的理性主义分庭抗争，前者认为经验是知识的源泉，后者认为理性是知识的源泉。康德的工作则是将二者黏合在一起，即人具有理性的天赋，理性是为框架，在时间和空间的限制下，可以将经验转化为知识。理性的边界则在于无法超越经验，去直接抵达宇宙的本质，因此"上帝"是不能证明其存在的。

同时，康德又在《实践理性批判》中提出，人的目标是追求道德和幸福的至善至美。道德是一个强大的自律机制，与物质无关。而幸福则是依赖于物质的。为了解决道德与幸福的矛盾，"上帝"开始发挥作用了。也就是说，"上帝"并非帮助创造和认识事物，而是人类追求道德时心中的自留地。这也是康德最大的智慧，他一方面限制了"上帝"，一方面限制了理性。

因此，威廉·巴雷特才说，"中世纪哲学家的理性主义不能容忍我们在现代理性主义者那里发现的瘦弱、苍白或可怖的人的形象。"然而，先贤无法容忍的终究出现了。从中世纪进入新时代，科学、新教精神和资本主义成为巨大推动力，或者说这三者在本质上是一回事。

虽然新教的开创者马丁·路德（Martin Luther）有斥理性为娼妓这样的名骂，但在世俗中，新教与科学是互为利用的。新教帮助科学把中世纪基督教的外衣层层褪去，露出了接近自然的本质，并且发现自然是一个可以与"精神相敌对的，又是清教徒的热忱和勤劳所要征服的客体王国"。因此，威廉·巴雷特一针见血："新教和科学一样，帮助推进了现代人的巨大筹划：剥去自然的精神意义，剥去人的精神投射到它上面的全部象征形象。"

新教和科学代表的"现代"运动在20世纪到达高潮，那是资本主义的黄金时期。科学将自然成功地进行了理性阐释，使之在人类面前变得毫无美感，而新教则成功地把信仰和"整个人性的深层次无意识生活割裂开来"，资本主义在两者的帮助下，开始经营这个世界。

科学理性发展至今，人们不得不回答一个问题：我们究竟是科学的主人，还是科学的奴隶？科学主义一方面带来了物质的繁荣，一方面造就了浅薄的乐观主义。科学精神的一大弊端是，大大消解了人的精神性，即人从一个精神主体变成了纯粹的生产主体。躁动、焦虑和巨大的虚无感，在20世纪中期得到集中爆发。

在整个理性主义扩张的时期，有两股力量一直在与其对抗：一个是艺术，一个是哲学家。在海德格尔（Martin Heidegger）眼里，艺术是化解科学或者说技术给人类带来的巨大焦虑的唯一方法，他借用了诗人荷尔德林（Johann Christian Friedrich Holderlin）的名句，"人诗意地栖居在这片大地上"。

海德格尔认为，技术和艺术是真理的两种方式，就像一个根茎上长出的两棵树。"由于技术的本质并非技术因素，所以对技术的根本性沉思和对技术的决定性解析必须在某个领域内进行，此领域一方面与技术之本质有亲缘关系，另一方面却与技术之本质有根本的不同。这样一个领域乃是艺术。"⊖艺术的本质是"解蔽"，即揭示现象之下的本来，而在希腊语中，"解蔽"即"真理"。

> 技术之本质必然于自身蕴含着救渡的生长。我们愈是邻近于危险，进行救渡的道路便愈是开始明亮地闪烁，我们便愈是具有追问

⊖ 海德格尔. 技术的追问 [M]. 孙周兴, 译 // 孙周兴. 海德格尔选集. 上海：上海三联书店, 1996: 954.

之态。因为，追问乃是思之虔诚。

艺术来自灵魂自身，是一种审美姿态的对世界本质的心灵揭示。在理性主义已经作为框架束缚住全人类的时候，唯一在有效抵抗的恰恰就是这种来自个体的呐喊，就像现代艺术所昭示的那样，错位、分裂、畸形。我们面对毕加索的画作时，很难不被其真挚所震动。

科学和艺术一直在建构和解构的两条道路上齐头并进，并形成了斯诺（Charles Percy Snow）所言的"两种文化"，即科学精神和人文精神严重背离。[①]直到大众文化喷涌而出。在传媒技术发达的今天，大众文化似乎成了化解两种精神矛盾的催化剂。无论是科学家还是人文学者，都在借助传媒的力量将专业理论进行普世化，最终落脚点在接受信息的个体之上。

段永朝对乔布斯有如此高度的评价，也在于乔布斯把技术、包豪斯文化（"少就是多""上帝就在细节之中"，等等）以及对人性的洞悉很好地融合于iPhone上，尤其是触摸屏的出现，把触觉需求进行了物化。段永朝认为，"乔布斯式体验"具有拓荒价值。它不同于思潮之间的对话，而是直截了当地用"体验"将"情感"与"行为"进行融合。而这种体验带来的是人们的认知结构和认知途径的改变。

这时候，一个问题倏忽冒出来了：成长并成熟着的数字原住民们，当他们蓦然回首的时候，发现两种文化的对峙显得那么怪诞、好笑。

也许在这个时候，我们才可以说，"人"以一种全新的，却也该是本来的面目出现。说其是回归也好，说其是新物种崛起也罢，这个物种曾让尼采整整期待了一个世纪。

---

① C P 斯诺. 两种文化[M]. 陈克艰，等译. 上海：上海科学技术出版社，2003.

在理性主义统治了人类数百年，度过其巅峰状态之后，西方社会呈现出前所未有的精神危机之际，那个叫作弗雷德里希·尼采（Friedrich Nietzsche）的"疯子"出场了。而他的亮相旋即以"上帝已死"的大不敬思想照耀了全人类，甚至泽被后世（可能他的反对者并不这样认为）。

我们在前面提到海德格尔认为，"诗意"是化解技术统治的唯一方法。狭义来看，"诗意"泛指审美、艺术、心灵，可这些在尼采的眼里根本不够。尼采认为，唯有生命意志本身才能完成自我救赎，而其前提就是"人"一定要做"人"的主人。

威廉·巴雷特之所以会发出后世绝无《神曲》的感慨，是因为文艺复兴后，基督教价值体系的瓦解，使得宗教本身世俗化，基督教抽象成一种与人性相悖的伦理规则。人们每天前往的教堂，仅仅是上帝的坟墓，绝非上帝的所在。人们参拜上帝，心中却没有上帝。

人类围绕着一个已经被自己杀死的上帝生活，正如尼采的怒吼："是我们把他杀死的——你们和我！我们都是杀他的凶手！"这种生活是如此割裂，却又产生出了如此巨大的虚无的力量。宗教的作用仅仅在于帮助资本主义更好地对"人"进行异化，即不断把自己作为生产工具。人没有了人的用处。

尼采敏锐地意识到"上帝已死"，虚伪的道德等级、善恶原则理应也随之灰飞烟灭。可是，无知的人们却还在虚空中不断地膨胀。理性主义取代上帝的一个标志就是技术不断地进步，以至于技术可以堂而皇之地成为意识形态，成为海德格尔为之定义的"座架"（gestell）。最明显的例子就是，当原子弹被发明出来之后，西方思想界被剧烈震撼。谁也不会想到，人类会发明出终结自己的技术。

威廉·巴雷特说："技术成功本身为这个时期造就了一整套纯粹依靠外在事物的生活方式。至于那隐藏在这些外在事物背后的东西，即独特的和整体的人格本身,则衰退成了一片阴影或一具幽灵。"

无疑,哲学家在面对技术或者理性的时候,往往是叔本华式(Schopenhauerian)的悲观主义腔调。即使海德格尔,也仅仅是用"诗意"这个笼统的概念作了试探性回应。唯有尼采,他超越了叔本华,他在承认现实荒谬的同时,提出了自己的解决方案。

那就是用酒神精神唤起人的强力意志,重估一切价值。

在旧的社会结构和信仰体系业已瓦解,新的社会力量尚且薄弱之时,个人的命运往往颠沛流离,悲观主义是一种自然的情绪。这种情绪在19世纪末最为强烈,无论是马克思对于资本主义制度的祛魅,还是存在主义哲学对基督教文明的彻底失望,都标志着固有的信仰体系开始出现塌陷。

尼采虽然受到了叔本华悲剧论的影响,但是他不相信人的命运会以悲剧收尾。他提出,一个人只要有健全旺盛的内在生命力,就不会屈服于悲剧的结局。尼采从希腊悲剧那里领悟到,悲剧是生命的兴奋剂。悲剧是生命过程中必经的一站,战胜悲剧就是生命力强壮过程中的里程碑。

个体悲剧不代表生命的完结,反而在其背后隐藏着一个具有宇宙愿景的更大生命的夙愿。也就是说,在命运面前,个体应该具有生命的强力意志,这个力量来自一种概念化的生命,而非具象的生命。比如,我们一定要知道,生命中不是只有幸福,痛苦可能会更多。唯有克服痛苦,才能痛快淋漓地享受幸福。我们不应该让理性思维束缚住自己,让自己有一个假装可以被规划的、一成不变的人生;而是要发扬酒神精神,以一种高昂的享受生命中悲与喜的生命意志,来不断塑造自己。

生命本没有意义,生命的过程就是体验的过程。这是自古以来,对生命最高规格的赞美,所谓体验,就是暗指生生不息。尼采站在世纪之交,用世俗眼中的疯子的喃喃自语,道出了一个被理性雪藏了数个世纪的真理,即生命才是宇宙的本质，个体的意志才是创造生命的原动力。

再看我们今天所处的新经济时代，准确地说是互联网时代，不正是尼采所期待的生命力开始活跃的时代吗？

首先，这是一个丰盈的世界。尼采和达尔文主义（Darwinism）最大的区别是，虽然同样强调强者意志，但达尔文的假设前提是生命总体是匮乏的，而尼采的假设则是生命是丰盈的。按照达尔文的思路，这个世界上的统治者会越来越少；按照尼采的逻辑，每一个旺盛健全的生命力都具有扩展的力量，每一个人都可以成为生命的主宰。

在新经济中，生命力的活跃体现在用户的个体需求呈现出多样化、快速化趋势。重要的是，需求具有联动性。比如，智能手机表面上满足打电话的需求，实际上是在满足用户期待利用其零散时间的需求。克里斯·安德森基于丰盈经济学提出了"免费"的理念，⊖本质上也在于多样化需求之间的互动带来了相互补贴的可能性。

其次，人是无法被定型的。传统价值观中的人都是遭定型且被剥夺了探索精神的。尼采却认为，人永远无法被定型，人应该通过创造进而获得再度创造的机会。具有等级观念的道德法则不再适用于新人类，取而代之的应该是鼓励个人进行不断创造的新道德。

在新经济中，人的概念消解了用户和组织的区隔。我们无法再把用户简单定义成组织外的消费者，也无法把员工定义成价值的提供者和单一的指令执行者。两者相融的结果就是，产消合一，组织无边界。创新是一个组织能否在时代胜出的最关键能力，实现创新的前提就是要让"人"变化起来。

再次，自由不是放任，而是负责任，向"自我"负责。自由的前提绝不是阻力的消失，恰恰相反，只有在和阻力的抗衡中，自由才会存在，因为自

⊖ 克里斯·安德森. 免费：商业的未来 [M]. 蒋旭峰，等译. 北京：中信出版社，2009.

由是一种力量。在此处，我们也许可以继续乔布斯的话题。有人总结，乔布斯最强的能力就是"现实扭曲力"，这一点无疑是尼采的强力意志的通俗版解释。

自由的力度由意志的力度决定，意志软弱者无权自由。扭曲现实就是要用狮子的精神，摆脱现有价值体系，与过往决裂，用创造的方法为自己创造自由的空间。有意思的是，乔布斯生前发布的最后一个苹果 OS 系统，标志就是一头雄狮。

最后，发现自我。尼采认为，社会只是工具，个人才是目的。而现代社会却把主仆关系颠倒了。正是因为这种颠倒，才会有了当前学者讨论的技术的目的到底是自身还是服务于人类。个人作为目的，显然就要发现"自我"。这个"自我"并非浑然天成，而是自我不断创造的产物。

新经济的前提虽然是信息技术的发展，但技术不过是我们借以重新发现自我、肯定生命的一个工具。我们处在一个"重估一切价值"的时代。在新经济中，生命成为衡量道德的标准，生命意志的强大成为新价值的标准。

创造，唯有个体的创造力，才能成为最终体现生命意志足够强大的终极结果。

既然上帝已死，理性退潮，那么在其背景之下产生的企图寻求不变价值的组织，也要寿终正寝了。

管理回归到"人"

这是一个看似简单，却争论了半个多世纪的命题。从当年泰勒与玛丽·帕克·福列特（Mary Parker Follett）两种管理理论的分野可以看出，大多数情况下，企业非人，而是"职能"。泰勒的管理范式是自上而下、基于分工而非协作的。福列特则从整体的、系统的角度来看待组织:"企业管理或者行业组织的第一项测试,应该看企业是否符合以下情况:它的所有部分相互协调,步调一致,紧密结合,各自的活动得到调整,从而互相锁定、互相关联,形成一个运转的整体——不是各个部分的简单堆积,而是一个功能整体或者整合的统一体。"进而,福列特提出:"如果工人接到一项任务,并且得到允许,自行决定如何完成,他们就是在管理。如果工人不做一些管理工作,企业将很难运转下去。"⊖ 与之相反,泰勒则是试图在管理者与被管理者之间实现进一步的分工,将管理的职责完全赋予管理者。泰勒主张实行"职能式的管理",即将管理的工作予以细分,使所有的管理者只承担一种管理职能。

从通用汽车开始以来的大型公司的层级制度为了寻求效率,把"职能"与"专业管理"进行了拆分。就像企业里以前经常问到的,你是做业务的还是做管理的?就像我们对 MBA 教育的质疑,为何培养的是专业管理人才,而不是人才?就像我们对现代性的批判,为何要强调"心物分离",将人作为认识世界的手段而非目的?

所有这些质疑与批判引导着我们逐步进行组织变革。直到"丰田主义"的出现,人们以为简单地赋予一线员工更多的能动性会带来更有效的生产模式。事实上,正如张瑞敏所言,日本企业的高效生产是建立在长官意识之上的。一旦上级的判断失误,所有关于执行层面的高效都会成为把企业推向深渊的黑手。

张瑞敏的思考显然更具哲学高度,因为他一直信奉康德的"人即目的"。传统管理架构中,职能与业务的分野是最大的病灶。研发人员不懂市场,市

⊖ 玛丽·帕克·福列特. 福列特论管理 [M]. 吴晓波, 等译. 北京: 机械工业出版社, 2013.

场人员不懂研发，管理人员看不清市场更不懂研发，最后带来的就是扯皮与机会的丧失。

我们不妨看一个与企业无关的案例。2010年世界杯冠军西班牙足球队的崛起，被很多人认为不仅仅是球员个人能力的出众，更在于在球队结构上做出了颠覆性革命。在那届世界杯上，西班牙令人震惊地排出了"无锋队形"，也就是把传统的"前锋"职能取消，由中前场球员形成一个不断高速运转的闭环体，每一个人都能策动进攻，每一个人都能在一瞬间担当进球者，每一个人都可以迅速回撤成为拦截者。没有了现代足球的中场"大脑"论和"中锋"论，以个人能力和整体配合为依托，打出了超现代足球的味道，每一个球员都是指挥官，每一个球员都是前锋。

这种来自足球领域的战术试验暗合了未来组织变革的方向，也正是张瑞敏在努力实践的。

把传统的"在册员工"变成"在线员工"，进而变成"创业者"，让海尔变成一张可以跟着用户不断延展的网络。网状组织的精髓正在于此，节点力的大小取决于个人能力，而不是个人职能。每个人都是CEO的前提是，组织中那些集中行使职能的部门被打散，由员工自己来配置，甚至引入外部资源。

我们看到在海尔内部一些比较好的样板经营体已经有了这样的感觉。它们通过不断和用户、利益攸关方的交互来达到"引领"的目标。

职位的高低甚至是专业水平的高低都不能成为衡量一个员工能力大小的标准，传统的考核标准发生了逆转，市场才是唯一的裁判。你若是一位具有CEO精神的海尔员工，你就会得到更多的回报。

每个人都是CEO，不但超越了陈旧的职能与专业管理之间的博弈，更是通过释放人的能力，达到了组织扁平化的目的。

在2008年开始的全球性金融危机中，以华尔街为代表的代理人模式的弊端被瞬间暴露且放大，这被很多学者认为是资本主义模式行将末路的体现。当年的《商业周刊》曾经发文疾呼，能拯救美国的只有"创新"了。这里创新的核心是一群IT精英常年构筑的"硅谷精神"。

信息技术的创新和组织结构的创新有很大关联，因为信息是企业赖以生存的基本生产要素。各种来自硅谷的组织创新模式皆和信息技术有关，所以，我们看到美国在金融危机之后能够再度崛起，和其各种灵活的组织创新是分不开的。

反观华尔街的代理人模式，这种经典的"仆人"（金融代理商）凌驾于"主人"（投资者）之上的交易模式终将面临巨大的考验。瑞士的一项科学研究发现，金融收益至上的银行文化会助长贪婪和不诚实，并使银行家作弊的可能性增大。张瑞敏对此看得很清楚，他早就指出代理人模式最后惠及的只能是企业中的一部分人，"这不符合互联网时代的要求"。账目可以造假，最后伤害的是公众和企业中的员工。曾经被认为拥有全球领先管理模式的安然公司的轰然倒塌就是最好的例证。

目前最流行的改造模式就是"全员持股"，无论是贝佐斯（Jeff Bezos）领导的亚马逊还是任正非领导的华为，都被认为是全员持股的典范。但是这并非解决代理人模式的根本之道。员工个人的收益直接和股票表现挂钩，而股票的表现并非是个人能力的最直接体现。是否存在一种既能让员工直接享受因为卓越的能力而带来的物质回报，还可以充分调动其全部潜力的两全之法呢？

张瑞敏长久以来在海尔推行的"人单合一"无疑具备了这样的立足点。"人"是指具有创业精神的员工，"单"是指核心用户。这一模式的核心就是把企业最关键的两个要素——用户和员工，进行出色的融合，在这种生态圈下实现共赢。

而"人单合一"背后的"人单酬"、员工大数据都是很妙的支撑手段。

所谓人单酬，指的是每个人的薪酬和他的单结合到一起，代替过去企业常见的职务酬或者是承包奖，强调企业中的人创造用户的价值。员工创造的用户价值最终决定员工的薪酬，而且是动态的。所谓员工大数据，是让海尔的员工成为数据的使用者，促进员工的自主决策。

以前的企业决策往往是，开发一个数据仓，一个层层抽取的信息平台，让领导看到最里层的信息环节。这个当然是重要的。但是，如果这样做仅仅是让顶层管理者利用这些信息替下边的经营单元做出决策，下发指令让其去执行，这个指令、这个决策不一定会是最合适的，管理者不一定能比最底层、最了解市场的员工做出更加高明的决策。所以，应该把控制员工变成鼓励员工去创新，充分信任员工能够自我做好决策，能够自主做好产品创新、营销创新和生产流程创新。

张瑞敏提到，要把企业变成员工自己的，第一步便是通过"人单合一"的双赢模式，把员工的内在驱动力牵引出来，利用自组织的原理，让 CEO 自行浮现。这也是平台组织的终极使命。

这就像德鲁克说的，在明日的信息型组织，人们绝大部分必须自我控制。让每个人成为自己的 CEO，海尔把这句话作为企业的目标。

2013 年 8 月，美国管理学会（Academy of Management，AOM）举行第 73 届年会，邀请张瑞敏做主题演讲。演讲之前，哈佛商学院常务副院长潘夏琳（Lynn Sharp Paine）教授跟他邮件沟通，说这次会议的主题讨论非常宏观——"质疑中的资本主义"，是非常大的题目。但是海尔把德鲁克的"让每个人成为自己的 CEO"作为座右铭，这就是质疑中的资本主义要解决所有难题的一剂良药。互联网时代，组织扁平化最后的目的，就是把每个人的能力都充分发挥出来。

张瑞敏和美国沃顿商学院的马歇尔·迈耶教授谈人单合一双赢模式的时

候，迈耶提问说，海尔的做法不错，但如果拿到美国去，美国的企业家会接受吗？张瑞敏的回答是："美国企业用的是委托－代理激励契约，委托人是股东，代理人是职业经理人。委托人给代理人期权，代理人给委托人拿回利润，只有拿出利润期权才能变现。这固然不错，但它只是一部分人的企业，而且华尔街的有些丑闻也正是因为这样才造成的，拿不出利润就可能造假，利润上去了，股票才能变现。"由此，他坚信海尔的模式更符合互联网时代的要求，因为它打造的是全员的企业，每个人都要为用户创造价值。

做平台的搭建者，不仅需要智慧，更需要胸怀和勇气。也许"人单合一"在构思之初并没有要颠覆资本主义皇冠上的明珠——华尔街模式的雄心，但是在不断的实践中，其的确为全球未来的企业治理模式开辟了新的视野。

张瑞敏把组织的架构（平台）、管理的本质（人）和互联网时代的人企关系（人单合一）三点连成一线，其时代意义不言而喻。目前所有的管理都是基于传统的经济模式，而这个模式最大的问题就是建立在分工理论上。亚当·斯密《国富论》的[○]第一章就是论分工，从小作坊一直到工业化。后来到泰勒的科学管理，再到福特的汽车流水线，都秉承着分工管理的基本指导思想。到了互联网时代，张瑞敏认为，不再是分工，而是变成合工，合工理论要求改变原来所有的管理模式，而这个管理模式在世界上还没有出现。张瑞敏抱负远大，要率先打造出一个互联网时代的管理模式。

"关系"取代"生产力"

在工业时代，制造业组织的任务是提高生产率，在KK看来，"生产率"这个概念之于网络经济来说，就变成"子虚乌有"了："网络公司的所有成

○ 亚当·斯密. 国富论 [M]. 唐日松，等译. 北京：华夏出版社，2005.

分（从硬件到分布式的组织结构）都是为了提高经济中各种关系的质与量而设立的。"

因为信息可以达到各个地方，关系网络随之建立。传统组织架构中，稳定两个人的关系依靠的是层级，即一方相对于另一方享受信息特权。所谓的复杂，也不过是层级的层层叠加。而在网络经济中，信息碎片化带来的平等关系，则让结构趋于多元。关系无处不在，我们无法再像之前那样，可以将某一类关系从整体关系中割裂。组织开始变成了一个联动的集成体。

不妨以技术的进化为参考。

技术的创新是一个系统集成的过程，新元素（新技术）的构成来自那些已经存在的元素。而这些元素又能为进一步的建构提供模块。

我们可以把每一个旧的技术元素看作一个零件，几个零件组合在一起成为一个模块，几个模块再组合在一起，就是新技术了。新技术发生的可能性以及方向，取决于现有技术的种类以及组合数。

因此，可以说技术来源于技术，它是一个自我创造的或者浮现的过程。但是，这不代表技术本身具有意识。阿瑟将技术集合比作珊瑚礁通过微小生物来自我构建的过程：珊瑚礁是一个被外力搬运而形成的生命体，对于技术而言，这个外力就是人类的发明家。我们可以说，技术是一个具有自创生功能的生命体，但是它要以人为中介来产生。

因为技术具有的连续性，技术理应是历史的产物。当我们面对新技术的时候，不要问"它能做什么"，而是要问"它能带来什么"。如此来理解熊彼特的企业家理论就会容易得多。熊彼特认为企业家带来的破坏式创新就是构建于现有资源的重新组合之上。

"组合"，恰恰也是布莱恩·阿瑟特别强调的。他认为"组合进化"才是技术的进化机制。组合的结果是带来了新技术的指数式增长。但"组合"并不一定是因为有了需求，才会发生。前面说过从现象端到需求端的路径。人们发现青霉素之前，并没有使用盘尼西林的明确需求。在没有形成经济意义上的明确需求的时候，我们称这个市场空间为利基。技术可以有效占据的利基，阿瑟称为"机会利基"。

机会利基才会直接导致新技术的出现，这是因为一旦利基形成，便会自动建立一个更能有效实现其目的的更大的机会。这个机会缘起于一个现有的技术，而这个现有的技术又无法将其完全支撑起来，于是又需要一整套技术支撑机制。在这个过程中，又会出现相关的、间接意义上的技术。

最早的蒸汽机，就是为了解决采矿过程中，渗水这个次级问题而出现的。

机会利基是会慢慢成长起来并复杂化的。这是一个节点替代的过程。阿瑟将每一个技术比作一张网。网中有无数节点，具有活力的是活跃技术体，同时还有很多活力不再的，就等着逐步消亡。活跃技术体具有吸纳新技术的能力，此时这个活跃技术体就会逐步取代非活跃节点。这个逐步取代的过程，就是利基成长的过程。在这个过程中，相关的制度和产业配套出现，并形成气候，直到母技术体被这些活跃技术体彻底更新。新的经济特征便会随着新技术的出现而发生变化。

比如晶体管替代真空管的过程中，半导体制造形成需求，并成为电子设备的主要组成部分，最后导致电子设备的价格大幅下降。

阿瑟认为，新技术可能会对被替换技术以及依赖于被替换技术的技术产生毁灭性打击。汽车替代马车的时候，马车和马车制造商消失了，进而铁匠消失了。

如果说生命进化中，变异和选择是第一位的，那么技术进化则是以组合为主，这是两者最大的区别。正是因为组合的多样性，我们根本无法预知未来几十年会有什么新技术出现。

阿瑟对技术进化的分析和组织进化何其相似。组织就像一个珊瑚礁，由大量自由的个体集合而成，并在上面形成了复杂的生态关系，从而赋予了珊瑚礁生命，并使其自我进化。

组织的进化不是单兵突破，而是像技术一样，以关系为线索，进行组合进化。不同的是，新经济在改变企业架构的同时，也在改变着企业与用户的关系。

"局外人的行为类似雇员，雇员的角色又像局外人。新型关系模糊了雇员与客户的界限，使公司和客户合二为一，呈现为一个整体。"KK认为生产者和用户是一个共同进化的关系，网络不断瓦解产消的旧式关系。

用户比企业更加了解自己，所以，他们会告诉企业如何取悦自己。这个"告诉"的过程就是企业向用户学习的过程。雷军曾经放过一个豪言，小米做一款新产品，会有数百万"米粉"来帮助小米一起做。这种场景并不夸张，因为这是一个在新经济时代中，企业运营的标准线，即用户是否参与了企业产品的定义、设计乃至生产。

而在智能硬件开始勃兴的近两年，个人数据的挖掘成为企业获取用户知识的新途径。个体数据的量化也可以被称为"个体利基市场"，在开掘这个市场的过程中，企业与用户是一对一的关系，"每一次互动都能明确定义消费者的个人需求和品位"。

企业获取的用户知识越多，双方的关系就越紧密，关系替换成本就越高。同时，企业对用户组的依赖程度也会越来越高。就像KK所言，"满意的用户胜过任何广告，同样，不满意的用户猛于绝症。"企业对产品的把握，不再只限于询问研发部门，而是转向用户组。这些用户组是因为兴趣或者知识而产生。

企业不再占据产品知识的制高点，相反，他们必须以谦卑的姿态面对用户组。因为，下一款产品的创意很可能就在其中产生。

和工业生产力的易衡量不同，关系是无边界、含糊不清且多变的，就好像网络一样。KK 认为，"技术给了网络经济以奠基，但只有关系才能使它岿然屹立。始于芯片，终于信任。"灵活地处理并塑造各种关系，是新经济对企业提出的一个根本性命题。即使技术运用再熟练，如果不能增强交互性行为，技术本来的价值也无法得到最大释放。这是由构成网络的三大关键成分决定的。

网络的三个关键成分自古以来就以这样或那样的形式存在着，然而却在最近的几十年产生了巨大的变化。[一]第一个出现的网络元素是紧密联系。紧密联系由我们与周边的人的强联系构成。例如，我们长久相伴的朋友、家人和同事。

紧密联系对于我们的情感幸福而言，是必不可少的，但仅有紧密联系却是远远不够的。一个违背本能的现实情形是，如果我们过度地依赖紧密联系，甚至具有某种危险性。那些完全或主要依赖于紧密联系的人往往是孤立的，他们不了解很多有价值的信息，而且无法改善他们的生活。在贫困社区，处处都要依赖紧密联系，而富人或中等收入的群体则不是这样。

与之相对的第二个网络元素是弱联系，它的力量仅仅是最近几十年才变得显著。弱联系是我们与谈不上是朋友的相识者之间的联系。他们包括朋友的朋友、疏远的邻居，或是过去曾经紧密联系但现在几乎失去联系的人，也包括我们每天偶然遇到或将要遇到的陌生人和认识的人。他们构成了我们生活的背景。在网络世界里，弱联系大量存在，而且是最强大和具有创造性的

[一] 理查德·库奇，格雷格·洛克伍德. 超级人脉 [M]. 周为，张俊芳，译. 北京：中信出版社，2012.

力量。

我们常常会发现，偶然间获得的信息可以改变我们的生活，与我们不甚熟悉或刚刚认识的人，有可能给我们带来巨大的幸福。与紧密联系相比，那些我们常常遗忘的友好的熟人和疏远的联系会带来知识、机会和创新，使我们的生活更加精彩而充实。

第三个网络元素由联络枢纽构成。可以把它想象为许多弱联系或紧密联系的汇聚地。不同群体的人们因为共同的目的联系起来，包括家庭、企业、社团、族群和国家。人们可以在生活中加入各种各样的枢纽，也有权塑造和改变枢纽，或者启动属于我们自己的枢纽。

善用网络，意味着离开你的正常枢纽（虽然它能够提供安全与熟悉感），而在你的网络中经由常常被忽视的联系，去探索那些跨界和交叉的地方。选择可以广泛接触不同的人和主意的工作、活动与场所，将自己的生活变得更为有趣、更加自我导向，也因之更能够创造价值。

个人必须学会面对一个巨大的范式转变：无论工作、生活或休闲，我们曾经主要靠组织来联络——企业、专业协会、俱乐部社团和旅游公司。然而，我们现在的联络，正越来越多地依靠个人活动、线上联系与自发的线下会晤，以及与熟人、朋友的朋友和陌生人之间的偶然碰面。个人积极地规划自己的生活，独立于现有机构或组建非正式的团体，社会变得更具流动性、更加不可预测，自由发展，无拘无束。

这个新范式，我们称之为"网络化的个人主义"。

第三节

求变的海尔

失效的"变化管理"

在管理学当中,有一种工具叫作"变化管理"(change management)。它是指将个体、团队和组织从当下状态改变为某种所期冀的未来状态的方法,是一种组织过程,目的是帮助变化的相关方接受并拥抱商业环境中的变化。

然而,这个曾经为许多企业所熟悉的管理工具正在丧失其重要性。看看这些年曾经显赫一时的企业的遭际就知道了。柯达、诺基亚、摩托罗拉、戴尔、索尼,这些公司中的每一家在它们倒台或者陷入困境之前都属行业和市场主导者,也都曾大肆强调自身的变革能力。然而,事后来看,它们的变化管理不过是在为使世界停止在当时的状态而进行徒劳的抗争。

为什么变化管理不起作用了?最重要的原因是,变化管理假设企业能够管理变化。它假定变化最终会离去,取而代之的会是一种新的平衡。变化管理的实施者往往会向受到变化困扰的人许诺说:"我们现在面临一个非常时期,大家在这个时期勒紧裤带、咬紧牙关,这个时期结束后,我们会重新回到一个新的'常态'时期。"

换言之，变化管理是按紧急状态行事。然而，问题在于，现在变化不再是一种紧急状态了。变化是新的正常状态。用一句大家都很熟悉的话来说就是，"唯一不变的东西是变化"。变化像重力，始终存在。这形成了今日企业运行环境中最大的悖论：变化是稳定的！

变化的稳定观要求，不能再把工作看成是被若干个变化瞬间隔开的一系列稳定时期，企业必须把工作看作偶然有瞬间稳定的不断变化的进程。在这个进程中，公司需要学会求变。一个求变的公司会把变化和动荡当成一种竞争机会，一种能增加成功的机会，而不是威胁和危险，来热忱地接受。

变化管理和求变之间的区别是简单的。变化管理涉及的是一种带有目的的紧急变化。它是一种一次性的行为，随后便是一个恢复期。与此不同，求变则涉及持久的变化，变化为企业的进化服务。

过去，企业处于主导地位，好的管理者能驾驭变化，他们决定企业何时以何种方式对外部世界做出反应。现在这样的日子已经过去，你不能再驾驭变化，而是变化在驾驭你了。

这种情况的产生有多种原因。首先，我们这个世界上的一切都比以往变化得更快，并且不是始终沿着同一个方向。在解决是什么引起变化，变化又会对其产生什么样的影响，以及更重要的，应当怎样应变的问题上，大多数企业确实是无能的。

其次，网络已经使信息接近于自由且无处不在，这就进一步加大了对速度的需求。现在，企业做出决策的速度成为限制企业发展速度的关键因素。可以说，公司里的每件事情都在等：等着决策。

最后，孤岛不存在了，只存在一个市场，那就是整个世界。而且，进入门槛和行业壁垒都越来越被削平，你的竞争对手可能来自和你完全不同的行业，以及完全不同的疆域。

现在，变化会导致更大的变化，熵开始在其中起作用。我们生活在一个无序的时期，而这种无序状态又会蔓延。过去，系统可以对抗熵的统治。而在变化时期，规则完全不同。那些在稳定时期行之有效的东西，在事物起变化时也恰恰正是可能把企业带进死亡之谷的东西。这时重要的甚至不再是把企业做大、提高效率和躲避风险，在变化和更替时期做得最好的，是那些规模小和敢于承担风险的企业。

在很多时候，企业的规模开始和它自身作对。

变化不是阵雨，而是雪崩。我们必须应付变化的变化，而不仅仅是我们的变化。

成功的企业憎恨变化。有了好工作的人也憎恨变化，他们痛恨混乱无序。然而，那些暴发户和创业企业家却喜欢变化，因为只有无序状态才能够给他们一个赢得市场份额和利润的机会。

在稳定时期，管理者把自身的企业当作机器。他们关注的是可靠性和控制感。他们在管理上所有的作为，都是为了努力消灭可变性，避免承担风险，使企业运营可靠、可预测和可升级。在变化时期，这种模式是错误的。假如你和你的企业不能利用变化，变化便会把你打败。

曾经一度，我们的公司都像大型机器一样是有组织的，每个环节都被设计成了防止出现大的变化。即使在企业中存在某些求变者，管理层也往往通过企业的政策和衡量系统迫使他们停止那样做——通过命令和控制下属的思想状态，防止他们做出自以为正确的改变。

这种设计的前提是，变化是可控的。现在发生的事情恰恰是，变化不再受我们控制了。我们的企业组织假定我们是在按一个与众不同和运行较慢的时间周期生活。然而，时间突然成了企业的敌人。对于无数新创企业来说，稳定是绝对的坏消息。过去经营企业的方式（依靠高获利性的产品和服务以及可控制的变化周期来管理企业）已经过时了。

谁也不喜欢变化，我们有避免变化的遗传天性。求变过程的目的便是，把工作中的变化重新定义为某种不会引起恐惧和惊慌的事情。这将从根本上重新定义了我们的工作任务，由此创造出不论不断变化的未来生出什么花样都能成功的企业组织。

持续性失衡

求变的海尔把自己拆分成了2000多个自主经营体，充分体现了自组织的两个要素：引进负熵和正反馈循环。所谓引进负熵，就是不断进来更好的人力资源。海尔正在探索建立"按单聚散"的人力资源平台：人员不是固定的，员工、用户、供应商都在一个平台上"按单聚散"。项目确定之后，根据项目目标来召集最好的人力资源去做。这些资源可能是海尔内部的，也可能是海尔外部的。这个项目完成之后到下一个项目时，资源又重新聚集，并非固定地由原来的人从事。

第二个要素是正反馈循环，具体落地就是八个字："竞单上岗，官兵互选"。所谓竞单上岗，就是单放在那里，谁有能力谁就竞争上来。大企业病最主要的原因就是阶层固化，经理人本身没有了活力，员工也没有了希望。现在海尔让每个员工都可以有公平的机会来竞争成为经营体体长。竞聘成功之后不是一劳永逸，如果在运行的过程中，经营体未达成预定目标，而经营体成员认为是负责人领导不力，就可以启动"罢免程序"，重新选择经营体体长。反之，经营体体长也可以决定淘汰某位成员。

张瑞敏喜欢说，"世界就是我的人力资源部"。网络化组织表现的形态是平台型团队按单聚散，随时按需汇聚全球最一流的资源，不仅可以实现卓越运营，也可以大大突破企业的边界。刁云峰负责的国际商社，就是一个按单聚散的团队。尼日利亚、委内瑞拉的项目就是一个人负责，但这个人组织全球的相关资源在一起形成虚拟团队，就可以按单聚散。

张瑞敏认为，从企业竞争规律来看，将来的大型企业一定会被平台型企业所取代，而平台型企业一定是一个开放的系统，可以整合很多的资源。海尔要成为一个平台型企业，构建平台型的团队，通过用户需求整合外部力量，按单聚散：有用户需求时聚到一起，满足用户需求之后可以解散，再有需求时还可以再重新组织。这是互联网时代企业的一种发展方向。

对于这种以"单"为单位，员工进行自由结组的方式，张瑞敏喜欢用好莱坞的电影产业进行类比。

在整个洛杉矶娱乐产业中，超过千人规模的娱乐公司不超过10家，却有25万名从业者，其中85%的公司不足10人。这些小电影公司组成松散的关系网，它们躲在大公司的背后进行创作。一群自由职业者在担任着灯光、保安、道具人员等职能。当一部影片杀青之后，这些人就立刻散去。当有新的片子出现时，又会有一群这样的临时人员组成制作公司。他们从事的永远是"临时工作"，有人将这种模式称为"好莱坞电影式临时工作制"。

KK也在自己的著作中介绍过此模式，并引用了约尔·科特金（Joel Kotkin）和大卫·弗里德曼（David Friedman）在《为什么所有生意终将向演艺圈看齐》[⊖]一文中的一句话："好莱坞已经从一个充斥了传统的大型垂直结构公司的产业，转型为全球范围内网络经济的最佳范例。最终，所有知识密集型产业都会进入扁平化、去中心的状态。好莱坞首先实现了这种转型。"

⊖ Kotkin, Joel and Friedman, David (March 1995). *Why Every Business Will Be Like Show Business, Inc.*Vol. 17 Issue 3.p. 64.

好莱坞的转型得益于一种长期处于混乱边缘的"流变"。流变更像是生态系统的常态，生物群落持续进化，新物种不断替代旧物种。这是一种非平衡的平衡术，死亡和新生在其中保持着巨大的张力。如今，流变被新经济带入了人类社会中。最明显的变化莫过于企业寿命的大打折扣，工作种类五花八门，薪酬变化巨大。

流变就好像概率论，大把的机会成为了分母。因为，如果你想在未来5年创造300万个工作机会，就需要在今天创造1500万个工作机会。没有什么是可以被保护起来的了，一切都面临着被随时颠覆的命运。流变是实现稳定的最好手段。

就像生态系统一样，新经济使个体的生命力变得前所未有的旺盛。个体力量不断涌现，传统的平衡环境被击破。难怪KK会说，"新经济的目标是一家公司接一家公司，一个产业接一个产业地摧毁工业经济中的一切。"

对于处于流变状态中的海尔来说，张瑞敏有过一个精辟的论调：他杀毁灭，自杀重生。这是面对未来最好的也是唯一的方法。"不断摧毁已有结构看似太过猛烈，但是跟未来的冲击相比就是小巫见大巫了。"KK和张瑞敏所见略同。

在混乱的边缘上，在流变之中看创新，我们也许会有新的认识。创新的过程绝不会是和谐、顺滑的，更不是某些财经媒体描述的那样，是一个有计划性的、可协调的过程。创新的同义词应该是"荒唐事"，它跨在死亡和新生的交界线上。因而，这个过程之于组织而言，注定充满了剧烈的观念冲突和人际斗争。作为领导者而言，唯一能做的就是保持稳定的心态。

个体生命之间的斗争越激烈，创新成为现实的可能性就越大，当然，千万不要把混乱的边缘变成混乱。这需要高超的领导力和对创新执着的追求。

张瑞敏说，在变革的组织中：

> 没有一个上级听你的诉求，因为他没法给你下达一个正确的指令，所以没有中心了。没有中心就变成分布式的，所谓分布式就是我们说的扁平化、网络化。若干个单元分布式存在，每个人都可以面对市场，每个人都可以拥有自主权。
>
> 其实和中国传统的思想一样，老子说"太上，不知有之"，好的领导是部下不知道领导的存在。当然，不知道领导的存在不等于说他不存在，而是有一套机制、有一种氛围，让每一个人可以去实现自己的价值。

张瑞敏所谓的"自主权"正是 KK 说的自治权。自治权是让系统复杂性自衍生的前提。"大型网络需要生长，然后增加更加复杂的节点和层次。每一个大型系统都由成功的小型系统发展而成。"

IBM 和 SAP 曾经为海尔打造了一套极为复杂和周密的流程，虽然结构复杂，但是功能单一，在提高企业整体决策效率的同时，管理被固化，人听命于流程。即使员工面对了市场，复杂的流程也无法让其获取的市场信息即时得到组织内的反馈，更妄谈资源的快速配置。海尔做互联网转型，恰恰可以看作对这套流程的解构。

迈克尔·哈默在《流程再造》中提出的，"若干职位组合成一种职位"也好，还是"从简单的任务转变成多方面的任务"也罢，都是在强调对个体能力的解放。只有个体才是组织接触市场的皮肤，也只有个体知道如何配置什么样的资源来满足用户，这些都是在固有的流程中难以实现的。

张瑞敏提出"人人都是 CEO"和"人人创客化"，就是要利用个体的生长，来破坏原有均衡的流程架构。在混沌之中，让自组织来完成系统更新的任务。

德国著名分子生物学学者弗里德里希·克拉默（Friedrich Cramer）在《混沌与秩序》[一]一书中谈到，生命系统是无法用普通方程式来表示的，"生命系统的结构和过程相互作用并形成网络"。在这个网络中，生命与衰败联系在一起，甚至，生命就是衰败。

由于生命系统的复杂性，科学家依赖的"解剖"和"去装配"是无法全面认识生命体的。去装配的过程无非就是认识现有结构的问题，而忽略了生命生长的特殊条件。克拉默认为，生命生长依赖于两个条件：细胞分裂和个体细胞生长。而生长带来的动态"反馈"恰恰是造成各种混沌状态的原因。

从经典物理学的角度来看，所谓死亡就是指有机体不再受外部能量流入支持的状态。所以，系统构造的时候，一定要保持外部的能量供给。然而，我们必须要在现实中来看待这个观点，一个有着完美的能量平衡的系统就一定不会死亡吗？

克拉默将生命比作沿着山脊登山。如果你认为自己技艺高超就可以到达山顶，那就错了。也许你的鞋带突然松掉了，你就有可能跌下深渊。克拉默说，"这就是生命！"

具备了登山的能力，并不一定会有登顶的成就，这是一个非平衡的结果。也就是说，生命的过程绝不是一个线性的过程。克拉默认为，生命中消耗的能量会产生出远离平衡态的结构，这个结构就是耗散系统（dissipative system）。

耗散系统从环境中吸收能量和信息，并且在系统内部进行消散，导致系统趋于分化，而分化是"生长"的表现，其本质是新旧力量的斗争。所以，耗散系统具有自我破坏能力，可以打破原有的均衡结构。

[一] 弗里德里希·克拉默. 混沌与秩序：生物系统的复杂结构［M］. 柯志阳，等译. 上海：上海世纪出版集团，2010.

网络的作用在于放大耗散的效果，从而形成指数级增长的网络价值。网络是一种可以被称之为 R-tech 的关系型技术，它带来的是前所未有的信息对等，耗散无处不在，而不像传统组织那样，仅仅实现局部的耗散或者不均衡。

普利高津（Ilya Prigogine）等人提出的耗散结构理论回答了开放系统如何从无序走向有序的问题。长期以来，人们认为倘若系统原先处于一种混乱无序的非平衡状态时，是不能在非平衡状态下呈现出一种稳定有序结构的。而普里高津则认为，一个远离平衡的开放系统，在外界条件变化达到某一特定阈值时，系统通过不断与外界交换能量与物质，就可能从原来的无序状态转变为一种时间、空间或功能上的有序状态。

迪伊·霍克（Dee Ward Hock）曾是 Visa 的 CEO。他在《混序》①一书中提到一种新型组织的概念，能够自我组织、自我管理、自我发展。他借用了混沌（chaos）和有序（order）两个词，把这样的组织叫作"混序"（chaordic）组织。也就是说，他认为组织的最佳状态是具有混沌与有序双重特征。

霍克演讲的时候喜欢玩一个游戏。他会拿出自己的 Visa 卡，问在座的听众："有多少人认识这张卡？"屋子里的每个人都举起手。"现在"，霍克接着问，"有多少人可以说出来，Visa 的总部在哪儿，它是如何管理的，到哪里去买它的股票？"所有人都面面相觑。大部分人可能压根儿从没想过这个问题。

霍克说，从来不想这个问题就对了。"公司组织得越好，越是不可见的。在 Visa，我们试图打造一个不可见的组织，并保持如此。结果，而不是结构或者管理，才应该是凸显的。"今天，霍克所创造的 Visa 组织不仅绩效优异，而且蒙上了神话色彩，成为混沌理论的动力原则应用于企业的最好例证之一。

---

① 迪伊·霍克. 混序：维萨与组织的未来形态［M］. 张珍，译. 上海：上海远东出版社，2008.

Visa组织在各个方面都与众不同：它是一家非股份制的以成员为基础的营利企业，所有权以一种不可转让的参与权的形式出现。霍克对该组织的设计体现了他的哲学：这个组织必须是高度分散的，但同时又是高度协作的。权威、动议、决策、财富，所有这些因素都尽最大可能推到组织的边缘，即成员当中。最核心的，其实是要解决一个组织如何做到既竞争又合作的问题：让参与Visa组织的每家银行都竞争，服务好自己的客户并角逐其他银行的客户，但同时要维持最基本的合作，保证不管你在哪里刷哪家银行的Visa卡，必须到处都能使用。后者意味着银行拥有某些共同标准，参与共同的清算。这个成功的组织设计令Visa最终成为世界上最大的信用卡体系。

霍克总结说："任何一个健康的组织都需要清晰阐释和理解的、共同享有的目的和原则，它们构成了该组织的遗传密码。这些目的和原则分享得越好，你就越得以在组织中免除命令与控制。人们将会懂得如何与它们保持一致，然后，他们会以难以数计的不可思议的、充满创造性的方式来实践。由此，组织将变成一个活生生的信仰共同体。"

最有意思的是霍克提出的组织设计原则，这或许构成了21世纪组织的先驱法则。第一条，组织必须是平等的，被所有参与者共同拥有。这个组织最后所有的竞争力，都来自成员独立的创新。第二条，权力和功能必须最大限度做到分布型，也就是分权化或分散化。第三条，整个组织的治理也必须是分散的，没有哪一家或几家联合起来可以控制这个组织。第四条，组织的可塑性必须非常强，即永远不断地在变化。

霍克提出这些原则是在20世纪70年代，但在今天来看，很适合用来讨论互联网时代的组织形态。他还说过一段非常有意思的话："看上去Visa像是一个控股公司，但它不是真正的控股公司，因为控股者就是Visa的成员。这些成员既是所有者也是客户，既是主体也是客体，既是上级也是下级。"一个理想的互联网组织,应该是符合这些原则和要求的。

海尔的平台逻辑

事实上,海尔从1998年进行流程再造开始,在这场逾二十年的不间断变革中,其背后有一条极为清晰的逻辑主线:用流程重组的方式,实现用户、员工和管理者的无缝对接。在网络化战略开始实施的阶段,我们可以看到的是海尔的努力已经在逐渐超越"对接"的意义。

既然是"对接",就势必有"内/外"的区别。海尔转型的目标是无边界的平台型组织,那么可不可以认为用户、员工和管理者的"融合"会是未来变革的升级版逻辑主线呢?"融合"就意味着三位一体,融合就意味着平台的彻底社会化。

在很多年前,《经济学人》出版过一本名为《管理思想》的书。其实,这本书更像是管理词典,里面囊括了半个多世纪以来的管理名词,独没有"平台"这个词。也许"平台"是一个太没有必要专门提及的概念了,因为它在人类商业文明发轫之时就已经作为一种特有的属性存在。甚至有的学者认为,"平台"就是"市场"的具象化。

亚里士多德认为,人的本质是社会动物。通过情感互动、商品交易、社会交往,人们得以彼此生活在一起。从经济学的角度来看,这一切源于价值的交换。人的交往注定会因为多向互动,而成为一个关系的集合体。

如果我们认为商业活动或者管理的本质落脚点在于"人",就不难理解为何"平台"就是企业的天然属性了。

Market Platform Dynamics创始人大卫S. 伊文斯(David S. Evans)和斯隆商学院的理查德·L. 施马兰西教授(Richard L. Schmalensee)并没有直接

使用"平台"这个词，而是使用了一个化学术语：触媒（catalyst）。[一]这是催化剂的同义词，意为催化其他物品之间发生化学反应。这是一个很巧妙的比喻，一方面恰如其分地表达出了"平台"的根本特征，一方面在根子上驳斥了迈克尔·波特的竞争模型。

就像斯坦福大学的谢德荪教授（Edison Tse）认为的那样，波特的理论是"流"理论，"平台"的理论是"源"理论。波特的理论及其延伸，都是基于一个稳定不变（或缓慢改变）的市场，谢德荪称之为"静态战略理论"。近几十年来，随着信息技术的快速发展，市场的改变越来越快，波特的静态战略理论已无法作为企业持久发展的根基。企业需要全新的"动态战略理论"，这理论必须根植于不确定且常有变动的市场实际。

动态战略理论的核心是：在信息时代，如能善于利用信息，它所提供的价值，会远比具体产品提供的多。所以，重点不是在原有的市场竞争，而是随着信息的增加，如何有效地组合各方成员的资源，来为各方成员创造新价值。这会吸引更多成员加入，而形成一个有生命的生态系统。[二]

我们可以进一步认为，"流"理论从本质上来说遵从了牛顿经典力学的范式：世界是静态的，线性的。显然，这种范式早已经不再适用于用生物信息逻辑表述的当下时代了。

伊文斯和施马兰西认为，企业作为一种经济触媒需要具备如下条件。

> 有两组或者更多顾客群体；顾客群体在某种程度上相互需要；这些顾客群体无法依靠自身力量获取他们之间相互吸引的价值；顾客群体依赖某种触媒来推动他们之间的价值创造。

[一] Evans, David S., Schmalensee, Richard L. (2007). *The Catalyst Code: The Strategies Behind the World's Most Dynamic Companies*. Harvard Business School Press.

[二] 谢德荪. 源创新：斯坦福最受欢迎的创新课 [M]. 北京：五洲传播出版社，2012.

抽离出来可以用一句话表述：价值的产生在于用户之间的互动，这也是企业存在的意义。

无疑，企业在这里扮演的更像是社区搭建者的角色，这个社区的宗旨就是为用户提出价值主张，并设定管理的规则和标准，同时提供信息服务。从最古老的集市到现在的淘宝、eBay，无一不是这样。

无论是"源创新"也好，触媒也罢，相比较以线性思维为主的牛顿力学时代，平台最本质的特点在于是否从根本上是开放的生命体。

用张瑞敏的话来说，做平台必须要开放。只有开放，才能形成更多的生命接口。而这种开放不仅仅是简单的纵向供应链的开放、横向客户群体之间的开放，甚至要形成供应链和客户群之间的纵横交错的开放，最后形成一张巨大的、关系芜杂的价值网络。

以沃尔玛为例。成立初期，沃尔玛仅仅是把批发来的商品摆在货架上供消费者挑选，看起来和传统的零售商没有什么区别。当门店逐渐增多的时候，沃尔玛开始利用自己的货架优势和分销体系诱导供应商提供更加符合消费者需求的商品。若供应商的商品在沃尔玛不能实现热销的话，自然就会被淘汰出供应商名单。这就逼着供应商深入到消费者中去，与他们互动，随时了解消费者的需求。

平台的开放应该从两个维度来看，即能力的开放（包括底层的技术开放、用户入口的开放、资源的开放等）和组织的开放。能力的开放最后形成的是平台型的产品，组织的开放形成的是平台型的组织。

能力的开放可以看作企业在组织形态之外的一切开放。

苹果公司本身并不是开放型组织，但是 iPhone 则是一款典型的平台型产品。这一切都源于苹果对系统入口的有限度开放。

平台型产品的成长有一条清晰可见路径：平台框架—杀手级功能—平台

型产品。它们共同构成了平台需要的竞争力。平台框架是看能框进多少优质资源。然后是平台的杀手级功能，也就是说能够吸引用户和利益攸关方的杀手级功能。最后是要通过平台型产品形成平台级的聚合效应。

亚马逊的平台意愿是在贝佐斯创业之初就确立的。最一开始，亚马逊要做一个专注于图书的电商平台，我们可以将其看作"平台框架"。除了明显低于传统书店的售价之外，亚马逊独有的推荐算法帮助它积累了大量的用户资源。

1998 年的时候，亚马逊的用户人数已经达到了 310 万。第二年，亚马逊开发的"一键下单功能"便申请了专利保护。这个创新功能被很多人认为不过是把用户的购买步骤压缩到了一步而已。但就是这个符合贝佐斯认为的互联网购物极简原则的功能开启了亚马逊在用户体验上的一系列动作。"一键下单"无疑是这个平台框架中的杀手级功能。

2007 年 11 月 19 日，贝佐斯宣布亚马逊推出电子书阅读器 Kindle。这款被评论人士认为很丑陋的电子产品在一年之后共出售了 24 万台，不但让那些不看好 Kindle 的人闭了嘴，还让传统书商受到了震动。如今，我们觉得电子书已经不算什么新鲜事物，Kindle 也已经进化到了触摸平板，这是因为我们的阅读习惯已经被亚马逊悄然改变了。

Kindle 无疑是一款颠覆性产品，它成功地挟用户资源以令书商，彻底颠覆了持续上百年的传统出版业。而 Kindle 则是亚马逊这个平台框架中诞生出来的一款出色的平台型产品。

我们同样可以用这样的路径审视 iPhone 的成功。最早期的 iTunes 只能烧录音乐和管理音乐，很快，与 iPod 的结合让苹果瞬间拥有了大量音乐爱好者，粉丝经济的效应初步体现。现在来看彼时的 iTunes 正是平台框架。

2003 年，杀手级功能 iTunes 商店上线，18 个小时内就卖出 27.5 万首歌曲，iPod 的用户也因此大涨。苹果的用户群持续扩大。

2007年，平台型产品iPhone问世，iTunes的模式被很好地移植到了手机中，也就是App Store。规模庞大的用户资源，苹果接口对应用程序开发者的开放，加之分成政策，iPhone很快就成为一款风靡全球的平台型智能手机，并最终改变了整个手机行业。

平台型组织则是从组织的开放度来看。最典型的莫过于维基百科、Visa组织和Linux。虽然这三家组织都有核心的小团队作为项目的领导者，但是他们发挥的作用和对产品的贡献度远不及一家传统意义上的公司组织。

其中维基百科和Linux本身既代表了开放型组织，又是一种开放型产品，它们的用户既是组织成员又是产品的制造者。组织的边界就是产品的边界。

成为平台型公司是张瑞敏对海尔变革的要求。张瑞敏认为，平台就是快速配置资源的框架。因此，对组织的要求就是要变成自组织而不是他组织。"他组织永远听命于别人，自组织是自己来创新。"张瑞敏说："人单自推动就是进来更好的人，产生更好的结果，得到更高的利润，然后又引进更好的人。组织最后应该达到这样的境界，也就是对员工角色的新定位：就像德鲁克所说的，让每个人成为自己的CEO。"此时，不但要求员工具有强大的自我驱动力，还要具备一个能处理复杂事务能力的CEO的素质。

张瑞敏在2013年12月26日的讲话中又进一步提出了"人人创客"的理念。张瑞敏在阐释这一理念的时候，强调传统上只能于组织内部进行创新颠覆，而人人创客则是员工可从在册变为在线创业，亦可由社会资源转化为在线、在册创业。显然，张瑞敏在有意抹去组织边界，强调组织的社会化趋势。

如果说，"人人都是CEO"多少还带有企业内部视角的话，那么"人人创客"则是完全的开放心态。用户在一个社会化平台上，寻找并实现自己的价值。

第四节

海尔的创新单元：小微

理解海尔变革的四个新词

塞思·戈丁（Seth Godin）说："我们的企业组织并不是站在某个稳定场地中央的孤立的机器。相反，我们为之工作的公司是一种活的有机体，一种和成千上万其他会呼吸、会变化的活的有机体相互作用着的，同样会呼吸、会变化的活的有机体。"㊀

对于这种活的有机体，我们甚至需要一个新的词汇表来形容它，不如此，我们就无法理解它的运行机制。

海尔就是如此。和海尔打交道，一个突出的特点是，海尔的管理词汇每隔几年就会大变一次。就拿经理人的称谓来说，海尔一度最流行的是"部长"（本部部长、事业部部长），但在这家企业开始它史无前例的组织变革之后，各种让外人不明所以的头衔就接踵而来，利共体体长、网主、平台主、接口人等，不一而足，显示海尔的脱胎换骨是从结构与人事入手的。从根本

㊀ 塞思·戈丁. 公司进化[M]. 李茂林, 等译. 沈阳：辽宁教育出版社, 2003: 16.

上来说,"海尔式语言"的不断迭代折射出了海尔变革的速度与力度。

这些语言中,有些名词是海尔自己造的,有些名词是海尔借用的。从历史演进来观察,我们可以梳理出四个关键名词。

自造名词:"人单合一"与"自主经营体"

这两个词架构了海尔的商业模式和运营体系。

"人单合一"2005年被张瑞敏作为商业模式提出,已有14年时间了。简单地讲,它是要使每一个人都有一个市场,有一个市场就有一个订单。人和市场应该直接联系在一起,每个人从市场直接获取订单。无论未来海尔如何变化,这个模式肯定是不会改变的。海尔所进行的跨世纪的流程再造运动,最后结果就是要让企业在流程上全面支持"人单合一",这是海尔的根子。正是在"人单合一"的基础之上,才会有张瑞敏进一步提出的"三无"(企业无边界、管理无领导、供应链无尺度)、"创客化"等一系列主张。

"自主经营体"可以理解成海尔内部的最小经营单位,这个经营体可以是一个人,也可以是一群人。其实质就是把大公司变成几千个小公司。自主经营体在海尔内部简称"自经体",是海尔的组织细胞,有2000个之多。这些自主经营体不但能够迅速感知外界变化,发现和创造客户需求,而且能够不断修复价值目标,使其不偏离客户需求的最终目标。

在自经体的基础上,海尔衍生出了"利共体"和"平台"的概念。利共体,可想而知,是利益共同体的简称。利共体是自经体的外延,自经体和外部的供应商、合作方等利益攸关方共同形成了利益共同体,每一个利益共同体按单聚散、动态变化,为了实现用户价值而自行协同。

在实际操作中,利共体常常是几个自经体结合在一起,利共体的体长实际上不是扮演领导角色,而是一个牵头人。利共体就像是一个小的平台。在利共体的实践中，海尔提出要把整个企业发展成为一个大的平台。

每个自主经营体拥有决策权、用人权和分配权，是一种典型的自组织。自组织的终极衡量标准叫作"人单自推动"，就是进来更好的人，产生更好的结果，得到更高的利润，然后又引进更好的人。

这样的循环暗合"回报递增原理"，也是海尔所追求的网络化组织的极致。在工业经济中，成功往往会自我设限，它遵循回报递减的原理；而在网络经济中，成功是自我增强的，它遵循回报递增的原理。

2013年下半年，海尔内部提出了"在线员工"和"创业者"的新主张。张瑞敏希望可以把组织结构网络化，通过"在线"的方式让组织的边界尽可能往用户端靠拢，将组织内外的资源彻底打通。而员工可以成为真正的"创业者"，在海尔的大平台上自己寻找创业机会，同时配合内部的风投机制；或者员工自己到社会上组织力量，成立小微公司。

事实上，通过组织开放打造平台型公司，只是海尔平台构架的一个部分。网状组织的最终目的是要搭建用户资源和个性化生产之间的通路，实现真正的"大组织，小公司"。

在"人单合一"和"自主经营体"的框架里，海尔的执行路径是"目团机"。"目团机"就是目标、团队和机制三个词的合体：用什么样的机制，组建怎样的团队，如何实现"引领"目标。在实际运行中，这个逻辑是倒过来的，即"引领"的目标要先行。

"引领"是海尔常见的描述战略愿景的词。所谓引领，通俗解释就是：别人做不到的，我做到了，而且是按照互联网的方式做到的。由此可知，实现"引领"对于海尔这样一个从前互联网时代走过来的企业，挑战是相当大的，有点像韦尔奇提倡的"延展"式的目标，也就是说，为了变革，设定近乎不现实的目标和指标。

外来词:"创客"

张瑞敏提倡"创客"是受克里斯·安德森的影响。安德森的《创客:新工业革命》更像是在预言未来:创客运动颠覆制造业公司。但这个愿景实现起来极其困难。张瑞敏追问安德森:你创办了一家创客公司,在它取得初步成功之后,这家公司还能像创客公司一样运营吗?安德森说:并不能够,和传统的公司没有决定性的区别,从架构到供应链,还得回到传统制造业公司的路径上。

也就是说,在现阶段,创客更像是一个发起人概念,还不是一个体系概念。张瑞敏在海尔内部使用"创客"的意义就在于此,他为其赋予的内含是"创业的人",而不是外界一般想象的"颠覆制造业的人"。海尔平台化组织的核心一点是"人人创客"。也就是前边所说的,让员工在海尔平台上自己去创业,甚至可以去海尔化。

几个创业的人凑在一起,就是一个"小微"。海尔内部的"小微"也不是工商机构语系中的小微公司,以人数和营业额做界限,海尔的"小微"就是创业共同体,由一群"创客"组成,可以是两三个人,也可以是二三十人,还可以是两三百人。比如雷神小微,可能只有三四个人,而沈阳智能工厂这个小微,就有几百人。

当然,海尔做平台化转型的目标还是要颠覆掉整个制造业体系,只不过第一步要从创业开始做起。让员工具备了创业精神,才有可能在未来成长为真正具有颠覆能力的创客。

"人单合一""自主经营体""创客"这三个词的指向都是一个目标,自我驱动和自我管理。假以时日,海尔希望自身转化为一个大社区。

人人创客化的手段:小微

"小微"是海尔在 2013 年下半年提出的新型项目组织结构名词,是实现人人创客化的手段。所谓小微，就是在海尔的创业平台上生长出来的创业公司。

海尔是国内最早提出由以厂商为中心、大规模生产的B2C模式，转变为以消费者为中心、柔性化生产和精准化服务的C2B模式的制造业公司。"人单合一"双赢模式是小微的根基，就是员工有权根据市场变化自主决策，员工有权根据为用户创造的价值自己决定收入。

张瑞敏为海尔第五个战略阶段（2012年至今）提出了网络化战略的目标，海尔要成为一个平台型组织，在其中实现"组织无边界""管理无领导"和"供应链无尺度"的"三无"目标。"无边界"强调的是组织不再封闭；"无领导"强调的是员工要进行自我驱动和自我管理，其实可以理解成后来的创客概念的前身；"无尺度"是指外部资源的接入。三者结合到一起，就是小微。

张瑞敏认为，无论是商业的两大环节（创造价值、传递价值），还是传递价值的三个流（信息流、资金流与物流），都要自己创业创新，不存在仅是执行的节点。

海尔的平台化战略不仅仅是网络化组织这么简单，对于产品也要求其具有平台功能，也就是张瑞敏最近在内部频频提到的，"海尔的所有电器都必须变成网器"。从组织平台化到产品平台化，这个转型难度相当大。对于传统型企业来说，基因的改造，也就是人的改造。

海尔根据业务的不同、战略要求的不同、经营策略的不同，试图以四类小微涵盖所有员工。四类小微分别为：虚拟小微、孵化小微、转型小微和生态小微。

虚拟小微聚焦的是思维的转变，从事的仍然是原来的事业，但是思维方式和工作方式则要从传统的思维转变为适应新时代的思维方式。孵化小微聚焦的是新项目的创立，从事的是原来没有的事业。转型小微聚焦的是新模式的转变，此类小微已经孵化到一定的程度，拥有了自己的产品和市场，但是随着外部市场的改变，它们需要用新的模式来运作。生态小微是加入海尔平台和生态圈的创客项目，它们跟企业在传统的思维上、生态关系上没有直接的关系，但在海尔的生态圈里工作、增值和创新。

四类小微涵盖所有人员，所以对于海尔员工来说，要么抢入小微，要么被淘汰。

这是一场需要不断试错的转型，而且转型中还不允许业绩下滑，相当于一边疾驰一边还要换发动机。在这个小微试验过程中，海尔有如下三个问题迫切需要梳理。

首先，目前小微在产品层面以技术突破为主，尚缺少"定义级"产品。重新对产品进行定义，是整个家电产业都在面临的难题。

其次，支持小微公司的平台主的激励机制还不明确。这些传统组织结构中的中层人员，是这次变革中受到冲击最大的。一方面他们的角色发生了巨大变化，另一方面他们如何适应这种变化并完成转变，尚不清晰。

最后，海尔的平台搭建虽然还在过程中，但是生态结构越来越完整，现在欠缺的就是优质资源的进入，即如何吸引真正的牛人来。由于之前的开放程度不高，且匮乏互联网经验，海尔在资源开拓和识别上需要历练。而优质资源是海尔平台战略拼图的重要板块。

眼下的关键是，海尔需要孵出一批"真小微"，其原则是对内独立运营、风险共担、利益共享，对外由市场和用户驱动，并反映在产品的创新和业绩的提升上。

组织新范式：社群

坚固的组织出现了瓦解，战略决定组织的惯性思维遭遇了严峻挑战，企业的愿景不再是"为"用户创造价值，而是"和"用户一起创造价值，这些事关组织存在合法性的概念发生了巨大改变，也就意味着组织在面临一场"范式革命"。

1962年，美国哲学家托马斯·库恩（Thomas Kuhn）出版了《科学革命的结构》[一]，震动了社会科学界、哲学界和科学界。他提出在"科学革命"阶段，每一个时期的科学学科都有一个公共的价值信仰在主导，比如天文学的哥白尼革命、物理学的牛顿革命和爱因斯坦革命。库恩提出，"这个范式就是某一个历史时期为大部分共同体成员所广泛承认的问题、方向、方法、手段、过程、标准，等等"。

库恩进一步认为："范式有两种意义不同的使用方式。一方面，它代表着一个特定共同体的成员所共有的信念、价值、技术等构成的整体。另一方面，它指谓着那个整体的一种元素，即具体的谜题解答……范式是共有的范例，科学知识蕴含在理论和规则中……科学知识像语言一样，本质上是一个团体的共同财产。为了理解它，必须认清那些创造和使用它的团体的特征。"

可见，范式是一个领域内的群体对于该知识体系的共同遵守。对于管理而言，现代管理显然遵循的是现代工业的范式，工业精神、机器逻辑、整体思维，等等。这样的范式塑造了企业的战略意图、愿景以及世界观。野中郁次郎借鉴了库恩的范式理论，谈到范式与企业组织的关系："一般而言，范式使新的组织成员适应组织生活，让他们与企业的当前思维看齐。为了保持和谐一致，任何组织都会需要共享的目标、价值观及规范。"

范式总是与团体、组织联系在一起，用库恩的话说就是和"科学共同性"联系在一起。因此，在范式里，组织内个人知识的合法性并非由知识本

[一] 托马斯·库恩. 科学革命的结构 [M]. 金吾伦，胡新和，译. 北京：北京大学出版社，2004.

身决定。与范式相符的被视为"接受","而与企业范式不一致的个人知识在试图验证个人信念时往往会遭遇怀疑"。

野中郁次郎提出,新的管理范式必须要有所转变,由管理知识变为创造知识。放在今天的语境里看,"知识创造"的指向是"个体化创造",而传统管理范式强调的是"组织化创造"。"个体化创造"的韧度显然不如"组织化创造",因为个体总要面对团队的质疑,需要做验证、解释、说服等人际交往方面的工作。这个过程对于知识创造而言是极其脆弱的。

因而,野中郁次郎给出的答案是,利用"促进性的情境"(enabling context)解决知识创造的问题,即"一个可以在组织成员中培育不断涌现的关系的共有空间",也就是野中郁次郎最常用的"场"的概念。

"场"是一种群体共享的环境状况,换言之,即知识创造和应用、知识资产配置的基地(平台);是以虚拟性的、心理上的或物理性的场所为存在母体的一种相互关系网。

野中郁次郎提醒,"环境状况"和"相互关系"是理解"场"的关键。因为知识的默会性质,组织成员的关系首先是情感式的,在其中进行无障碍的知识分享。

新的管理范式就是要保护"个体化创造",为个体的主观经验营造生成的场所。由主观经验决定的默会知识是知识的根源。默会知识是个体在与环境的接触中生成的,可以通过身体接触、语言交流等方式进行传播。因此,默会知识无法脱离具体环境而独立存在。当默会知识在"场"中被赋予了某种具体的形式和结构后,便被转译成了外显知识。

野中郁次郎提出:"知识经营中的'场'是构成组织创建形式的基本单位。"人们在"场"中实现的交往可以帮助实现自我心理超越,所以野中郁次郎认为"场"的另一个作用是实现个体间的良性竞争,"'场'中便隐藏着这种超越的暗涌。它作为知识经营的关键，必然可以孕育出具有革命意识的'不安分'企业"。

在21世纪的知识制造业中，价值产生的主要空间也不再是工厂，而是"场"。我们甚至可以把企业看作一个可以容纳无数个"小场"的"大场"，"场"即平台。它不再是以时空为单位，而是以知识为单位，这样，网络化的全球资源就可以被企业所用。"场"内的知识丰富度直接决定了企业的知识创造能力。

那么"场"在当下组织中的具体形式会是什么呢？如前所述，"场"是一种知识关系主导的环境，大家可以根据兴趣、研究目的、市场判断等需求，在其中自行结合成社群。

社群何以成为可能？按照勒维斯的观点，每个人心中都有原始的部落情结。人类总是需要通过协同来完成各种工作。一般而言，人们可以在一个社群中进行两种投入：时间和金钱。金钱往往是最容易的。但交钱并不能使你真正成为社区成员，也不能使你感到对社区依依难舍（这也许反而会使你弃社区而去，因为这样做能节省金钱）。不过，交钱确实显示了你的某种诚意。从情感上说，你会赋予这笔开销正当的理由，因为你珍惜你花钱得到的东西。

时间的投入可能不那么简单。良好的社群需要精心照顾和培育，成员希望有人出来解决分歧、确定基调、寻找赞助者，还需要有人维护数据库或是令对话正常进行，与支撑社群或同社群有交流的买卖人耐心打交道，并制定社群的规划，在社群利益发生变化的时候对这些规划加以修改。

除了归属感而外，真正的社群会有很强的义务感，对其成员提出各种各样的要求，有些要求甚至十分严苛。遗憾的是，许多关于社群的描述从来不曾提到义务、责任、限制、琐碎的工作等，而这些恰恰是发展一个真正的社群所必需的。

社群的一个基本价值是成员间的相互信任。最终，公开的气氛，以及共同的经验和互动的探讨将创造真正的社群，而非仅仅靠规则强行构建。人们无法仅靠遵循规则而生活，所以他们才会必然地和自己喜爱的人走到一起。

社群的管理者应该行使物业职能或者BBS版主职能，而不是扮演"领袖"。这也是鉴别社群的一个着眼点。一旦领袖出现，就会出现朋党现象。所谓群而不党，正是此意。

在《天鸽互动：社群经济的裂变启示录》[1]一文中，作者刘琪提到了一个很重要的概念：账号体系。一个稳定的账号体系是一个社群内生态可否自行运转起来的重要尺度。顺便说一句，百度相对于阿里和腾讯，最薄弱的环节可能也是之前的账号体系不够突出。而同是引擎起家的谷歌，在很早就推出了Gmail服务。

账号体系有多种形式，货币化的账号体系是一种，还有一种应该是情感化的账号体系。所谓社群的人格化，就是让社群内产生温度的意思。一个小区里，人与人彼此不熟悉，见面连个话都不说，算什么社群呢？但是，这个小区里很可能会有一个以"遛狗"为中介的迷你社群。开始的时候，大家只是在遛狗的时间里才聚在一起，狗狗们自行玩耍，主人们凑在一起闲谈。谈着谈着，彼此间就建立了信任的关系。只有信任来临的时候，温度才会存在。

这个时候，每条狗就是一个账号。

在现实生活中，这种单点建立起来的信任社群很多。因为信任，大家才会放心彼此交流除了狗以外的事情。此时，科斯说的"价格发现成本"就会

---

[1] 资料来源：http://liuqi.baijia.baidu.com/article/22458.

降得很低，甚至趋于无。这就是说，社群的资源配置方式很可能不是以市场方式进行的，或者说会大幅降低交易成本。

对组织社群化的想象

我们发现，海尔变革的目标是把僵化的组织网络化。那么，网络化会是最终的模型吗？在组织进行网络化的同时，也许存在一个"平行组织"，我们称之为社群型组织。它类似于二次元空间，在这个空间里，是以知识为导向的。

社群的核心是"情感"，但是之于企业来说，"情感"是一个与用户进行价值对接的界面，它并不能反映出企业作为一个有机体时，内部细胞之间的关联度，毕竟"情感"往往是脆弱的。

海尔目前进行的组织变革是先把坚固的金字塔打碎，成为网状，以节点带动组织边界的延展伸缩。但是，单一的节点是否可以真的完成资源快速配置？过于依赖节点可能存在两点问题。

第一，节点的活跃能力直接决定了网状组织的创新活力。在把个人等同于节点的前提下，对节点的活跃度要求过高，毕竟人的能力是有边界的。强能力的人，能找到强资源，但千万不要忽略寻找这个强能力的人的成本。用科斯的理论来说，发现机制本身就会带来成本。

第二，节点的行为来自母体发出的信号，如果这个信号并不能带来更有效的创新价值的话，节点就会做大量无用功。这很像张瑞敏谈到的，在错误的领导下做正确的事。

这个时候，社群就显得尤为必要。我们对组织内社群的定义是：在一个知识型组织内，自行聚合的，以知识图谱和价值观为索引的虚拟组织。也就是说,"知识"就是社群的坐标系。在现实中的经营单位之外,存在一个虚拟的、也可以说是"超文本"的组织。人们按照组织设定的"标签"进行自动聚合,就像 Web2.0 的网络社区一样。

组织的创新最终要落实到产品的创新中。野中郁次郎认为,产品的创新分两种:产品概念的创新和功能的创新。产品概念是抓住用户对某种产品的基本价值,它对顾客来讲,是有关"产品是什么"这个问题的回答。比如 Walkman 的出现,就是改变了用户评估产品的维度:音质不再重要,便携才重要。

而功能的创新,涉及的是产品的内部元素和模块之间的关系,这一点就像克里斯滕森说的"突破性创新",是限于技术对于产品的改造而言。

这也是我们认为野中郁次郎比克里斯滕森更加高明的地方。野中郁次郎把创新放在了"知识"的环境而不是产品的环境中,这样视野更加开阔。

功能性创新处于两个知识维度之内。一个是"know-why",一个是"know-how",即原理和整合两个层面。而真正满足用户价值需要的是"know-what",即告诉用户产品是什么,用户用以评价产品的维度是什么。

组织要做的就是如何激发员工的"know-what",野中认为产品系统本身具有多样性,这是由视角决定的。不同的视角,不同的面孔。"面孔"即产品差异化的重要程度。

根据不同的视角,组织可以针对某一款产品有几个不同的小组,成员利用自己掌握的知识来阐释"know-what",也就是定义产品。定义产品其实就是在不同的维度里发现用户价值。

这个小组的核心是大家在用户价值观上的彼此认同,比如"我们要做一个能分享快乐的小家电",从而将不同领域里的知识不断贡献出来,形成一个知识转换的"场"。

在这个小组里，没有绝对的权威，仅仅是由一个发起人在知识梳理和交流服务。比如制定谈话规则、总结谈话内容、设计场景、强化价值观等。

这类小组就是企业内的理想社群。社群并非一个经营核算单位，而是一个虚拟组织。大家的聚合不以市场为导向，而是以个人的知识趣味为导向。如果企业是一个平台的话，那么各个社群就是带有知识标签的平台小站。

以重新发现冰箱价值为基点，就可以有几个社群。"冰箱是保鲜盒""冰箱是孩子对于极地的想象""冰箱是菜篮子的终端"等，这几个概念代表了几种用户价值，也可以说是"冰箱"这个母标签下的子标签，员工可以根据这些标签，按照自己的喜好和知识能力进行分类聚合，社群自然形成。

就像规划一个论坛一样，最开始的几个标签是要由网站搭建者自己来设定的，以后则靠使用者自生成。此外，这样的社群带有先天的无边界性。一个社群管理者如果想让自己的社群活跃起来，他不可能指望组织内的成员知识背景，而是要大量吸收认同自己理念的在线资源。这样，在知识维度之内，组织可以悄无声息地完成资源的快速配置。

社群作为一种超文本组织，其实是在充分发挥企业平台非市场属性的另一面：做知识的聚合平台。对比前面所说的节点能力两大缺陷，社群的价值在于：社群可以取代个人作为资源节点；节点收到的母体信号不再是单一的。虽然母体发出的信号是和用户充分交互之后的结果，但用户并不是总能明确表达自己的需求，这种交互有很多时候是在错误的方向上。社群作为一个很好的补充形式，可以提供全新的组织视角。

另一方面，组织平台要承担小组运营的成本。标签过于密集，会导致资源浪费。追求价值差异化和功能差异化并非是两条平行线。价值诉求最后要反映到功能设定上，对于功能资源来说，高度成熟的模块化水平可以应付大多数设计需求，即使是开发新的模块，也可以在现有的供应链资源上进行快速整合。

  这个时候，组织就要发挥平台管理者的角色，对标签的设置做出相对准确的判断，控制资源的浪费。概念可以发散，但是在聚集成社群的时候，要有一个自发筛选的机制，让社群的数量和质量可控。可以对社群进行分层，大社群之下有小社群，小社群之下有微社群，这样既能保证人人可参与，又能保证不造成过大的资源浪费。

  但是要注意一点，追求价值差异化的过程中，社群之间应该是一种"制约共存的关系"，即哈耶克所说的"自由竞争"。野中郁次郎认为，价值差异化追求的是概念，这个概念是一种拉动（pull）因素，而制约条件则是推动（push）因素。"将各种价值差异化为基础的组织单元同时置于竞争关系之下，其实际的制约条件被称为'制约共存'。"

| 第三章 |

结构与决策Ⅱ：决策

第一节

浮现机制与集体智慧

让组织具有坡度

结构与决策是组织管理的任督二脉。结构解决的是组织间横向的协调问题，决策解决的是组织内信息纵向传达的效率问题。很多时候，我们谈论的"层级管理"仅仅涉及决策问题。所以，会有一种错误的认知，组织变得扁平了，运营效率就会自然提高。

事实上，当组织在纵向削减层级以减少信息阻力的时候，横向协调如果还是停留在"山头主义""照章办事"这样的陈词滥调上，组织效率不但不会提高，反而会强化管理者与整个组织之间的紧张关系。

有的时候，横向协调中体现出来的"官僚作风"比纵向的森严等级还要可怕。我们谈论组织变革，绝不能只盯着一个坐标系，而是要把结构与决策看成联动的整体。与其说是组织变革，不如说是"管理模式"的调整。

人们对组织效率低下的抱怨常常集中在两个维度。一个是组织内部的协调能力差，常常因为部门之间的芥蒂大大拖延办事效率。这一点在政府效率中体现得淋漓尽致，我们常常会因为办一件小事而跑十几个单位，盖一圈图章。另一个是组织内的决策效率很低。在跨国公司内部，一项针对某一国家或者某一地区的决策常常要等上几个月。信息从分支机构漂洋过海来到总部的相关管理部门，然后再传递到最高级别的管理者那里。等批示返回到起点的时候，机会早已不见踪影。

德鲁克在《管理的实践》[一]中早有预见，他说组织机构中的每一个节点都会带来压力，成为引发怠惰、冲突和松懈的一个源头。在德鲁克看来，组织设计的重要原则是不要试图维护旧产品的生产，而是打造为未来打拼的能力。所以，灵活是组织设计的灵魂。

我们在设计组织变革的路线图时，需要庖丁解牛的态度，否则一旦限于对流行修辞的迷恋，势必躲不过失败的命运。我们在这里首先将组织的两大维度做一个还原：官僚体制（bureaucracy）和层级制度（hierarchy）。

官僚体制是一种管理制度，其特点是有逐层递增的权威、明确的职责分工、严格的运营规则和行动的详细记录。层级制度（或者说金字塔体系）是官僚体制的结构形式，处于底层的员工和部门大大多于顶层，底层是服务层，顶层则是管理层。这两大维度，前者重在横向协调，后者重在纵向传达，归根结底牵扯的是组织中的结构问题和决策问题。

伦敦商学院的朱利安·伯金肖（Julian Birkinshaw）教授则将两个问题合二为一，认为结构与决策作为一个整体，统称为"管理模式"。[二]他认为现代管理在遭遇金融危机和互联网两大洪流的时候，有崩溃的危险。根本原因是过时的结构与决策的方法使得企业管理模式无法适应多变的时代，一只黑天鹅就有可能让有百年基业的老店瞬间坍塌。

[一] 彼得·德鲁克. 管理的实践 [M]. 齐若兰，译. 北京：机械工业出版社，2006.
[二] 朱利安·伯金肖. 管理是一种风格：彻底执行的上上策 [M]. 郝亚洲，孙燕清，译. 北京：商务印书馆，2012.

官僚体制的问题在于，它在保证工作的程序正义和过程的透明化的同时，却无法解决低效和浪费的问题。不同部门或者不同层级的权力之间的沟通是必需的，一旦沟通出了问题，组织的功能就会失效。在官僚体制中做事，常常会陷入繁文缛节之中，有做不完的案头工作、走不完的程序和极为僵硬的规则。相似的或者相同的任务可能在不同的层级或者同一层级的不同部门一再重复。因此，官僚体制迟于变革，或者在大变来临之时，难于应对。

层级制度的最大挑战却是遭遇了知识密集化的冲击。层级制度有一个重要的假设前提是知识金字塔，即层级越往上，就拥有越多的知识。但是，在知识经济中，知识不再拥有线性的特征，而是像网络一样分布在组织内的各个角落。知识员工在二战之后的崛起，即对层级制度发起了挑战。

我们现在评价一个公司的企业文化优劣时，经常采用这样的一个标准：员工在自己职责范围之外是否利用自己的知识为企业做出额外的贡献。在这个时候，依赖于层级制度的决策体系就出现了漏洞。

首先，企业最高的领导者是否就是那个站在知识金字塔顶端的人呢？层级制度赋予了他最高的权力，但是他很可能不具备相应的素质。

其次，在层级制度中，信息的传递是带有权力色彩的，基本上是自上向下的命令。这种模式自然会和层级较低的员工想要向上传递信息的欲望相冲突。

最后，由于层级制度是线性的，所以看不到组织边界之外的知识状况。在和结构灵活、短小精悍的对手竞争时，常常因为决策所依赖的信息不够充分，导致处于下风。这也是20世纪90年代中期，杰克·韦尔奇和一干学者提出"无边界组织"的原因。

显然，最糟糕的方式就是绝对的官僚体制和绝对的层级制度相结合，而这在政府机构和跨国大公司中并不少见。

官僚体制和层级制度是人类为了组织起来协同工作经多年发展而成的，我们在这里并没有轻易否定任何一方，因为决定组织效率的还有很多非量化因素，比如领导者个性、组织弹性、地域文化等。

以丰田为例。有学者研究了丰田的管理之后得出了一个结论，丰田在程序和规章方面堪称最官僚的公司。但是，丰田却有着世界上最高效、质量最好的组装厂。究其原因，学者认为丰田的官僚体制具有能动性的一面，它鼓励工人去发现问题、解决问题。而大部分公司的官僚体制则是被动性的，员工被强迫遵守某些规章，不敢越雷池半步。

与官僚体制相对应的是浮现机制（emergence）。史蒂芬·约翰逊（Steven Johnson）提出，浮现机制是指通过独立行动者的自利行为自发形成的协作。[⊖] 其实，这也就是我们经常说的自组织。但即使是在先进的社区型企业中，贡献者也不得不遵循一定的引导原则。纵然企业可以改变追本逐利的本性，可无法改变的是追求行动效率的诉求。这一点在很多众包型网站中可以看到，一个制定规则、监控和督促工作质量与进度的把关人必不可少。

与层级制度相对应的是集体智慧，它可以是组织内的员工智慧，也可以包括社会智慧。集体智慧的假设前提是，一群持不同观点、背景不同的人的决策会比一位专家制定的决策更加有效。

可是有的时候，事实也并非如此简单。在现实中，集体决策尤其是网络上的集体决策常常最后自动回归到单一决策者身上。英国有一家网上足球俱乐部 MFCclub，这家俱乐部由网民出资并共同决策球队的一些关键性事务。在开始阶段，网民的力量的确帮助球队获得了英格兰业余联赛的冠军。但是

⊖ Johnson, Steven (2002). *Emergence: The Connected Lives of Ants, Brains, Cities, and Software*. Scribner.

在球队发展壮大之后，问题来了。在大家共同决定的球员被购买至队中之后，充足的球员储备反而让网民不知道该如何排兵布阵。这个时候，他们自动把决策权交到了一位专业的主教练手中。决策模式回归到了传统。

当遇到难题之后，集体决策的规模会迅速减小，人们的参与热情迅速消退。人们更喜欢有新鲜感的、操作难度不那么大的事情。

伯金肖认为，组织在打造自己的管理模式时，千万不要让自己处于极端状态。前面所说的，最糟糕的模式莫属绝对的官僚体制和绝对的层级制度，而同样糟糕的可能还有它们的对立面。

寻找自己的管理模式，就是制定最适合自己的结构与决策机制。既然不能让组织处于极端状态中，就要时时把"灵活"二字作为变革的核心。

如果把官僚体制和浮现机制作为横纵坐标的话，显然，处于坐标中间的空白区域才是组织在设计结构时要考虑的区域。如何在组织内保留官僚体制的规范、透明的优点，同时还具备浮现机制中的高效协作，才是组织进行结构性变革的宗旨。比如内部市场模型、网络模型等。

如果把层级制度和集体智慧当作横纵坐标的话，坐标中间的区域也是组织进行决策体系变革时要把握的宗旨。层级制度的问题是上下级的信息交流存在巨大障碍，所以，在设计的时候就可围绕解决此问题展开。比如，如何从更多的员工那里获取决策信息，如何让员工自主发现亟须决策的问题并拥有自主决策的权限，如何让组织外部的智慧流入组织之内等。

我们认为，真正的组织变革都是围绕着结构与决策，也就是改变横向协同和纵向信息传达两个基本轴展开的。在这个过程中，组织要为自己寻找一个合适的坡度，摇摆于两种极端中间。

让组织具有坡度的另一个意义是，组织的变革与创新就像做产品一样，需要具备迭代开发的思维模式。坡度会随着重心的转移而发生倾斜，而这个重心取决于时代与技术发展的特征。在互联网时代中，浮现机制和集体智慧都是大势所趋，纵然现在还不是那么完美，但坡度一定会随着更完善的实践和理论的进化向这两个方向倾斜。

交响乐队和爵士乐队

2013年，管理学者加里·哈默尔（Gary Hamel）访问海尔，在谈到未来接班人计划时，张瑞敏对哈默尔说：

> 其实在全世界那种超大型的公司、特大型的公司，接班人始终是个非常大的难题。原来世界上最好的就是韦尔奇和伊梅尔特，而且韦尔奇费了很大的劲，做了很多的程序，但是现在看也只是差强人意。打个比方说，就好比一个人指挥一个很大的交响乐团，你再换一个人指挥，不一定能指挥得很好。
>
> 现在我们的做法就是把交响乐团分成了很多独唱者、小合唱团。过去只有这个交响乐团才有票房，但是现在到每个人，只要谁独唱演得好，也可以有票房。所以这就不是一个接班的问题，而是让整个企业会持续有活力。

张瑞敏回应的并不仅仅是接班人问题，而是对组织的再定义。他把组织比喻成小合唱团的集合，恰恰和《无边界组织》一书中将组织变革喻为交响乐团变爵士乐团暗合。20世纪90年代初，杰克·韦尔奇略带激进地提出了"无边界组织"的变革计划，罗恩·阿什克纳斯（Ron Ashkenas）、戴夫·乌里里希（Dave Ulrich）、托德·吉克（Todd Jick）及史蒂夫·克尔（Steve Kerr）将GE以及其所观察到的其他企业变革实践加以总结，并将研究成果以《无边界组织》之名发表。这本意识超前的著作并没有引起国内学者和企业界的重视，直到 20 年后才有中国的企业家提出了相应的变革理念，即张瑞敏的"组织无边界"。

四位学者在《无边界组织》中描述道："在交响乐队里，所有的演奏者都是有才能的。每个人都是演奏某种乐器的专家，而乐队指挥要确保他们全都准确地按照同样的乐谱来演绎音乐。当成员的能力被很好地融合在一起时，交响乐队就取得了成功。在爵士乐队里，乐手也都是演奏各种乐器的专家。但是，协调的工作由乐手共同承担，而没有指派给某个指挥。一个爵士乐队，就是一个无边界组织：乐手各自把对乐曲的领悟和感觉内化，然后再协调彼此的乐器使演绎达到一致。"

爵士乐队和交响乐队的区别在于，是否存在指挥与指挥棒。张瑞敏说："传统的管理要素有三个：管理的主体、管理的客体和管理的手段。管理的主体是管理者，管理的客体是被管理者，管理的手段是各种管理方法去控制他。"指挥是管理者，指挥棒是管理工具，员工和企业不过是管理者进行主观改造的客体世界。

这种管理哲学的极致是，管理者（主体）会自我生成与被管理者（客体）的主仆关系，管理工具的作用就好似拴在仆人脚上的铁链，被管理者的自由取决于铁链的长度。

现在海尔的理念是"企业即人，人即企业"。"企业即人"即企业中的每个人都可以成为创业者，每个人都可以成为"创客"，企业只是创业平台，让每个人都能够创业。"人即企业"，指每个人能够创造非常大的企业，使得企业平台做得越来越大。企业由管控组织变成创业平台，员工由执行者变为创客。

以"车小微"为例。所谓"车小微"是指，每一辆物流配送车都成为一个小微公司，符合条件的单位和个人都可以加盟。"家电服务点、经销商、以及物流公司都可以加盟。海尔给它们订单，为它们提供运营系统、派工系统、结算系统。车变成了小微公司，车主自己创造价值、维护价值。我们则根据运营情况、用户反馈来动态调整这个团队。"时任海尔轮值总裁周云杰说，"'车小微'就是创客公司。这同时也是海尔的一个车联网概念。"

"车小微"隶属于海尔的日日顺平台，在整合了海尔原来的 6000 多家服务商的送装服务之后，还吸引了数万辆社会车辆的加盟。它们通过互联网自主进入，自主抢单，服务评价来自用户，考核则靠信息系统。目前海尔已经有 18 万多辆"车小微"，这些配送车辆既可以承接海尔的配送单，也可以承接阿里巴巴、京东或者其他任何品牌商的配送单。

通过"车小微"，海尔首先得到一个庞大的、灵活的配送团队——网络时代的用户对于送货速度与服务的要求越来越高，"车小微"可以将海尔日日顺物流的配送能力进一步推进到"毛细血管"。

同时，在"用户为王"的时代，"车小微"也许会成为海尔抓住人心的一个利器。"'车小微'就是个智能终端。理想状况下，你下单后的半小时之内我们就会上门安装。用户也会给上门的师傅进行评价和打分，将来根据这个用户的评价也会自动生成优先派工的导向。"周云杰把"车小微"称作一项"杀手级应用"。

在胶州试点时，海尔在配送车上安装了 GPS 定位系统、POS 机，还有定制的平板电脑，它与后台的数据库连接，既能完成货物的配送，还能现场给客户展示海尔的各种服务。将试点全面推广下来，18 万多辆车就是 18 万多个智能终端。

一般来说，一个车一个服务兵，车非海尔所有，要么是下面协议社区店的，要么是个人的。送货服务兵负责送货。当有用户在网络上或者实体店下单后，后台系统会按照地理区分把这个单子发给附近的服务兵。和滴滴出行软件一样，服务兵互相抢单。

抢下单之后，服务兵会联系距离用户最近的安装服务兵，他们在用户家楼下集合，然后实现送装一体。

这两个服务兵是自由组合的，主要还是送货兵主导。他会根据地理位置、之前合作的经历等来选择由谁来安装。

抢单模式从 2014 年 3 月推出，两个月里，抢单成功率是 95%，5% 没人抢的单子，在 15 分钟后会由系统分派服务兵。

由于采取了信息化的抢单机制，原来专门负责分配单的服务中心的员工就需要转型。用海尔的理念来说，这些人成了配送安装人员与用户直接进行交互的屏障。这样的"隔热层"不应该在一个扁平化组织中存在。

高如强就是服务中心的员工之一。他自己花钱买了车，和另一位员工组成了"车小微"，每天抢单、分成，收入比之前做分单员时增长了近一倍。更关键的是，他学会了面对用户。

之前，他只要面对信息系统即可，现在他每天要和千差万别的用户打交道。不仅需要熟练的服务技巧，还需要了解用户的需求和生活习惯，从拥有单一的工作技能到掌握有关用户的全面知识体系，高如强从一个螺丝钉似的员工，变成了自己的 CEO。

换言之，他变成了一个爵士乐手。

集中 / 分散的思辨关系

每一个"CEO"即兴创作，就像爵士乐或即兴表演一样，能够创造弹性，应对意外或不确定之事。然而，这样会不会导致企业资源的分散化，丧失企业的整体优势？每个人都只关心自己的单，当企业需要集中力量采取较大规模的战略行动时，聚集力量会不会显得格外困难？这是海尔结构变革中遇到的新挑战。

海尔作为大的创业平台，内部分为大、中、小三类平台主。小平台主直接干预创客的孵化，中平台主搭建孵化机制，大平台主则负责重构整个组织流程。如果说张瑞敏是整个海尔集团的总设计师，大平台主扮演就是执行设计师的角色。大平台主需要保障中平台主在探索孵化机制的过程中，让组织流程产生适配性。

海尔目前有三个大平台主，掌管青岛海尔（股票代码600690）的梁海山、掌管海尔电器（股票代码01169）的周云杰和掌管FU（functional unit，整合财务、人力、流程、战略、法务、内控六大职能部门而形成的平台）的谭丽霞。张瑞敏对他们的要求很明确，"把原来的结构彻底改变"。

谭丽霞在接受我们访谈的时候说，财务转型是FU自我颠覆的重要方面，"由原来的一个站在业务之外、事后算账或者开关闸口的功能部门，演变成创造价值的团队"。

在FU内部，分别以"陆军""空军"和"海军陆战队"来指代转型后的新的财务功能划分。

"陆军"就是把过去的财务会计功能拆分、细化，变成一个工厂式的共享服务中心。原来有1600多人做财务工作，现在只有240多人，他们服务海尔在全国的600多个法人。之所以叫他们"陆军"，是因为不管企业怎么改变，都要基于国际会计准则，再转化成企业会计准则进行操作。企业形式万变，财务的秩序不会错，账不会乱。

"空军"则是指专业财务，比如外汇交易、融资、财务大数据的管理和应用等。以外汇交易为例，人民币的波动对很多企业都构成了挑战。2005年开始，FU成立了一个小作战部队，也就是"空军"。他们站在全球金融网络的高度，在外汇交易、币种选择、合同制订方面，对海尔的海外业务起到非常好的引领作用。

2012年年底，安倍晋三担任日本首相。他上台后实施强硬的外交、军事政策和一系列经济刺激政策，最激进的就是宽松的货币政策，导致日元大幅贬值，以牺牲别国利益换取本国的短期繁荣。

这无疑给海尔的日本业务带来了极大的压力，眼看着本来盈利的订单，随着汇率下跌，利润不断被侵蚀，甚至将出现亏损。海尔的财务有一套完善的套期保值方案，利用金融工具将变化的汇率固定在某一个可以接受的水平上。一位叫张丽娜的女孩带着"锁汇"方案找到了日本团队。

当时，日元从78，到82，到89，不断贬值。经历了一轮又一轮的谈判，张丽娜从数据分析，到援引全球多家金融机构的报告，企图说服日本团队进行锁汇管理，但对方始终心存疑虑。

张丽娜认为，原因在于自己，不能让日本团队相信她愿意和他们共担风险。于是，她提出了对赌方案，自己全部承接汇率指标，承诺给日本经营体一个全年固定的汇率，亏了算她的，赢了算日本利共体的。最终，张丽娜顺利完成了承诺。其后，张丽娜所在的资金小微运用这种对赌机制，在融资等多个方面实现增值。这个战胜"安倍经济学"的案例在海尔内部成为佳话，意味着FU在职能转变上开始了突破。

"海军陆战队"，指融到业务一线去和小微公司一起在前线作战的财务人员。作为大平台主，谭丽霞对FU的定位是"感觉不到FU的存在，并让FU成为产生价值的服务型平台。"FU要主动融入业务，为业务部门的人提供比社会化财务机构更好的服务。同时，主动寻求开放。

当海尔进行互联网转型，更多的交易在线上发生时，FU马上做出反应，搭建了一个即时交易、即时结算的平台。然而，不管是B2B还是B2C

业务，人们在使用平台的时候，又会产生新的需求。比如，限额资金可不可以享受服务？有融资需求时可不可以提供服务？FU 马上又搭建了一个更开放的财务平台，将类似于车小微这种虚拟公司的业务信息面对当地税务局公开，这样就能解决发票问题了。

FU 从职能部门向平台转型，既要让自己成为海尔平台中的一员，还要自己做价值平台，这是一个立体化的转型过程。

我们从 FU 的转型中能够窥见一点：分散和集中在海尔是一个同时发生的过程。比如，业务融入就是在分散传统职能部门的决策体系，搭建财务结算平台则是一个集中化的过程。这样的双向变革模式高度暗合了张瑞敏关于决策的"集中/分散"的思考。

张瑞敏认为，正是因为时代的瞬息万变，传统的战略规划很难成功。组织可以设定战略方向，但是路径问题需要交给平台解决。他相信，创业冲动可以化解路径上的细节问题，因为根据系统论，不同的路径也可以到达相同的目的地。

"集中所有的智力、财力进行精细规划的时代已经过去了。"张瑞敏非常推崇保罗·格雷厄姆（Paul Graham）的 YC 创业营（Y Combinator）的理念，㊀他说："在 YC 创业营里，如果你挣不出吃的来，那你就要被淘汰。但是，如果在一个大公司里，除非老板淘汰你，否则不会因为你挣不出来而被淘汰。我们现在要解决的就是这个问题：大集团里的很多人，其实已经失败了。这个失败是指在平时工作中的失败，但他依然可以生存。他的理由很充分，我做的事情不是我要做的，而是要我做的，当初做决策的时候，大家也都同意了。这才是大公司最致命的。过去的集中力量办，恰恰是把大量的力

㊀ 兰德尔·斯特罗斯. YC 创业营：硅谷顶级创业孵化器如何改变世界 [M]. 苏健，译. 杭州：浙江人民出版社，2014.

量都给分散和浪费掉了。如果具化到每个人身上,比如把这块资产给你了,你如果做不起来就离开,这才能最大限度地优化资源。"

张瑞敏认为,海尔在做的变革就是通过决策分散化,让员工通过了解自己能为用户带来什么价值,从而清楚自己的价值所在。

> 资源到底是集中还是分散?我觉得如果真正具象到每个人身上去,可能是集中。授之以渔而不是授之以鱼。你原来的资源就是100条鱼,100个人每人分一条就没了。现在这100个人有一个捕鱼的办法,我要你每个人给我交两条鱼,那我得到的是不是更多呢?所以,我觉得集中并不是说集中力量办大事。那样的思维只能导致浪费。

德鲁克认为,中央规划会导致知识资本的浪费。无论是日本曾经制定的高科技知识发展计划,还是美国政府通过发起"联合企业"以达到创新的目的,都以失败而告终。他说:"创新即是用知识生产新知识,不是美国民间传说所断言的那么多'灵感',也不是孤独的个体在车库里干得多么出色。创新需要系统的努力和高度的组织,但它还需要权力下放和多样性,即中央集中规划和中央集权的反面。"

美国政府后来吸取了教训,不再对企业的创新方向做过多干预。硅谷崛起的神话无疑是印证"集中/分散"这个思辨关系的最好例证。

第二节

破局绩效主义

流程宗教

绩效是一直以来被广为诟病的管理学名词,在某种程度上还和层级有着天然的联系。驱动绩效的,往往是和层级有关的激励。

随着组织形态的嬗变,人们对绩效的憎恶感也越来越强烈。尤其是当绩效的后面被追加上"主义"的时候,绩效主义在诸如王石这样的企业家眼里,就成了企业的脓包。他在微博上怒斥绩效主义,缘于万科集团的"5986模式"(拿地 5 个月动工、9 个月销售、第一个月售出八成、开盘卖出 60%)导致其不断陷入质量风波中。在"求快、求规模、求周转"的同时,不可避免地产生对产品质量、区域建设、客户满意度、领导力建设等这些长期对公司品牌、信誉非常重要的因素的忽视。而有过万科类似教训的中国企业,并不在少数。

不仅仅是在中国,通用汽车前副总裁鲍勃·卢茨(Bob Lutz)在分析美国整体竞争力下降的时候认为,美国企业的经营理念出现了问题:"主要追求财务回报的领导者，将这种回报与商业计划相挂钩，操纵所有其他因素去达成该指标，结果往往事与愿违。就算目标能够实现，也只是昙花一现。"

王石在怒斥绩效主义的时候，援引了索尼前常务董事天外伺郎多年前的一篇文章《绩效主义毁了索尼》[1]。天外伺郎字里行间充满了悲愤与惋惜。他觉得索尼自1995年实行的绩效主义完全违背了创始人井深大的精神。专注于研发、忘我创新的激情团队不见了，取而代之的是让大家整天想着如何获取高额报酬的"外部动机"。

"今天的索尼职工好像没有了自发的动机。为什么呢？我认为是因为实行了绩效主义。绩效主义就是：业务成果和金钱报酬直接挂钩，职工是为了拿到更多报酬而努力工作。如果外在的动机增强，那么自发的动机就会受到抑制。"天外伺郎认为，这和井深大的"工作的报酬是工作"的理念完全相悖。

和索尼在电子科技领域的沉沦遥相呼应的是美国的通用汽车。这家在斯隆时代独领风骚的汽车业乃至整个制造业的巨子，在鲍勃·卢茨眼里就是活生生被绩效主义搞死的。在《绩效致死》[2]一书中，他以个人在通用的经历，痛陈通用汽车的绩效文化。

做产品出身的卢茨在同意加入通用的时候，提出了为公司创造价值的三个阶段：改善现有产品，打造未来产品，永久改变公司文化。他认为用三年的时间可以完成，实际结果却是三年又三年，三年又三年。

其实，卢茨之所以会在最后一个阶段提出永久改变公司文化，是因为他很早就看到，通用汽车已经丢掉了"卓越"的气质。平庸，不犯错误，完成

---

[1] 腾讯科技. 索尼前常务董事天外伺郎：绩效主义毁了索尼［EB/OL］.（2012-6-14）［2019-8-26］. https://tech.qq.com/a/20120614/000196.htm.（原文刊登于日本《文艺春秋》2007年1月刊）

[2] 鲍勃·卢茨. 绩效致死：通用汽车的破产启示［M］. 张科, 译. 北京：中信出版社, 2013.

自己领地内的指标，这是当时通用汽车的主流思潮。

而这股思潮源于 20 世纪 70 年代汽车设计部门的式微。在此之前，设计部门一直都是实权派。设计部门的主管才华横溢，个性鲜明，那时的通用汽车带有强力的个人风格，广受好评。如果看美国 20 世纪 70 年代电影的话，会发现通用汽车简直成了美国的标志。

斯隆对设计部门格外关照，其主管甚至可以直接给斯隆打电话。然而，20 世纪 70 年代末，情况发生了逆转。设计部门要更大程度上服从"整个链条"，要多考虑团队和财务状况。随后，设计部门失去了发起者的角色，反而是工程部门在设计上开始了主导。个性鲜明的设计师沦为了车身字体设计师。尽可能多车型共享，控制成本，注意回报率等成了通用汽车设计的主导思想。

"浪费、傲慢以及张扬从不是诱人的特质，但是缺少这些特质的汽车公司却付出了惊人的代价。热情洋溢、活力迸发、迷人的创造力火山，变成了静静的山峦，仅在顶部有一处静静冒烟的火山口，散发的除了平庸还是平庸。这一向平庸的转变对守财奴来说无比诱人，却摧毁了企业竞争与征服的能力。"可以想象，当理工科出身的卢茨写下如此文字的时候，他对绩效的反感已经喷薄欲出了。

在日本汽车打入美国市场的时候，通用汽车也尝试过各种方式的抵抗，比如到中国开辟新的市场，与日本品牌形成战略联盟，并购萨博，等等。除了在中国市场的成功，其他的尝试基本都是以失败而告终。卢茨认为，这不能不说是由于通用汽车的文化发生了根本转变，从产品至上变成了财务至上。通用汽车有很长一段时间里都是把有财务背景的人提升到运营岗位，而不是更加懂产品的人。职业经理人主宰了这家公司。顶层高管不再关注产品对消费者是否有吸引力，而是本着"成本最小化，收入最大化"的原则。至此，一股对伟大产品的专注与热情，自上而下地消失了。

从卢茨的书里可以看出，绩效主义对通用汽车的创造力起到了致命的压抑作用。整车生产线的主管是事实上的权力所有者，他的任务清单只对未来自己的薪酬负责，而找不到"打造全球最有魅力的同级别轿车"的信条。而事实上，并不是主管真的对车型漠不关心，而是因为一旦他们感觉到设计有问题，就意味着项目延后，也意味着他们拿不到奖金。通用汽车当时的 CEO 里克·瓦格纳（Rick Wagoner）有一句名言："财务分析告诉我，早点推出一款烂车胜过晚些推出一款好车。"此外，卢茨在开高层会议的时候，发现大家对产品的讨论远不如对财务指标的讨论积极。

卢茨是个有心人，他并不认为绩效主义戕害的仅仅是通用汽车。他这本书的英文副标题是"*The battle for the soul of American business*"，这更像是向逝去的美国商业精神送上的一曲挽歌。通用汽车在很大程度上，也在很长的时间里，体现出了美国商业文化的精髓，所以，它的沉沦也可以被认为是传统的死去。好消息是，艾伦·马斯克（Elon Musk）借助互联网思维重塑了这一切。现在想想看，在精神层面上，现在的特斯拉和辉煌时期的通用汽车又是何其相似！

> 人力资源专家康至军认为："由于专业化分工的弊端，任何组织架构都会逐渐走向官僚主义，创新和灵活性被扼杀，直到新的领导者大刀阔斧进行调整。这在很多企业中是一个周而复始的过程。绩效考核也是如此。"

这种循环背后的主导是传统意义上的流程主义。流程固然是保持公司运营稳定的前提，但是如果把流程神圣化，恐怕其弊端恰恰会使公司走向最大的不稳定：衰亡。原因在于，卢茨眼中的"流程宗教"在消解着人们的创新热情。

当美国企业从丰田那里借鉴经验，全面反思自己的时候，出现了过度借鉴的现象。也就是把丰田用在工厂里的管理方法用在了工厂之外的地方。卢茨讽刺地说："全面质量精益求精"的咨询顾问，像贪婪的蝗虫成群扑向美国企业界。

卢茨说的不无道理。全面质量管理的精髓不是解放人，而是保持稳定的质量，保证不出差错。这种思想用在品控上尚可，可一旦延伸进入运营领域后，后果可想而知。

所以，如果企业在管理运营中，始终错误地遵循流程主义，势必会陷入康至军所说的"循环"中。而是否能等到打破循环的那个人，就只能靠运气了。

2005年，鲍勃·卢茨考察了一家用6000多块笔记本电池作为能量的电动车厂商，回去后，他对董事会提出了锂电池能源方案。就在大公司还在来回扯皮的时候，这家小公司一飞冲天，它就是如今红遍全球的特斯拉。

组织的时代病

马云曾在接受一位学者专访时谈道："职业经理人和政客没什么区别，KPI、承诺，什么都答应。但他根本不去解决未来的问题。"

以职业经理人著称的万科，在成立30年之际开始推行事业合伙人制度。郁亮称："20年前万科创造了职业经理人制度，发挥了很多的作用，但在今天这个时代，我们能不能再升级。整个中国在转型、城市在转型、行业在转型，我们企业应该转型。我们的这个思维是和柳传志、马云交流而得来的，在他们眼里职业经理人是可以分享但不可以分担的，就是说不把公司当家。职业经理人创造是有的，分享也是要分享的，但是唯独没有共担。'共创、共享、共担'，缺少了承担这一环，所以他们觉得职业经理人不负责任，做不到同甘共苦。"

马云指出的问题和郁亮推动的转型都可以归结为：公司的价值观如何得以延续？价值观的延续和公司的延续往往是两个层面的指向，后者是活下去的命题，前者是为什么活下去的命题。后者存在的基础就是绩效，前者存在的基础则是使命感。正是因为绩效常常取代使命感，所以企业领袖才会对此深恶痛绝，却又束手无策。

当我们用各种方法和工具想要破解绩效主义的时候，都忽略了价值观的问题，或者说价值观本身也被作为了工具。价值观是企业存在的合法性所在，即企业存在的目的是不断帮助实现用户价值。企业的价值在于用户价值。

然而，在传统工业时代中，企业的价值被庞大而复杂的组织架构所肢解，逐渐演变成了"企业价值＝各部门绩效之和"。部门经理与市场之间隔着千山万水，他们理所当然地认为"1＋1＝2"。此时，部门经理就像流水线上的某一个节点。

这种场景是不是看着很眼熟？的确，这和亚当·斯密描述的制针过程完全吻合。说得再透彻一点，亚当·斯密的分工理论奠定了工业时代的公司基石，同时也成了绩效主义的病灶。

如果公司不做出根本性变革，绩效主义便始终无法得到根除。再造大师迈克尔·哈默认为，在任务型的公司中，"经理可以列举大量的有关任务和部门绩效的数据，但是无法提供关于流程的数据，但它们却是整个企业的真正核心"。也就是说，任务绩效掩盖住了流程绩效，没有人会去真的关心他们的任务相加之后是否就是用户想要的结果。

迈克尔·哈默认为，流程再造对组织做了90度的颠覆，促使经理从侧面而不是垂直的观点来看待问题。哈默眼中的"垂直"就是传统的任务分解模式，在一个业务链条上，各自做好各自的即可。做好眼下的，便能获得最好的绩效。通用汽车的生产主管在明知道一款车型可能不会畅销的情况下，依然会按照计划生产。原因在于他们只为计划中的订单负责，而不用去考虑市场的反应。如果因为自己的主观能动性调整了生产计划，他们很可能拿不到理想的薪酬。

所谓侧面，便是要经理人跳出本位，用旁观者的思维把整个业务流程打量一番。经理人的薪酬直接和流程产生的价值挂钩，职务不再是获取薪酬的主要参考系数。

哈默将企业中的工作活动分为三种类型：增值的工作、非增值的工作和浪费。

其中，增值的工作是指直接为用户创造价值的工作，简单来说就是需要用户付费的工作。非增值的工作是指本身不为用户创造价值，但是为增值工作创造价值，简单来说，就是为增值工作服务的，比如行政性的管理工作。浪费则是完全没有任何意义的工作。

在传统的官僚组织架构中，起到稳定作用的是非增值工作。在一个完整的业务流程中，正是非增值工作将各个增值工作黏合在了一起。虽然，我们看到这样的组织架构在面对市场剧变时，反应速度越来越慢，非增值工作的活动不断增多，已经严重阻碍了业务流程的顺畅度。可是，并不能简单粗暴地将非增值工作取消掉，因为造成这种局面的不是业务本身，而是公司架构。

哈默用了一个很巧妙的比喻来说明这个问题。

> 工业时代将各个流程打破，形成一系列小的任务。把这些任务设想为一个蛋壳的无数碎片。将这些碎片重新拼装成一个完整的蛋壳需要大量的黏合剂，当拼合完成后，这一重新拼装成的结构将是

十分脆弱的、不稳定的和丑陋的。每一个难看的裂缝就是一个潜在的麻烦点。然而,既然黏合剂比蛋壳更昂贵,重新构建的蛋壳将是很昂贵的。同样,当工作被分割成细小而简单的任务时,一个人需要复杂的充满非增值黏合剂的流程(考察、管理、审计、检查、批准等)将它们重新拼装起来。这些大量的相互作用导致部门之间以及个人之间错误的交流、误解、争吵、调节。此外,它们造成袖手旁观、人心涣散以及背后的活动。在这种情况下就埋伏着邪恶并滋生了管理成本。

正是基于此,哈默才提出了"流程再造"的理论。他认为,如果要将公司中的非增值工作消灭掉,必须重组业务流程,将增值业务重新组织起来,从而形成一个高效的新流程。

如果说"邪恶"的滋生是因为工作被切割过细的话,解决之道就很简单:把细小的碎片变成大块的碎片,扩大传统职位的范围和广度,把原来几个碎片变成一个没有裂痕的大碎片。裂痕的产生,是因为碎片之间需要黏合。如果没有裂痕,也就不存在黏合问题了。也就是说,以前一个流程需要十个人来完成,之间有十个裂痕。如果变成一个人来做,那么裂痕自然就不存在了。

"精兵简政"可以说是流程再造的核心思想。如果说工业时代里,分工论带来的是简单的工作、复杂的流程的话,那么在信息时代中,必然会是简单的流程、复杂的工作。

导致这种变化的根本原因在于主导企业的由企业本身变成了用户。用户就是市场,市场的变化频率早已经超出了企业的预测范围。流程越简单,为用户创造的价值就越大,或者说用户享受到的"利润空间"就越大。

哈默认为,未来的公司都应该是"杰里科公司"(圣经故事,约书亚率以色列人吹响羊角,杰里科城坚实的城墙倒塌),即挡在企业内部部门之间、企业与用户之间的一道道墙都应该被彻底拆除，而抡起大锤的正是在哈默提出"流程再造"理论之后这20余年间中迅速成长的互联网。

如果一定要对哈默的理论进行修正，不妨在"流程"之前加上一个"全"字，即用户完全参与到了企业的业务流程之中。也就是说，在产生产品需求阶段，用户就参与其中。而对于企业内部来讲，所有可以完成这项业务的增值业务单位迅速围绕用户需求聚集在一起，每一个单位都打破垂直作业的思维枷锁，形成与用户360度接触的姿态。

我们这里说的"增值业务单位"为个人，换句话说，最理想的状态便是业务流程之中的每一个可以创造用户价值的个人都能直接面对用户，也就是市场。此时，他们的绩效完全由用户来考核。

事实上，企业全流程再造的最终极状态很可能会是这个样子：用户、员工的界限彻底消失，身份问题不再存在。个体可以直接借助企业的力量自我满足需求。此时，传统组织理论中的容器论完全失效，企业完全被社会化成了一个平台。用海尔首席执行官张瑞敏的话来说，就是人人创客化。

目前的海尔已经彻底淡化了组织"内"与"外"的视角，而是启用了"在册"和"在线"的称谓。这一修辞的变化，无疑具有革命性。

我们与其说在这里讨论如何破局绩效主义，不如说我们期待一种更加符合互联网时代要求的组织出现。抱着工业时代的思维，绩效病永远无法得到根除。反之，如果我们把组织看成一个随着时代变迁不断构建的过程，绩效主义不过是组织的时代病而已。

谷歌的OKR & 海尔的二维点阵

德鲁克在《后资本主义社会》一书中对知识经济和知识社会做了大胆且

精准的预言。其中，他认为管理的主要职能就是对知识进行组织，并使其具有生产力。而组织的任务是破坏稳定，"组织必须把有条理地放弃它所做的一切作为其结构的一部分"。

德鲁克严厉地说：一切既定的、习惯的、熟悉和舒适的东西都要放弃，不论它是产品、服务还是流程；成套的技能，人和社会的关系，乃至于组织本身，都需要系统性地放弃。这种放弃甚至是组织有意计划的。换言之，组织必须为经常性的变化而生，也就是为创新而生。而创新，按照熊彼特的说法，就是"破坏性创造"。

现代组织之所以变成了一个稳定破坏器，是因为组织的职能在于将知识运用于工作——无论是工具、产品还是流程，甚至是将知识运用于知识本身。而知识的特性是：它和过去匠人的技能不同，技能可以终生使用，知识的保鲜期却只有数年。今天确定无疑的东西，到了明天可能沦为荒谬。

所以，如果组织不学会创新和对创新的管理，那么它的知识根基会眼看着被腐蚀掉，它也因此将失去其绩效能力，以及对富有知识的员工的吸引力和留存力。而正是这样的员工，才能为组织带来高绩效。

知识社会同工业社会的最大区别在于社会进步的驱动因素是"创新"，而非工厂、制造这样的生产因素，也就是说人类社会开始从生产力驱动步入管理驱动阶段。所谓管理驱动，就是如何把知识用于创新的过程。其中，如何兼备知识的长远效果和组织的短期利益，是以知识为基础的企业的绩效法则。

在许多企业中，在谈论绩效时，根本是在谈论某种"监督"机制。但是，德鲁克认为，"在历史上，工人可以被'监督'……事实上，知识员工不能被监督"。衡量一个知识员工的标准，应该是他是否可以最大化自己的知识能力，这样的前提是允许员工可以自由地使用知识。

谷歌的 OKR（objectives and key results，目标与关键结果）管理被当下

很多企业所推崇，有些人甚至神化其为没有管理的管理模式。在我们看来，OKR 的最大优点恰恰是可以较大限度地实现员工自治。从组织自治到员工自治，需要跨越一个鸿沟，即如何把组织的目标和员工的知识加以内化。我们之所以在本书中不断倡导解放员工，意义在于员工只有通过追求知识才能认识自己。只有在认识自己的过程中，组织目标介入并和个人知识进行高度调和，最终才能形成组织知识。

作为生命体，组织也具有个体知识，也需要认识自己。遗憾的是，囿于传统组织架构的限制，组织之上还有一个超然的"理性"君临天下，"知识"与"工作者"并没有像德鲁克所预言的那样进行完美结合。尤其在保证组织目标实现而实行的各种绩效考核中，"技能""技巧"占据了更重要的位置，这从近些年兴起的各种职场培训便可窥见一斑。

员工不敢提出德鲁克所希望的更大的目标，因为他们害怕放弃自己当下的技能会让自己失去高绩效，从而失去了吸收新知识的机会。

在这样的背景之下，谷歌的 OKR 受到了新型组织的格外推崇。作为一家只雇用世界上最聪明员工的互联网公司，谷歌是如何化"管理"为无形的呢？

OKR 的理念根源可以追溯到德鲁克的目标管理（management by objective，MBO）。20 世纪 70 年代，德鲁克的信徒安迪·格鲁夫（Andy Grove）在领导英特尔公司期间，提出"高产出管理"（high output management，HOM）[⊖]。稍后，甲骨文也发明了 MOKR（mission，objectives，and key results）[⊖]。

1999 年，风投机构 KPCB 的合伙人、曾经在英特尔工作过的约翰·杜尔（John Doerr），作为谷歌的董事，把这套流程带给了早期的谷歌。

首先，要设定一个"目标"（objective），这个目标务必是确切的、可衡

⊖ Grove, Andrew（1995）. *High Output Management*. Vintage.

⊖ 参见 Oracle 前 CEO 杰夫·沃克的演示：http://www.slideshare.net/benlamorte/never-before-disclosed-oracle-planning-techniques-by-jeff-walker-8453756.

量的,例如不能笼统地说"我想让我的网站更好",而是要提出诸如"让网站速度加快30%"或者"融入度提升15%"之类的具体目标。然后,设定若干可以量化的"关键结果"(key results),用来帮助自己实现目标。

由于谷歌的成功,OKR方法在LinkedIn、Zynga等公司风靡。后来,谷歌在所有它投资的企业中,都专门进行了OKR系统的培训和实施。

密苏里大学的助理教授孙黎和北京师范大学的助理教授赵向阳在合写的《企业内部创业"反脆弱"四原则》[1]一文中提出:"OKR是一个简单的指导性绩效导向工具。每个谷歌的员工、团队或项目都会自主地提出自己的OKR。项目团队制定大的目标,在团队成员中分解成子目标,并设置优先级。目标导向使每个员工知道当前的主要和关键任务是什么。在每个季度结束之后,同事之间需要相互进行评价。评分高低并不与薪酬或晋升和待遇直接挂钩,而更多的是给员工一个复盘反思的机会:这个季度工作完成得如何?哪些未完成?下一阶段应设置哪些工作重心?在高自由度的谷歌,这种方式能够保证员工相互协作,共同向着一致的标杆直跑。"

和传统KPI相比,OKR更加适合于追求内部创业的企业,因为这个自下而上(比如,60%的"目标"最初来源于底层,不同于传统KPI的自上而下),更加看重过程的激励手段可以让员工把更多的注意力转向创新,"因为创新项目在初期往往是靠无定向的、自由探索或试错的方式来推进"。

提高创新容错率,并不代表员工可以漫无目的、随心所欲。"目标"依然是管理的核心,也是自治的前提。

人力资源顾问徐圣语在一篇介绍OKR的文章中谈道:

> 相对于传统的KPI方式,OKR将工作重心从"考核"回归到了"管理"。以前绩效管理整天围绕着"考核"转,离数字、公式

---

[1] 刊载于《中欧商业评论》2014年7月刊。

很近，离目标、管理很远；OKR摇身一变，把大家的目光转移到了真正重要的事情上来。

对于员工而言，OKR化被动为主动，让员工敢想、敢干。以前的操作方式，由于直接涉及利益，目标设定变成上下级斗智斗勇、尔虞我诈的谈判过程，员工有想法也不一定提。剥离了直接利益因素之后，员工只要认为有利于公司发展，就会"敢为人先"。

对于企业目标而言，OKR化单项发送为主动链接，加强了企业目标的牵引效果。通过目标公开、透明管理，让员工的思想和步伐跟得上公司、团队目标。此外，一旦目标公示，在群众的火眼金睛下，哪个员工会消极怠工呢？这也为peer-review提供了良好的基础。[1]

对于创新公司或者新型知识型组织来说，OKR或许是一个不错的选择，但是对于处于转型期间的传统制造业公司而言，完全依赖于自下而上的绩效考核机制并不现实。

首先，员工的知识水平有着较大差异。按照德鲁克的观点，制造业的员工掌握的更多是特定领域里的技能，缺少较为完整的更高层次的知识体系。这与他们长期处于流水线或者管理链条中的某一个环节有很大关系，也就是说他们面对市场的机会很少。

其次，传统组织转型意味着"倒退"，这种"倒退"并非全面溃败，而是基于未来局势的战略调整。企业要做的就是努力保持一个相对稳健的市场表现，一方面提升内部转型的动力，一方面打消外界（包括股东）的质疑。

所以，在到底是自上而下，还是自下而上的选择上，张瑞敏直接提出了用户标准说。市场是检验绩效的最好方法，每一个人、每一个经营体都要被用户考核。而在互联网时代，对于用户的理解显然更加丰富。传统的市场占有率、销量指标代表了交易价值，成交量是硬指标。而网络时代的用户需求

---

[1] 资料来源：http://www.ghrlib.com/hrm/7222.

建立在大量的交互价值之上，产品的创新应该是以用户需求为导向的。比如小米的用户为小米贡献的绝不仅仅是手机这个有形产品的销量，还包括了小米商城的下载量、小米周边产品的销量，更重要的是小米的口碑。

海尔的创新之处在于将交互价值和交易价值统一在了一个叫作"二维点阵图"的体系中（见图3-1）。

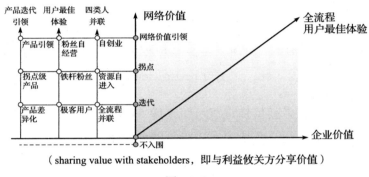

图　3-1

图3-1的含义是，要把产品卖给有名有姓的用户，并了解其需求。这和单纯的卖产品有了天壤之别。

其中，横轴代表了传统的KPI指标，不同的是，这个指标不是由领导层指定，也不是由员工自己提出，而是由市场来决定。海尔对内部产品的市场定位是"引领"，就是要超出竞争对手一大截，成为整个细分产品领域里的引领者。但是，"引领"的指标不能靠传统的"售卖"模式完成，而是要体现出纵轴上的用户价值（网络用户的数量）。海尔的某款冰箱一上市就有了很不错的销量，但依靠的依然是线下渠道"返点"模式，于是这个产品的经营体负责人在周六的经理人大会上被严厉批评。

仅仅去买产品的人叫消费者，而不单买你的产品，还能和你进行信息互动，并产生情感联系的才是用户。互联网无疑是产生用户的最佳场所。因此，张瑞敏在内部会议上无数次强调，海尔需要的是交互价值。

二维点阵图中说到的四类人并联，指的是小微主、中平台主、大平台主和FU。每类人的单都有三个阶段的不断发展，即迭代阶段、拐点阶段和网络价值引领阶段。在产品层面，要实现产品差异化、拐点级产品到产品引领的三级跳；在用户体验方面，要从极客用户变成铁杆粉丝，再发展为粉丝自经营；而并联则要进阶为资源自进入直至自创业。

二维点阵同样适用于海尔对小微的考核。小微和孵化平台之间签署对赌协议的时候，横轴和纵轴都是考量标准。一方面，张瑞敏在逼着海尔人触网。另一方面，这也是让海尔坚固的内部自行开放的催化剂。对于不懂网络的传统制造业的员工来说，最好的办法就是请来懂网络的人。

可以看出，海尔的二维点阵图最终的目标是让海尔形成开放的文化和员工的自治机制。对于过渡期的传统企业而言，这是一个相对合理的绩效考核体系，兼顾了市场需求和创新动力。

无论是谷歌的OKR还是海尔的二维点阵，都是对传统KPI的有效调整。OKR更注重员工的自主创新性，追求自下而上。海尔的二维点阵追求的是传统企业对互联网规律的适应性，不再以"上／下"为推动力，而是统一由市场来决定。

两者的一致之处在于将组织目标和个人的知识能力融合。新型知识型组织的员工素质较高，他们对网络有独到的见解，同时有自己的知识体系，组织只要给他们发挥的空间即可。对于传统型组织，员工更多掌握的是技能。换句话说，当他们离开生产线之后，很可能会一无是处。这并非德鲁克眼中的知识员工，而是更加接近于蓝领工人。最安全的方法，莫过于将组织转型的目标和个人架构自己知识能力的途径结合起来，让他们面对这个瞬息万变的互联时代，用一种和自己的过去完全决裂的方式获取生存之道。

第三节

中层困局

不死的层级

　　管理层级在管理史上经历了一种过山车般的历程。人们对待层级的情感由福特时代的极度狂爱到信息技术兴起之后的极度厌恶，呈现钟摆式的振荡。随着近20年来各种管理创新层出不穷，人们对层级的认识终于开始回落到了基本面，发现层级可能既不是好东西，也不是坏东西。它的好坏取决于使用者的信念和操作。正如罗伯特·艾克尔斯、尼丁·诺瑞亚和詹姆斯·伯克利在《超越管理精髓》中所写的那样，"管理者不应该陷入关于现代新型组织形式的言辞争议中，而应该争取主动，把它当作具有伸缩性的工具，解决问题，并且把事情做好"。

　　许多学者和管理者将层级视作变革路上最大的绊脚石，最重要的理由是层级阻碍了创新。

　　的确如此。堪称21世纪第一大公司新闻的莫过于2008年底特律三巨头的沉沦。20世纪50年代，通用汽车总裁查尔斯·埃文·威尔逊（Charles

Erwin Wilson）信心满满地宣称：对通用好就是对美国好。那时，通用汽车是世界上雇员最多的公司之一，只有苏联国有工业有更多雇员。然而，30年以后，美国政府不得不历史性地拯救这家美国最知名的公司。当人们重新审视以通用汽车为代表的美国车商为何被逼上破产绝路时，不约而同地认定是腐朽的官僚机制带来了企业文化的堕落。一位通用汽车的高管这样说道，"在通用汽车，压力并不在于获取胜利的结果，而是来自官僚制度和整个通用汽车体系的认可"。层级制度让昔日先进公司的榜样积重难返。

但是，我们不能忽略一个事实，同一时期另一桩巨头破产案中，主角雷曼兄弟是一家相对灵活、更加鼓励个人创新和成长的公司，可是它依然没能摆脱失败的命运。

贝佐斯带领的亚马逊从电子商务兴起之时就在引领时代，今天炙手可热的云计算与大数据的主力军中，均能看到它的身影。但就是这样一家公司却是经典的层级组织架构，贝佐斯大权独揽，据说其专制程度更是超过了乔布斯。

在电影《义海雄风》中，汤姆·克鲁斯（Tom Cruise）扮演的律师丹尼尔问小古巴·戈丁（Cuba Gooding, Jr.）扮演的海军中士卡尔："你为什么要当海军？"卡尔说："我就是为了活着有个秩序。"

军队管理一直以来都被认为是现代企业管理的模板，其严密的等级秩序保证了军队运作的高效和精密。但这仅仅是客观理由。因为我们谁也无法否认的是，复杂的人性中存在"依赖"的一面，就像卡尔所说的，也许对这种大型层级组织的依赖是他的人生追求。

哈罗德·J. 莱维特（Harold J. Leavitt）在总结百年组织架构演变的时候，提出有一种意识形态层面的冷战一直存在，这两大流派时而彼此唾弃，时而

彼此融合，它们分别是"人性流"和"系统流"。[⊖]

人性流的拥趸认为组织是为人而设计的，组织要满足个人的乐趣和发展需要。系统流则认为，人要为组织而活，一切都应该严格按照事先设计好的秩序成长。这两种流派的争斗从卓别林的那部《摩登时代》问世时就已展开。

很少有人注意到，人性流中有一个悖论，即人的天性真的是由追求个性解放那一面主导的吗？正是因为忽略了这一点，人性流始终没有摆脱层级理论的框架，虽然有人提出"热情的团队"（passion-driven teams）的概念，但其实也不过是一种松散的层级形态。

莱维特毕生研究群体决策的变化机制，他发现，层级结构是不可避免的，也可能是非常必要的，但肯定不是良性的。"它的繁殖依赖不信任、冲突、谄媚、山头主义、扭曲的沟通，以及其他困扰每一个大组织的顽症。"

他主张用一个更民主的方式来进行组织的决策，但也得出结论，认为人们在大型群体中工作时最好通过一个指挥链。

奥迪康（Oticon）是丹麦的助听器制造商，在1988年的时候由CEO拉斯·科林德（Lars Kolind）主导了一场颠覆组织的计划，意在打造"意面组织"（spaghetti organization）。所谓"意面组织"即彻底打破原有架构，让员工根据兴趣自由结组。这次变革遵循某种达尔文主义，只有获得客户青睐的项目才能得到资金支持。在变革进行到1996年的时候，有学者发现奥迪康的业绩大幅提升的背后并非是"意面组织"的胜利，而是科林德悄悄地把传统层级的一些要素慢慢拉了回来。在这场变革中，不能说"意面组织"失败了，更不能说层级制度胜利了，用伯金肖的话来说，是因为奥迪康把自己置于了一个中间位置。

⊖ Leavitt, Harold J. (2004). *Top Down: Why Hierarchies Are Here to Stay and How to Manage Them More Effectively*. Harvard Business Review Press.

通过观察奥迪康的变革，我们发现并不存在纯粹的有关层级制孰优孰劣的问题，反而是"人性流"与"系统流"之间通过博弈获取的某种动态平衡，起到了至关重要的作用。正如前面所讲，组织并非是静态的修辞，而是一个不断伸缩和解决实际问题的过程。

加里·哈默尔认为，层级制将保持为人类组织的持久特性之一，但需要去除正式的层级制中的一些病状。典型的问题包括过多地看重经验而妨害新思维，不允许追随者选择其领导人，延续权力的差距而无法通过能力的差异证明其合理性，在应该分布权威的时候却为管理者囤积它而提供激励，破坏那些享有很少的正式权力的个体的自我价值。为了克服这些弊端，传统的金字塔应该被一种"自然"的层级制所取代，管理者的地位和影响应该是出自其贡献而非位置。层级需要变成动态的，这样才能令权力迅速流向那些创造价值的人，而从那些破坏价值的人身上流走。最后，组织不应该只有一个单一的层级，而应该具备许多层级，每一个层级在众多的关键领域中都起到晴雨表的作用。○

张瑞敏经常被人问到这样一个问题，海尔的自主经营体和稻盛和夫的阿米巴之间究竟有什么区别？张瑞敏的回答是，阿米巴的内部依然是长官意识，存在层级。而自主经营体的使命就是要打破层级，让每一个员工接触到市场，由市场对其进行绩效考核。

实际上，我们认为自主经营体和阿米巴的本质区别并不在于是否有层级，而在于对系统中的人性认识各有不同。人力资源专家康至军在著作《HR 转型突破》○中分析，海尔信奉的是利己，京瓷信奉的是利他。支撑海尔"人单合一"双赢模式的是"人单酬"，与业绩挂钩的物质激励是促使员工自我提升的关键。张瑞敏在早前接受媒体采访时也说过，他是市场成果主

○ Hamel, Gary (February 2009). "Moon Shots for Management". *Harvard Business Review*. https://hbr.org/2009/02/moon-shots-for-management.

○ 康至军. HR 转型突破：跳出专业深井成为业务伙伴 [M]. 北京：机械工业出版社，2013.

义者。事实也的确如此，海尔的崛起就是因为张瑞敏是一个始终关注市场也就是用户的人。正是因为市场的多变，才有了他那句著名的"没有成功的企业，只有时代的企业"。

反观阿米巴，稻盛和夫一直以来都被认为是"石门心学"的集大成者。这个学说的基础认为：实践道德的根本，在于天地归心；获得天地之心，就不再有私心，达至无心，这样就会行仁义。稻盛和夫对自己的哲学有一个总结性的说明："我到现在所搞的经营，是'以心为本'的经营。换句话说，我的经营就是围绕着怎样在企业内建立一种牢固的、相互信任的人与人之间的关系这么一个中心点进行的。"他坚持认为简单直接的薪酬制度无法实现员工的自我圆满，除了钱，员工更加需要同伴的认可、个人的荣誉、对组织的忠诚等，所以阿米巴讲求的是"整体激励"。

除此之外，我们还应该继续深入思考两者缘何有此区别。难道张瑞敏仅仅是简单地继承了泰勒的思想体系吗？难道稻盛和夫真的就凭"心学"能成为一代管理之神吗？显然不是。稻盛和夫开创阿米巴的时候，京瓷仅仅有几百名员工。张瑞敏对海尔进行组织再造的时候，海尔已经拥有了2万名员工。京瓷是知识型公司，海尔是纯粹的制造型企业，张瑞敏面临的变革局面比稻盛和夫面临的更为复杂和棘手。

或许可以说，张瑞敏对现代管理的最大贡献之一就是把"系统流"和"人性流"两大管理流派都进行了提升：一方面把泰勒主义的着眼点由简单的物质激励升华到了"创业者"的培养之上；另一方面把组织转变为平台，解决了"组织与人"谁该为谁存在的争论。

康至军在书中写道，"瓶颈通常都在瓶子的顶端。任何企业都不可能展现出比它的最高主管更宏观的愿景"。我们在比较稻盛和夫和张瑞敏的管理创新之道时，发现尽管其道不同，但是都取得了成功。

为何？康至军将其归结为"人性的复杂"，也正如我们前面所言，人性并非只在组织中展现其积极、独立的一面，依赖和获取安全感的诉求自古以来始终存在。有的企业需要依赖感强的员工，有的企业则需要具有 CEO 精神的员工。张瑞敏不止一次在内部会议上强调，如果谁想在海尔当官，谁就应该赶紧离开。

我们要看到，也必须承认的是，组织变革更多地还是要看 CEO 的意愿和决心。从二战之后出现"知识型员工"到 20 世纪 70 年代信息技术的崛起，再到移动互联网时代，管理学界从科学的层面倡议取消层级几十年了，但是层级并没有真的消失，它或多或少地存在于商业世界中，而且和创新的成败也并没有直接且必然的因果关系。

康至军认为，活力曲线在 GE 之所以能成功，更多地在于杰克·韦尔奇推行变革的力度和决心，因为其实质就是"末位淘汰"。这也是很多效仿 GE 却换来失败的企业没有看到的。

"今天的层级组织当然已不是父辈时的层级组织了，它们已经发生了变化。它们受到人性化和系统化的推拉，还被技术和社会的飓风所压迫。它们已经跟以前不一样了。其中一些已经枯萎、死掉，或者被其他组织吞并，然而其他的通过适应和变革已经繁荣，或者正在吞并其他组织。它们仍然在变革，但它们仍然是层级组织。"斯坦福大学的哈罗德·莱维特教授在《自上而下》一书中这样写道。该书的副标题意味深长：层级会存在，更有效地管理它。

从"工具层级"到"价值层级"

讨论层级的必要性，一定要区分"工具层级"和"价值层级"。公司层级是建立在组织的信息不对称基础之上的。公司的领导者被假设认为是组织知识的创造者，就像上帝一样无所不能，他有权对知识进行分配。我们在前面中不断论证知识的个体化，其意味着"层级"在工具层面已经失去合法性了。但是，这并不意味着，"价值层级"就没有意义。

破除"工具层级"的一个方法是将"大组织"变成"小组织"，减少流程阻力，增加决策透明度。但是，"小组织"依然面临"自然层级"的生成。在分工协作中，有人适合做领袖，有人适合协调，有人适合执行，这种分工模式是根据人的价值自行生成的。

加里·哈默尔认为，在互联网产生之前，更多的是集中管理更有效，像很多决策只有高层才能看到问题，再推动各个部门去解决问题。但是在互联网时代，组织里更多的协同是横向进行的，包括采购、营销，更多的是员工和员工为了同一目标的协同，而不是反映到副总裁和总裁那里，然后再由总裁和副总裁做决策：

> 为什么在互联网时代，组织一定会变成网状的？在互联网时代里实际上也是有层级的，但是层级是自然生成的，根据你创造的价值。因为是网状的，所以每个人都会创造价值，一旦你不能创造价值的时候你就失去权力了。
>
> 此外，公司内部也会形成一种自由的市场，所有为公司工作的人，每个人都会变成一个合同者，然后双方来建立交易规则。在一般的组织中，如果大家没有共同利益或者没有共同目标的话，就很难产生高效率。但是如果说你的公司有共同的DNA，有共同的基因，有共同目标的话，这种内部的市场和外部的市场融合也是可以做到的。

在"层级自然生成"和"共同目标"的问题上，加里·哈默尔和哈佛商学院的战略学教授约翰·R.韦尔斯（John R. Wells）所见略同。韦尔斯教授在《战略的智慧》⊖一书中强调，"如果只是单纯地减少层级数量，而没有重新设计工作安排，那么会让夹在中间的部门经理不得不处理更多工作，反而会进一步降低整个公司的运营效率。因此，随着层级数量的减少，公司高管必须在一线布置更多的战略决策，在全公司内合理分布战略反应的能力"。

权力下放到一线，就真的可以实现决策效率吗？试想一下，如果所有的横向协调工作都交由总部来处理，是否会更加混乱？我们在第二章中提出，管理的新范式是以"个体化创造"为目的的"场"，或者说是一个知识平台。这个平台并非真的混乱无序，而是需要顶层的精心设计。就好像生命逻辑一样，秩序隐藏在混乱的表象背后（关于此，我们会在第四章中做详细论述）。

韦尔斯将横向关系称作"相互依存点"，我们也可以理解成是"价值层级"，它是以"价值创造"为纽带的。这种层级关系是可以动态调整的，比如 A 组、B 组、C 组是同属于一个大组织平台上的三个小型组织。因为三个组织处在三个不同的产品策略中，彼此间又有业务连接，三组之间的关系就绝对不是对等的。A 组所在的产品策略中，A 组比 B 组、C 组更能产生价值，而在另一个产品策略中，C 组的价值又大于 A 组和 B 组。

组织在进行顶层设计时，需要精心设计小组之间的关系界面，让它们可以通过自发的横向沟通，以价值生产为衡量标准，以目标为出发点。但要注意的是，小组并非传统的战略业务单位，而是以个体为单位的知识体，也即前面提及的"增值业务单位"。横向的界面关系管理适用于所有的知识体连接。A、B、C 三个组可以是三个创客。

⊖ 约翰 R 韦尔斯. 战略的智慧：哈佛最受欢迎的战略课 [M]. 王洋，译. 北京：机械工业出版社，2013.

如何理解"消灭中层"

中层曾经在组织的决策过程中起到了极为关键的作用，在变革的过程中，对于领导者而言，最大的困扰莫过于对"中层"的安置。工具层级消亡，价值层级永存，中层的角色内涵也要发生剧变。况且，当中层成为阻碍组织与市场直接对话的障碍时，就必然要面临被革命的命运。

媒体曾经对张瑞敏的"消灭中层"加以过度渲染，导致了"中层无用论"的出现。但我们发现，即使在海尔内部，传统意义上的"中层"依然是海尔这场组织巨变的中坚力量。阻力来自他们，动力同样也来自他们。换句话说，这样一群叫作"平台主"的"非中层"人员，脱离了传统层级组织的语境，但他们依然在很大程度上决定着这场变革的成败。

野中郁次郎认为，在进行组织变革的时候，真正起作用的不是"自上而下"或是"自下而上"的形式，而是起到"承上启下"作用的强大的中层团队。"承上启下"并不是指简单地对上司指令的上传下达，而是努力做到将领导者的战略愿景和自己团队的"知识体系"相融合，简单来说，就是起到催化剂的作用。

管理学上的组织结构其实是西方哲学思想的显像，通过金字塔式的架构来展现人的理性诉求。也可以说，这种架构反映了人类在利用理性接近上帝的过程，进阶过程反映在组织上就是层级的跃迁。

所以，在金字塔组织架构中，人是理性的工具，而无法成为自身的目的。但在传统东方思维中，不存在用来接近上帝的理性主义，个体即宇宙，正所谓"一沙一世界"。知识是为"心"服务的，主客体追求高度的统一，也就是"天人合一"，而非"神人合一"。

野中郁次郎作为日本出身的管理学家，强烈反对美国管理大师汤姆·彼得斯的观点,后者在20世纪80年代提出,企业中层管理者是多余的累赘,应该将其取消以增加企业的创造性和灵活性。野中认为,这等于挖走了企业的核心:中层管理不仅在知识创新方面,而且在新知识的推广和企业团结方面都起着至关重要的作用。

野中从知识管理的角度出发看待中层问题,他不否认我们经常说的"中层"从一开始就带有权力等级的色彩,这也是扁平化运动的根源。可以设法消灭阻碍流程的中间权力地带,但绝不意味着要消灭掉掌握知识的人。

"知识创新"是日本公司崛起的秘密,而使知识得以在企业中流转的恰恰是西方管理语境中的中层。如果剥除中层权力等级的外衣,我们可以从三种功能上来界定这个富有知识传承使命的群体。

首先,中层是执行者。要先让团队的成员知道企业的愿景和战略规划,然后,利用自己的斡旋能力,将员工的个人经验与企业愿景相结合,从而为推动企业战略的实现提供抓手,并进而增加企业的组织知识。

其次,中层是学习者,获得一种面对过去和未来的能力。中层和领导者、员工相比,最大的优势是占据了组织上最好的"观景平台"。他们既可以鸟瞰,也可以瞻仰。

因此,他们对企业发展有着独特的推动能力。培养这样的能力不是一蹴而就的,需要反复的演练和学习。这里的学习和上一点的执行息息相关,就是要学习如何将战略与个人经验相融合,从而完成将"默会知识"转变成"外显知识"的工作。

最后,中层是创新者。创新基于执行和学习能力之上,这是中层的一个最终使命。中层有责任也有义务为组织的发展提出创新,并身体力行地实践。

而对"消灭中层"的理解,方式有两种。

一种方式是在传统组织架构中,直接将中层拿掉,这种硬邦邦的方式也是现在追求扁平化组织的主流方法论。但是，拿掉中层是否就可以解决组织内部和外部信息对称的问题？

中层往往是组织战略的坚定执行者，他们对市场信息和组织内部信息的衔接程度非常高。尤其对于传统制造型企业而言，生产的组织暂时很难实现端对端化，中层的作用恰恰在于可以很好地将两端对接，实现信息的流转。

另一种方式就是将组织压平，由塔状结构变成网状结构。这个方式和上一种方式相比，本质的区别在于没有拿掉中层，而是转换了中层的职能。将森严的组织壁垒变成由节点连接的网，壁垒中被夹在中间的那群人成了具有发散功能的节点。

也就是说，传统的中层职能是将信息上下双向发射，而网状组织中的节点职能变成了信息多方向交互的枢纽，就好像现实生活中的交通枢纽。

此时，"中层"就更加接近野中郁次郎所说的知识融合者的角色了。

海尔的组织变革恰恰前后经历了这两种方式。

张瑞敏在很早之前提出过"倒金字塔"的理念，为此他还和郭士纳深入探讨过。郭士纳说他自己曾经也想IBM这么做，但是难度过大，放弃了。而海尔推行"倒金字塔"有多年，在这一点上他是佩服张瑞敏的。

所谓"倒金字塔"，就是把一线员工推到市场的边界，他们对信息的掌握更加灵活，所以赋予他们决策权，进而倒逼整个组织。这一点和华为的"一线火力"理论非常像。其作用在于，用市场来化解官僚组织的陈腐，逐步把权力从中层向一线转移。

这是典型的第一种"消灭中层"的方式，其问题在于并没有颠覆传统的组织架构，语境没有发生根本性的转变。

倒逼无法改变两大问题：创新机制和组织愿景的传达。

仅仅强调一线的决策权，也许会产生个别现象级的创新产品，不代表会有一个可以让创新持续的创新机制。而创新机制的搭建，恰恰是中层的职能。仅仅强调一线的决策权，狡猾的中层甚至可以在倒逼结构中偷懒，将责任完全推到一线身上。

同时，在传统组织中，中层是组织中信息的集大成者，他们在很大程度上要做到愿景传达。当过分强调一线权力这一单一维度的时候，中层难免失去传达愿景的动力。因为他们知道，自己的权力正在被剥夺。

张瑞敏在2013年年初的海尔集团创新大会上，首次提出了"网状组织"的概念。我们可以将其看作海尔组织变革理念中一次重大的突破，即彻底将组织压平，中层变成了节点。如果我们用管理显微镜来看的话，这个点实际就是一个平台。从"经理人"到"平台主"这一称谓的转变，也能品出其中的端倪。

平台本质上是一个信息收发站，这一点和层级组织中对中层的描述并没有本质的区别，只不过这个平台是没有边界的。平台运行的好坏，完全在于搭建者能否创造一个好的平台机制，也就是创新环境。创客的活力取决于平台机制的活力。

作为平台主，中层一方面被消解掉了原来手中的决策权，另一方面，他们又能保持不断创新的动力，因为他们的收益和创客的表现息息相关。

此时，他们首先是执行者：把整个集团的平台化指标化解成自己的工作指标。其次，他们是学习者：努力把自己的思维从生产线向互联网转变。最后，他们是创新者：要用好的创新机制，为创客服务。

尽管网状组织是对中层困局最好的解决方案，但是从组织的整体激励机制来讲，依然有需要探索的地方。

我们观察到，最近有一种"激励一线员工"的理论非常盛行。该理论的提出者认为一线员工有了热情，组织变革基本就大功告成了。实践之中，并非如此。

在一个企业文化强势的组织中，变革的热情来自顶层设计者，执行的热情来自一线员工，他们感觉自己身上的束缚被解开了。这种情况下，变革难以成功的症结就在于中层。一线员工经常感觉到他们的主张在中层卡住，不能得到资源的配合。CEO也会发现，他三令五申的资源开放，也在中层那里得不到实现。平台主没有设计好的机制，导致优质资源无法进入，最后就是整个平台失去活力。

所以，在大型的传统型组织进行变革时，关键在于如何激励中层。

在海尔变革中，对于平台主的激励可能是一个很严峻的挑战。中层变成平台主，失去的是权力，而不应该是利益。其利益如何与平台的成长挂钩，抑或是如何与创客的成长融合，这是必须解决的问题。

一个优秀的平台主搭建了很好的创新机制，频频孵化出了优质的创业项目。当项目独立出来之后，平台主的利益该如何保证呢？是允许其将整个平台作为自己的创业项目，还是允许他们参投自己平台上的项目，抑或是仅仅让他们做平台，而不参与项目激励呢？

平台主的平台应该和整个组织形成一个有效的市场关系，按照标准的市场规则进行互动。将来在海尔，平台与小微、小微与小微之间都是市场关系，这就必须拥有一个市场自动定价系统，因为如果都是企业人工定价的话，交易成本就过高了。

海尔的期待是用户参与直接考核，但那同样也需要系统性的考核指标。这些都是海尔面临的崭新的挑战。

"消灭中层"的实质应该是消灭传统的中层意识和权力，在打通组织内部市场和外部市场的前提下，将其由"组织自然人"转变成实实在在的"组织经济人"。

第四节
黑客文化与新组织理论

黑客，电脑时代的牛仔

加里·哈默尔搭建了一个网站"管理创新交换所"[一]，要求对管理学来一场黑客运动。该网站宣称，"为了迎接巨大的、棘手的挑战，我们需要巨大的、不合常规的想法。在这个网站，你可以发现足以改变组织运行和领导力方式的越界建议，无论是制定战略、分配资源、设计工作，还是改革薪酬体系。"

每一个突破性的管理主张和激进的解决方案，都被该交换所称为"一次对管理学的黑客行动"。一次这样的行动可能解决的是很基本的问题，比如如何更好地开会；也可能触及高风险的领域，比如对薪酬制度的全面改革。但不论方向如何，它必须颠覆旧日的管理日常实践，足够疯狂，足够不切实际，同时又能提供通向未来的通路。哈默尔将此比喻为"登月行动"（moonshot）。

[一] The Management Innovation eXchange (MIX), http://www.managementexchange.com/.

把黑客和管理学联系起来意味深长。建设者和破坏者常常是一枚硬币的两面。在黑客文化中，破坏现有的秩序往往是建设新秩序的前提。当然，如果你仅仅是破坏，那么就不是黑客（hacker），而是骇客（cracker）。

黑客是一个电脑术语，该词来源于英语动词hack，意为"劈，砍"，也就意味着"辟出，开辟"。很自然地，这个词被进一步引申为"干了一件非常漂亮的工作"。电脑黑客在自己熟知的领域里显然是极为出色的，个个都是编程高手。另一种说法是，hack在21世纪早期麻省理工学院的校园俚语中是"恶作剧"之意，带有反既有体制的色彩。

这个带有褒义的词在20世纪六七十年代用来形容独立思考、然而却奉公守法的计算机迷。他们云集在技术精英的堡垒——麻省理工学院和斯坦福大学。对于这些人，史蒂文·利维（Steven Levy）在1984年出版的《黑客：电脑革命的英雄》⊖一书中做过详尽的描述。

20世纪50年代麻省理工学院的实验室时期，一群才华出众的学生结成小组，经常通宵达旦在实验室里操作机器。大部分的早期黑客都是书呆子，他们极具机械学方面的天赋，擅长抓住瞬间的思想尽情地发挥，对解决难题充满了由衷的热爱。

在当时的计算机工业，IBM统治着一切。20世纪60年代中期，IBM占据信息技术行业的2/3，只是把自己不屑经营的零星杂活推给其他公司，这些公司犹如国王身边的奴仆，只能做一些IBM不愿意做的生意或者生产一些与IBM的产品相匹配的小部件。当时流行的说法是，IBM不是"竞争对手"（the competition），而是必须接受的"环境"（the environment）。

与其显赫地位相称的是IBM的管理方式。它有如一艘管理得当的大船，所有的员工都训练有素，在市场竞争中冷酷无情，所向披靡，并且绝对忠实

⊖ Levy, Steven (1984/2010). *Hackers: Heroes of the Computer Revolution*. O'Reilly Media.

于公司。他们是机器塑造出来的、严格恪守公司尊卑关系的雇员,是典型的所谓的"组织人"(organizationman)。有人讥笑这一时期的 IBM 有如信息技术业中的一所巨大的"集中营"。

IBM 集中人力和财力开发大型机,因为价格昂贵的大型机及其附件是当时军用和民用市场上最走俏的商品。IBM 从未考虑过把计算机卖给普通百姓,它更倾向于向大客户出售大型的、通常是特制的计算机。这种决策的部分原因是它根据自身的组织结构来预测信息技术的发展前景,这就是严格的等级制度和中央控制。这与当时的环境气氛是很吻合的。

20 世纪 70 年代中期以前,信息技术给公众留下了严谨和神秘的印象。当时信息技术的重点是研制昂贵的、只能由受过专门训练的技术人员操作的神秘机器。计算机科学的语言充满了脱胎于数学信息论的深奥术语。计算机作为人脑的延伸,更多地和科学研究、重大决策相联系,与普通百姓的生活并无太大关联。

用历史学家西奥多·罗斯扎克(Theodore Roszak)的话说,"IBM 保持精英风格的决策使工业城堡的围墙出现了一个空白点。这个空白点就是微型计算机"。

个人计算机今天已几乎成为"高技术"的同义语。然而,这种机器却不是在设备良好、一尘不染的实验室中研发成功的,与一般人听到"高技术"三个字所引发的想象迥然有异。它是由计算机黑客在车库、仓房、地下室和卧室中鼓捣出来的,正是这些被视为"计算机疯子"的人,用他们对技术的狂热,点燃了个人计算机革命之火。罗斯扎克说,"微型计算机起步时便笼罩着粗俗激进的氛围,与高科技主流企业精致典雅的风格形成鲜明的对照"。○

○ 西奥多·罗斯扎克. 信息崇拜:计算机神话与真正的思维艺术 [M]. 苗华健,陈体仁,译. 北京:中国对外翻译出版公司,1994.

20世纪60年代后期，嬉皮士运动所提倡的自治主义与民主观念奠定了个人计算机革命的基石。这种无政府主义带有某种危险的意味，直到今天，许多人仍这样认为。但它鲜明地树起了反权威的大旗。

嬉皮士曾一度谴责电脑是集权控制的象征，然而他们中的一小部分人很快就意识到电脑更深层的潜能：它将是飞向自由的魔毯。在计算机上，他们找到了通向未来的道路。他们惊讶地发现：个人计算机所将要造就的境界，与摇滚乐、迷幻剂一样——使人们不再受到工业社会清规戒律的羁绊。

早期的计算机黑客是一群非常独特的人。据说他们中的许多人不善交际，也不懂人情世故，是一批只知道工作的书呆子。作为一个群体，他们的商业意识十分薄弱，政治意识更是匮乏，是一些地地道道的技术人员。到了20世纪60年代末，一批新的计算机黑客开始崭露头角，他们中有许多是西海岸反越战运动的活跃分子。命运注定了他们要戏剧性地确立计算机的新形象，赋予它IBM和其他大公司所从未赋予的政治色彩。在他们手里，信息技术最大限度地成为民主的工具。

当时，《全球目录》的编辑斯图尔特·布兰德（Stuart Brand）写道："20世纪60年代末到70年代中期，就在新左派大声疾呼推动政治改革，然而却明显失败的同时，反文化运动的一个很小、很小的分支却在悄悄地、几乎不为人察觉地酝酿一场大众计算机革命，它的成功震动了整个世界。"

参与这场革命的黑客中，有两个颇有灵气的年轻人，一个叫史蒂夫·沃兹尼亚克（Steve Wozniak），一个叫史蒂夫·乔布斯。他们共同创立了苹果公司，开发出了划时代的苹果II型个人电脑。苹果的成功向世人证明，个人电脑市场是真实存在的。当IBM PC追随苹果的步伐时，苹果在《华尔街日报》上打出整版广告："欢迎IBM。欢迎进入35年前计算机革命开始以来最激动人心和最重要的市场。"

不可避免地，钱商来到了生钱的地方，植根于黑客精神的个人电脑业在金钱上的成功，最终斩断了这一工业与其祖根的联系。然而，早期黑客所弘扬的"计算机权力属于人民"的精神，却给整个行业打下了不可磨灭的印迹。甚至保守的 IBM 也不得不俯首采用开放架构和开放性的操作系统。专有架构和专有操作系统使计算机的力量不属于使用它的人们，而属于制造机器的公司。而个人电脑，以及它所驾驭的日益增长的力量，应该是属于人民的。

这也就是利维在他的黑客史中提到的"黑客道德准则"（the hacker ethic）。这些准则包括：

> 对计算机的使用应该是不受限制的和完全的。
> 所有的信息都应当是免费的。
> 怀疑权威，推动分权。
> 你可以在计算机上创造艺术和美。
> 计算机将使你的生活变得更好。

没有人把这些准则写进宣言，但是，它们却成为黑客在塑造计算机技术时的行为方式。这种行为方式进一步影响了日后的软件业。

集市的开源与大教堂的闭源

牛顿范式和爱因斯坦范式的一个重要区别是，前者属于低能范式，后者属于高能范式。

在一个相对稳定的低能量世界中，经典的构筑方法如建造教堂般，需要严密的管理体系和封闭的集中结构。软件开发领域中有著名的"布鲁克斯定律"（Brook's law）：随着开发人员数目的增长，项目复杂度和沟通成本按照人数的平方增加，而工作成果只会呈线性增长。软件工程师弗雷德·布鲁克斯（Fred Brooks）在1975年写就的《神秘的人月》㊀一书中率先总结了一个现象：在软件开发项目中，如果在项目已经延迟的情况下增加更多的人手，会使得项目更加延迟。他形象地比喻说："九个妇女也无法让孩子一个月就生出来。"

开源运动三杰之一的埃里克·雷蒙德（Eric S. Raymond）㊁认为，在进行高度膨胀的软件设计时，要避免项目不会因为规模和复杂性失控。有一个方法，他称之为"集市模式"（the bazaar）：它是并行的、点对点的、动态的多人协同开发模式，结构扁平，参与者大多是互联网志愿者，没有强制的契约关系，来去自由。集市模式的前提是开放源代码。与集市模式相反的则是大教堂模式（the cathedral），它是封闭的、垂直的、集中式的开发模式，反映一种由权力关系所预先控制的层级制度。㊂

集市模式里，开发者之间通常仅仅靠互联网联系。在这种貌似混乱而无序的开发环境中，居然产生了质量极高和极具效率与生命力的软件，诸如Linux这种世界级的操作系统，这是怎么做到的呢？

关于Linux的故事，我们就不再赘述了，直到现在，它依然是人们无论从任何一个角度阐述自组织、自协调、开放式创新时都要反复引用的经典案例。雷蒙德在《大教堂与集市》中写道：

> Linux最重要的特点不是技术上的，而是社会学上的。在Linux被开发出来之前，所有人都认为，如果软件复杂到操作系统这样的程度，就必须有一个精心协作的团队，团队要比较小，而且

㊀ Brooks, Fred (1975/1995). *The Mythical Man-Month: Essays on Software Engineering*. Addison-Wesley.
㊁ 另外两人为理查德·斯托尔曼和林纳斯·托瓦兹。
㊂ 埃里克·雷蒙德. 大教堂与集市 [M]. 卫剑钒, 译. 北京：机械工业出版社, 2014.

紧密互动，不管从前还是现在……Linux 几乎从一开始就发展出一条完全不同的路，其开发更像是仅通过互联网合作的大量志愿者的随意之作。在质量方面，没有严格的标准也没有一个强有力的机构来管理，他们只是执行一个简单得有点幼稚的策略：每周发布，并在接下来几天内获取数百个用户的反馈。他们创造了一种类似达尔文'物竞天择'的选择机制，被选择对象则是开发者所做的种种软件修改。让所有人吃惊的是，这种方式工作得很好。

显然，埃里克·雷蒙德眼中的 Linux 是广义自由主义的胜利。而这，也正是黑客为之努力的结果。

在分析 Linux 的成功定律时，埃里克·雷蒙德认为"共识原则"取代了"命令原则"，才使得黑客可以按照兴趣形成有效社区。Linux 运行状况就像一个自由市场，由无数个利己主义个体组成，"系统中每个个体都追求自身效用的最大化，在其共生的过程中，能够自然建立起一种具备自我纠错能力的秩序，这种秩序比任何集中式规划都要精妙和高效"。

寻求共识和命令的区别是，前者是激发效用，后者是控制效用。对于拥有极致技术水平的黑客来说，一旦认识到自身的价值可以最大化时，他们就会忘记写文档时的痛苦。通过惠及自身来惠及他人，这也是利己主义和利他主义的微妙关系。

长期混在科技迷圈子的雷蒙德很早就认识到了"Egoboo"的作用。Egoboo 是 ego boosting 的缩写，是指志愿者因为自己的努力得到认可而感到快乐。就好像写文字的人，当看到自己的名字变成铅字被印刷在出版物上时，写作过程中的焦虑和不安，会一扫而光。

Linux 是一个高效的 Egoboo 市场，"把一个个黑客的利己动机尽可能牢靠地牵系到一个艰巨的任务目标上，而这个目标只有在众人的合作之下才能达成"。

作为人类历史上最高效、成本最低的沟通媒介，互联网无疑扮演了开源软件兴起的语境。在这个语境中，大教堂式的闭源模式必然会遭到开源模式的严峻挑战，因为后者可以带来无法被超越的人数规模和协作优势。

雷蒙德对大教堂模式不屑一顾，虽然大教堂模式中也有好的创意和火花。但是，他认为，创新的根本问题不是如何产生，而是如何不去压制。"压制"在大教堂模式中，也可以理解成是"强力管理"。对于大教堂模式来说，收购外部创新公司的确是一条捷径，可结果往往并不乐观。鲜有创新大公司在进入大组织后，还能持续保持活力的。

软件开发中的"强力管理"和我们说的普遍意义上的组织管理很像，森严的开发等级、共同目标的确立、资源调配、进度监控、人力部署等。这种思维的假设前提是我们生活在一个资源匮乏阶段，资源只有在严格调配下，才能得到最佳应用。所以，这是资源配置的防守方式。

开源项目中，黑客因为兴趣和能力走在一起。因而有人总结，开源项目如果失败，唯一的原因就是程序员失去了兴趣。同时，开源文化具有自我筛选机制，它只接受程序员中最优秀的5%，而不需要像传统组织那样，为那些能力并不合适的人去付出不必要的成本。传统的软件开发中，项目60%左右的内容是不被接受或者不被用户认可的。在开源中，用户和开发者合一，项目不被接受的情况基本不可能发生。

康威定律（Conway's law）是软件界的黄金定律：系统的结构取决于产品开发团队的结构（The system being produced will tend to have a structure that mirrors the structure of the group that is producing it, whether or not this was intended）。这是由电脑程序员迈尔文·康威（Melvin Conway）提出来的，其另一表述为："设计系统的组织……其设计受到该组织的沟通结构的

约束，会产出如此沟通结构的副本。"㊀雷蒙德总结为，方法决定结果，过程变成产品。

　　互联网本身的分布式以及点对点特点，自然消解了冗余的多层组织架构，节点无法独立存在，只有在与其他节点合作时才会发生作用。雷蒙德认为，点对点非常重要。这种方式使得真正的平等沟通成为可能。黑客为了解决某一个具体的问题而加入，每个人都为了在这个问题上展示自己的实力而投入精力，并带入了大量自己的资源。解决问题的快乐就是最好的激励机制，如雷蒙德反复强调的，"快乐是最大的资产""乐趣预示着效率"。

　　雷蒙德将传统管理模式称为"马其诺防线"，其对资源的严密把守而沾沾自喜。然而，开源的精神和黑客的自我荣誉让这道防线形同虚设。同样是为了一个共同的目标去努力，传统管理就像一个蓄水池，只会让资源规模故步自封；而开源模式则像一片海洋，有着无数大大小小的入海口，分支之上仍有分支。

　　集市模式的成功有如下几个要点。

　　弄清是用户的需要还是开发人员的需要。如果用户需要的不是开发人员需要的，那么开发人员的热情会大大减少。雷蒙德认为，开发人员的需求是好的软件作品的源头。谷歌的开发规则是一个很好的例证。大部分好用的谷歌软件，都是程序员在 20% 的时间里开发出来的。他们并没有时间去和用户进行热情交互，仅仅是为了满足自己的工作方便而做出一个有趣的程序。谷歌鼓励员工创新，并提供展示平台，让用户来评价。Gmail 的故事就是如此。

　　重建还是改写？雷蒙德说，"优秀的程序员知道写什么，卓越的程序员知道改写什么"，也就是说改写或者颠覆的能力很重要。Linux 的发起人并没

　　㊀　Conway, Melvin E. (April 1968). "How do Committees Invent?", *Datamation* 14 (5): 28-31.

有另起炉灶，而是在 Unix 系统之内进行改写，并使原始系统的优势最大限度地发挥。

让更多用户成为合作者，并尽早发布。 这是发现 bug 的最好方法。大教堂模式中，bug 的发现是一个成本很高的过程，大量的人力耗费了大量的时间。而且，版本的更新速度也不会很快，会让用户很失望。用户越多越能对抗系统的复杂性。"Linux 的创新之处，并不完全在于大量采纳用户反馈并快速发布系统版本，而更多在于将这种做法强化到一种能和系统复杂度相匹配的强度。"

参与的人越多，bug 越容易被发现，这是因为一群人的平均观点比随机选择的人的观点更有预见性。

beta 测试者是最宝贵的资源。 这些 beta 测试者往往也是黑客，他们可以在源代码处发现 bug，并进行标记。如果有一天，这些 beta 测试者主动要求退出，则预示着这个软件项目的生命周期快要来临了。

对于当下很多国内的传统企业来说，他们仅仅知道粉丝的参与，却不知道 beta 为何物。最大的误解是，在产品测试阶段邀请的是对产品原理并不热衷的普通用户，而不是黑客级用户。

测试也是产品开发的内容，黑客级用户和开发人员拥有共享的交流模式。普通用户仅仅就产品症状进行描述，对于开发人员并没有实际意义。如果你可以就源代码提出意见，才是开发人员乐于见到的。

具有编辑意识的产品领导者。 好的编辑不一定是好的作者，但是好的编辑一定可以做出一本优秀的读物。在雷蒙德眼里，产品领导者的一大功能是"识别"创意，而不是"生产"创意。他在总结自己的 fetchmail 项目时承认，"是我限制了表现自己聪明的倾向，但这至少反驳了设计、原创是集市模式项目成功关键的论点"。

网络决策

我们看到了原子的比特化，也看到比特的原子化。世界如飞变化，虽然我们承认"现代管理"作为人类历史上最重要的发明之一，极大地改善了我们的组织和社会，然而，作为一种过分成熟的技术，它必须为了新的时代而重塑自身。

目前大多数的管理实践强调控制、规范、效率甚于其他一切。这正是问题所在。为了在 21 世纪生存并繁荣，组织必须拥有适应力、创新力、启发力和责任感。这使得有关管理原则与实践上的一场革命成为必需。

所以，如同哈默尔所言，是时候对管理展开一场黑客运动了。管理能够像软件业那样做到快速迭代吗？组织能够超越布鲁克斯定律与康威定律吗？组织能够容忍"管理黑客"因充满了组织生活的挫折感和混乱感而奋起对其进行敲敲打打吗？要想让旧日的管理脱胎换骨，有灵感的思想家和激进的实干家必须找到对于官僚制、层级制、中心化、封闭化的组织的替代方案。

知识的新旧交替绝非一蹴而就。此前，在管理领域，我们认为真正的革命仅仅发生过一次，即泰勒的科学管理。科学管理的意义不言而喻，人类首次将知识用在了对工作的分析和监督中。可惜的是，由此衍生而来的泰勒主义几乎成为罪恶的代名词。

泰勒曾赤裸裸地向工人宣讲："我雇你们来是为了用你们的体力和操纵机器的能力。至于用头脑，我们另外雇了人。"由此，人们认为泰勒主义的本质即是，高层经理对于下属的工作实施绝对控制。

泰勒主义从某种意义上说是符合那个时代要求的。20 世纪早期的美国劳工绝大多数未受过教育，不善表达自己，也对工厂体系不习惯。对他们来说，严格规定的工作步骤是切实有用的。

恐怕只有德鲁克看到了，泰勒是一个心怀建设新社会梦想的人。德鲁克认为，泰勒最伟大的地方在于，他看到了马克思看不到的，即工人阶级和资产阶级之间的矛盾并非只有靠暴力革命才能解决。让工人掌握工作的知识，从而改善其生活，工人从"无产者"变成了"有产者"，而发达国家的生产力自泰勒之后，提高了50倍。在泰勒之前的100年时间里，工人的工资几乎没有增长，而泰勒思想的忠实实践者亨利·福特开创性地大幅度提升了工人工资。这都要拜知识所赐。

泰勒认为，"工厂的权力不一定以所有制为基础，只能以优越的知识为基础"。这句话被德鲁克认为是专业化管理的前身。

之所以我们说，科学管理是管理思想领域的第一次革命，是因为泰勒认为自己思想的核心是让工人成为生产力提高的最终受益者。如何会受益呢？当然是因为懂得了关于工作的知识。

事实上，在泰勒之后的数次管理理念变革，都紧紧围绕泰勒的"工人受益"。德鲁克认为，日本经济在战后的崛起得益于知识化管理。我们可以把日本的管理思想统称为"丰田主义"，其精髓是对一线员工赋权，让其了解关于生产的整体知识，从而可以提高自主能力。丰田主义在此意义上可以认为是泰勒主义的延伸。

现代管理百余年，让员工自主是一个恒定的主题。这个主题发挥到极致，无非就是杰克·韦尔奇的"无边界组织"，也可以认为自主的极限就是组织的极限。

我们在前边用了很多篇幅介绍，互联网时代信息的流动造成了组织边界的液态：似有还无，若隐若现。如果我们按照传统人力资源的视角看，这个边界其实坍塌了。或者说，边界的定义产生了巨大的变化。

网络之内，知识是我们彼此达成默契的唯一标准。知识不再是苏格拉底眼中的静态的形而上学，而是和行动结合在一起。由此我们不难理解在网络中人们行动的新模式，即为了追求某一类知识而聚合成一个群体。当目的达成之后，群体可以迅速解散，大家再分头寻找新的知识目的地。也许，用米兰·昆德拉的一本书名来概括这种聚散模式最合适不过：《为了告别的聚会》。

当极限被打破之后，一切陈规都不再合理。

"你是公司的员工？用户？"

"不。我只是一名黑客。"

这是我们虚拟出来的问答，因为"黑客"似乎是对未来企业人复杂身份的最为精确的命名。这里的黑客，指的是对某一类知识热爱并有追求的人。

没有互联网，这样的黑客恐怕更像是宗教社会里的异端。

我们谈论互联网思维的时候，千万不要忽略，互联网所带来的管理理念的革命终究要借助互联网才能实现。这种理念和泰勒的"让工人受益"完全不同，而应该是用知识让知识受益。管理行至此，发生了第二次革命。这是因为人接受和累积知识，而知识又反作用于人，这里的"人"不是生活在传统的组织金字塔里，而是立足于网络之上，他的任何一个知识触角都可以和网络连接，从而产生价值。

对于知识而言，真正迎来大规模复制的时代是软件的兴起。软件生产是一种和工业生产决然不同的模式，尤其是 Linux 这样的集市开发模式，它充分地利用了知识的个体化和同级化，以一种前所未有的分享模式进行协作。其规模之大，效率之高，远远超出了工业人的想象空间。

这种知识革命是发生在组织根部的。传统的组织依靠知识的线性化，Linux 带来的软件革命依靠知识的分布化。用米拉·贝克（Mila Baker）在

《同级领导》[①]一书中表达的观点，这一切都是发生在同级网络架构中：

> 同级网络架构是独一无二的，可以适应需要实现调整，是一种持续变化的动态结构……所有节点都可以发送和接收信息，对等节点之间的互动或交换是一种关联动力。关联动力是同级网络的体现。在同级网络中，所有节点是都平等的，在整体中也发挥着平等的功能，这就是等能量的概念。

"关联动力"反映了一种来回移动的平等网络。这种移动需要一种非常有效的相互依存和高度复杂的协调性。不再有高层领导宣布什么事至关重要、什么事无关紧要，这样一来，问题的关注点就变成了"应该做什么"而不是"谁是负责人"；组织本身可以对现实情况自由地做出反应，而不是等待指示；存在许多渠道和途径可以提供信息、提出问题，并挑战当前的状况；所有的观点都将被倾听、整合和解释。基于如此丰富的知识和信息，主要目标和关键要素都变得更加清晰。

"等能量"则意味着一个节点社群内所有的节点都具有同等的特权，都提供其可用资源、处理能力等给其他节点。社群中的资源共享不需要任何中央协调，节点扮演着双重角色：既是资源，也是资产；既是供应商，也是用户。至于参与者之间如何关联，并没有正式规定，也没有提前规划。所有的规则都是自动自发产生的。

组织决策的一致，现在来自知识的分散化。从分散到一致的过程，有的人形容为"混沌"。但混沌是一个无法表述清楚的概念，不利于管理者清晰地梳理自己的决策过程。我们更倾向于使用"市场"，因为市场有主体，有可描述的动态变化，更重要的是，在市场中可以通过自由竞争产生决策。在组织内部，思想市场是网络决策的前提。

---

① Baker, Mila (2014). *Peer-to-Peer Leadership*. Berrett-Koehler Publishers.

而网络决策之所以成为必须,是因为商业领袖知道在这个全球化的世界中,需要懂得的知识太多了。他们不得不尝试一种新的、去中心化的决策制定过程,这个过程能够更有效地利用遍及他们身边的网络的专业知识。他们追随分布式领导力的模式,这类模式在大型的、以网络为基础的协作项目中已经变得很常见。

在这个决策之网中,既包含了有在地需求的人士,也包含有能力满足这些需求的黑客。这里的"在地"并非单纯指代地域性,而是指人类行动的尺度规模,它可能是大尺度的(macro scale)、中尺度的(meso-scale),也可能是有界限的"小盒子"(little-box),和一线、底层息息相关。谁应该承担哪些项目,决策制定者是那些对在地最了解的人:对问题最熟悉的人,以及对项目的可能性最熟悉的开发者。用这种方式做决策,高效而有效。之所以有效是因为它是一个网络。

然而,这里面也有很多关于领导力的传统因素。领导者需要花费大量时间用于组织活动和建立伙伴关系。作为一个领导者的能力,来自他围绕着自己的想法构建网络的能力。富有才华的黑客和在地组织者所构成的生态,通过将领导力最大可能地分布到基层,而能够解决迫切的难题。

相对于层级制下的决策,网络决策有哪些优势?

第一,网络决策在大规模项目上表现更为出色。例如,应对飓风、地震这样规模的事件时,就需要"超级网络",由真正够大、分散开来、有所区分的多个组织组成。这些超级网络并没有一个层级上的最高层,相反依赖于分布式决策。大型的网络项目也是如此:如果维基百科和Linux依赖的是中央集权的领导力,那它们永远也不可能成立得这么快或者发展得这么好。

第二,当决策需要基于对地方性情况了解很多的时候,尤其是情况复杂多变,或者前路未明的时候,网络决策就表现得更加出色。而在目标来自外部设定、工作依赖性较强、参与者熟知工作流程并且不得不遵循指示的情况下，网络决策就不像前一种情况表现得那么好。

第三，在层级化的、自上而下的决策可能会适得其反的情况下，网络决策能够激励和调动人们。层级结构通常压制差异和分歧，而网络决策则可以让网络中的成员既能为共同的目标工作，也能保持自己的独特之处。

第四，当决策力遍布整个网络时，地方性知识也能得到更多应用。当然，这里面也要讲究平衡，因为你不会希望地方领导者做出有违大局的决定。这也是那些协作性网络常常采取相对独立模块结构的原因：本地知识能够发挥更多作用，同时就整体而言风险也会更小。

第五，当地方层面做出决定时，它们更有可能代表当地成员的利益。

第六，层级化的组织，其领导力仰赖于金字塔顶端那个单独的个体，相比领导力遍布于网络的组织，"弹性"自然要差很多。

由于上述原因，同时由于网络体验给新生代带来的期待，层级组织中所做的决策也将越来越多地带有网络化决策的特征。

| 第四章 |

创造型企业家崛起

第一节

从物理革命到管理革命

牛顿、爱因斯坦以及量子力学

《穹顶之下》是前几年热播的一部科幻美剧。讲述了一个带有超级能量和生命意识的小圆蛋降临在了缅因州的切斯特磨坊镇,并形成了一个巨大的透明球体将小镇居民困于其中。在小镇居民和一系列神秘事件的对抗中,一个叫作梅勒尼的女孩从1984年穿越到了当下的小镇,并且她的生命和小圆蛋的能量息息相关。

有一个情节:小圆蛋遭到破坏,梅勒尼性命垂危。唯一挽救她的方法是,被"穹顶"选中的人将能量赋予她,而梅勒尼本人也是被选中的四个人之一。悖论出现了,梅勒尼如何把能量赋予自己呢?这时,量子力学登场了。

按照量子力学中的平行宇宙(parallel universe)理论,同一个人可以同时在出现不同的时空,也就是说梅勒尼可以既躺在这里又不躺在这里。这样,梅勒尼就能扮演自己拯救自己。

在经典物理中,粒子与波是两个不同概念。粒子是局域性的,即在任一时刻它总是局限在一点。当把粒子的概念抽象为质点后，就可以用牛顿力学定律完全描述粒子的运动规律。而波则是非局域性的，比如，我们听到一个人发出了声波，其声音并非只在一个地点可以被听到，波处在任何位置上。

而在量子物理中，这种区分不再重要。平行宇宙是史蒂芬·霍金（Stephen Hawking）的大胆假设。他将整个宇宙看作量子，那么宇宙量子就会遵循量子的波粒二象性，光子既是波又是粒子。波动性和粒子性是光所具有的两种不可分割的属性，在不同的情况下波动性或粒子性成为光的主要表现形式。

量子具有跃迁的能力，且不可预测。那么，它就自然可以不规则地出现在任何一个地方。无法预知，意味着统治人类知识观长达三百年的牛顿体系遭遇了前所未有的挑战。

19世纪末至20世纪初不但是世纪的转折点，更是人类知识体系的转折点。哲学上，尼采代表的存在主义哲学对理性主义发出了怒吼，那个抽象的"上帝"已死，感性的"人"回归。而在物理学上，一个叫爱因斯坦的年轻人和他同时代的物理天才正在对牛顿体系发起反抗。尽管，爱因斯坦将自己看作传统理论的捍卫者，并对量子物理产生抗拒心理，但不可否认的是，这些天才科学家已经整体被认为是新世界的奠基人。

对于过去300年来，人类对于牛顿体系的依赖，被英格兰诗人亚历山大·蒲柏（Alexander Pope）为牛顿所写的墓志铭一语道破："自然和自然法则隐藏在黑暗之中。上帝说，让牛顿出世吧。于是一切豁然开朗。"

从古希腊时期，哲学家就开始思考自然运行的法则。比如，物体下落是因为它们有趋于宇宙中心的本能（此时，人们认为地球就是宇宙的中心）。物体越重，本能越强，所以，重的物体会下落得更快。天体的运行估计是圆形的，因为这是天堂的完美形式。

古希腊的科学观由哲学家建立,缺少试验精神,更多的是审美诉求。因此,在那个时期,出现了百家争鸣的局面。直到中世纪,亚里士多德的科学观和托勒密(Ptolemy)的"地心说"被宗教所采用,成为描述天堂和地狱的依据。

16世纪,哥白尼和开普勒(Johannes Kepler)分别利用算法技巧对宗教宇宙观发起挑战,"地心说"在数学上被推翻,"日心说"掀起了新的知识革命。但是,真正对后世物理思想产生影响的是帕多瓦大学的一位年轻教授,年仅27岁的伽利略。作为哥白尼的信徒,为了避免布鲁诺(Bruno)所遭受的宗教迫害,他放弃了哥白尼学说。但是,他直接对"地心说"的源头,也就是亚里士多德的"本能论"进行驳斥。他的驳斥方法在当时被认为是开天辟地,即"试验"。其中,最著名的当属比萨斜塔的落球试验。

伽利略对物理学发展的意义极为深远:科学只应该处理能被证实的事情,直觉和权威是没有意义的。科学终于摆脱了空想和计算,带着"试验"精神取得了前所未有的进步。

1647年,伽利略去世,艾萨克·牛顿出生。这个据称是通过观察苹果落地而发现万有引力的天才,其一手建立的世界观影响了人类的方方面面。如果原来的世界是干涉主义的上帝所统治的世界,那么牛顿就将它变成了用理性及普遍原理进行设计的上帝所创造的世界。这些原理让每个人都能去获取知识,让每个人都能在此生此世积极地追求自身目标,并让每个人都能用自身的理性力量来完善自我。

自牛顿开始,物理学就一直在构建一个日益精巧,且以力学为基础的世界观。整个宇宙被假定为一个巨大的机械钟表,所谓科学就是无限地去发现隐藏其中的错综复杂的运转细节。借助于万有引力、热力学、光学,物质世界的每个方面,原则上都可以显示为一个巨大的、联动的、合乎逻辑的机械装置的一部分。每一个物理原理都能产生可预知的结果，而每一个结果都能追溯出唯一的原因。

因果关系是经典物理学的基石。物理学家认为其穷尽一生探索的因果关系，正是我们了解过去和未来的线索。也正是因果关系，让爱因斯坦面对新的知识革命时纠结万分。没有了因果，科学探索还有什么意义吗？

牛顿的宇宙机械论为人类带来了五种"常识"，它们影响到了我们的思维方式和行动方式，我们甚至可能会排除掉生活中与之相悖的体验。

决定论。按照牛顿的观点，过去、现在和未来都是既定的，我们要做的无非就是等着齿轮彼此咬合的那一刻，计划中的行为和事情自然会发生。悖论是，对于宗教人士来说，上帝在干什么？而对于哲学家来说，"自由"还有什么意义呢？

实在论。因为世界是客观存在的，所以万事都有一个可以用机械理论解释的原因。也就是意识产生于物质，它会遵循物质的原理。比如"你念，或者不念我，情就在那里，不来不去"这句流行歌词中，情感就好像石头一样以物理方式存在。而物理学中一个经典的桥段说明的道理正好相反。

> 爱因斯坦向他的学生解释狭义相对论的时候说：你坐在火炉旁烤火时，和你与女友花前月下时，感受到的时间长短是不一样的。

可分离论。经典物理物体是可分离的，事物可以单独存在。没有力，就没有联系。

牛顿定律中，万物之间的联系是依赖于"力"。牛顿在晚年之所以会投入到寻找上帝的事业中，是因为他要知道力来自哪里。

还原论。还原论或还原主义，是一种哲学思想，认为复杂的系统、事物、现象可以通过化解为各部分之组合的方法，加以理解和描述。牛顿力学观盛行的 18、19 世纪是还原论信念的高峰。

牛顿 1687 年的《自然哲学之数学原理》㊀提出："希望……从力学原理中导出其余的自然现象。"牛顿认为，一切自然现象都可以归结为质点在时空中的机械运动。18、19 世纪的科学家在牛顿纲领的指导下，总是尽力为各种自然现象构建某种力学模型，然后以此模型为基础，力图从力学原理中"导出"各类自然现象，以求得对于整个自然现象的理解或解释。

充分的解释。牛顿生前有一句名言，"我不做假设"。他认为，理论来源于经验和观察。事实上，牛顿定律恰恰是有假设的：其一是假定时间和空间是绝对的，长度和时间间隔的测量与观测者的运动无关，物质间相互作用的传递是瞬时到达的；其二是一切可观测的物理量在原则上可以无限精确地加以测定。

没有假设的理论是不存在的。之所以说知识会出现革命，正是新知识推翻了旧知识的假设前提，从而引发了整个体系的再造。

牛顿体系的影响力远远超出了物理学范畴，它给整个自然科学的发展，给 18 世纪以降的工业革命、社会经济变革以巨大影响。以赛亚·伯林（Isaiah Berlin）曾经这样说过牛顿在思想史上的影响："牛顿思想的冲击是巨大的。无论对其理解正确与否，启蒙运动的整个纲领，尤其是在法国，是有意识地以牛顿的原理和方法为基础的，同时，它从他那惊人的成果中获得了信心并由此产生了深远的影响。而这，在一定时期中，使现代西方文化的一些中心概念和发展方向发生了确实是极富创造性的转变，道德的、政治的、技术的、历史的、社会的等思想领域和生活领域，没有哪个能避免这场文化变革的影响。"㊁

㊀ 牛顿. 自然哲学之数学原理 [M]. 王克迪, 译. 北京：北京大学出版社, 2006.
㊁ 伯纳德·科恩. 科学中的革命 [M]. 鲁旭东, 等译. 北京：商务印书馆, 1998：219.

牛顿理论也被称为经典物理理论，它贯穿了整个资本主义的黄金岁月，显得如此坚固。然而，物理学界在1900年4月27日，迎来了其崭新的篇章。英国著名物理学家开尔文男爵（William Thomson, 1st Baron Kelvin）在英国皇家学会发表了著名的"两朵乌云"的看法。他认为，物理学的整体性日趋完善，但是"地平线上还有两朵乌云"。正是这两朵乌云，使得几乎封顶的物理学体系土崩瓦解。

"第一朵乌云出现在光的波动理论上""第二朵乌云出现在关于能量均分的麦克斯韦－玻尔兹曼理论上"。开尔文爵士所言的第一朵乌云，日后演化成了爱因斯坦的相对论，第二朵乌云则变成了量子力学。

19世纪，人们发现了光的波动性，光是一种人眼可见的电磁波。按照经典物理学理念，光波的传播和水波一样，需要在某种介质中传播，这就是所谓的"定域性"。于是，"以太说"再次盛行（"以太"本是一个哲学概念，是古希腊人想象出来的空间介质）。在以太中静止的物体为绝对静止，相对以太运动的物体为绝对运动。

以太的假设事实上代表了传统的观点：电磁波的传播需要一个"绝对静止"的参照系，当参照系改变，光速也改变。这个"绝对静止系"就是"以太系"。

既然"以太"存在于宇宙之间，那么一定可以通过对光波的测量，显示出地球相对于太阳的运动。然而，这样的试验以失败告终。按照"以太说"，地球并没有运动。这个失败的试验震动了整个物理学界，像一朵乌云一样，笼罩在经典物理理论大厦的上空。

年轻的爱因斯坦在20世纪初发表了狭义相对论，他大胆抛弃了以太说，认定电磁场本身就是物质存在的一种形式，而场可以在真空中以波的形式传播。也就是说，没有绝对静止的空间。光速是恒定的，且光是目前已知的速度最快的物质。

而要理解光速为何在所有的参照体系中都相同，就必须改变牛顿的时空观。

牛顿认为时间和空间是绝对的、毫无关联的存在。时间就像河流，延续不断，"逝者如斯夫"，它不依赖于我们的感慨而减缓流逝。但是，爱因斯坦抛弃了以太说，也就抛弃了绝对静止的概念，他认为对时间的测量取决于观测者的运动。由于时间-空间体系的稳定性，时间变成相对的，空间自然也就变成相对了。

狭义相对论的另一个重要定律是，质量和能量可以进行转换。在牛顿物理学中，质量是质量，能量是能量。运动的物体有与其运动相联系的能量，而静止的物体没有能量。但爱因斯坦发现，质量为 m 的静止物体具有能量 $E = mc^2$。他证明质量可以转换为能量，能量可以转换为质量。

爱因斯坦虽然不愿承认自己是在革牛顿的命，但事实上，正是他对牛顿体系中时空的重新定义，以及他发现的质量与能量的转换，推动了量子力学体系的建立。量子力学正是开尔文男爵说的第二朵乌云。

1927 年，量子力学的奠基人海森堡提出了量子力学的基础性概念"不确定性原理"。海森堡认为："在位置被测定的一瞬，即当光子正被电子偏转时，电子的动量发生一个不连续的变化，因此，在确知电子位置的瞬间，关于它的动量我们就只能知道相应于其不连续变化的大小的程度。于是，位置测定得越准确，动量的测定就越不准确，反之亦然。"

这是一个彻底摧毁牛顿体系的原理，即概率取代了确定性。如果说牛顿构建的世界是齿轮之间高度咬合的精密机器，海森堡带来的则是一个混沌的、对结果无法预知的生命体。因果论彻底失败，反而是带有中国传统文化味道的阴阳论占据了主导地位。动量与位置的关系，就像阴阳，彼此矛盾，此消彼长。

在量子力学确立的过程中，最为知名的假说便是"薛定谔的猫"，即在打开盒子的一刹那，我们无法预知猫是死还是活，只能认为它是既死又活。量子力学推翻了牛顿体系中的"实在性"常识，也超越了唯物主义和唯心主义的争辩局面。

如果我们想知道未来，唯有通过行动，因为未来不可预知。

同时，量子力学对空间概念进一步颠覆。牛顿认为，重力来自重力场，由地球统一发出。量子力学认为，在空间中，分布着各种各样的场。场的理论颠覆了牛顿体系中单调的力学原理，物质在场里不是靠外力相互作用，而是本身具有的能量场在相互联系。而场的能量，则来自活跃的量子自身。

空间-时间、概率性以及场，这三大理论支撑起了自20世纪初发展起来的新科学，同时也掀起了托马斯·库恩所说的新范式革命。就像牛顿体系对人类世界的影响一样，新科学范式带来了全新的关于组织、关于个人的世界观。

新旧知识的不可通约

我们用了不少篇幅来介绍物理学的近代革命，一来是对整体世界观革命（范式革命）做一个背景介绍，二来是要以此说明新旧知识之间的不可通约性：新知识不是旧知识的延续和发展，更不是对其理论漏洞的修修补补，而是将后者击碎，从而建立一个全新的世界。

科学革命本质上是世界观的革命，也就是我们看待世界的方式改变。托马斯·库恩在《科学革命的结构》中谈道："范式一改变，这世界本身也随之改变了。科学家由一个新范式指引，去采用新工具，注意新领域。甚至更为重要的是，在革命过程中科学家用熟悉的工具去注意以前注意过的地方时，他们会看到全新的东西。这就好像整个专业共同体突然被载运到另一个行星上去，在那儿他们过去所熟悉的物体显现在一种不同的光线中，并与他们不熟悉的物体结合在一起。"

库恩对革命前后世界观的反差，最经典的比喻莫过于："革命之前科学家世界中的鸭子到了革命之后就成了兔子。"

范式的革命理论否定了科学是累积前进的观点，新旧范式之间是敌人的关系，而不是延展的关系。尽管在新范式的确立过程中，有不少是基于前人的研究；但是，前人的研究被纳入到新范式的结构中后，其意义会完全不同于此项研究之于旧的范式。

认知世界的结构发生了改变，看到某种现象的理论坐标系也就不同，那么这个现象呈现出来的意义自然就会不同。

有学者认为，"不可通约"（incommensurability）是库恩所著《科学革命的结构》中的核心理论。库恩曾经在一篇文章中写道："在从一种理论到下一种理论的转换过程中，术语以难以捉摸的方式改变了自己的含义或应用条件。虽然革命前后所使用的大多数符号仍在沿用，例如力、质量、元素、化合物、细胞，但其中有些符号依附于自然界的方式已有了变化。此时，无法找到一种中性的或理想的语言，使得两种理论（至少是经验结果）能够不走样地'翻译'成这种语言，因而我们说相继的理论是不可通约的。"[一]

为了说明"不可通约"，库恩以政治革命为例。政治革命通常是因为政治共同体中某些人逐渐感到现存制度无法解决现实环境中的问题。所以，革命的目的就是要以现在政治制度所不允许的方式，实现问题的解决，从而以

[一] 李醒民. 论科学哲学中的"不可通约性"概念[J]. 辽宁教育学院学报，1993（01）：33-40.

新的制度替代旧的制度。

　　革命性在爱因斯坦身上体现得尤为明显。虽然，爱因斯坦推翻了牛顿的力学理论，但是他始终认为自己是经典物理体系的捍卫者。可是，对于量子力学而言，爱因斯坦开启了一扇全新的世界之门，那些物理天才受到了爱因斯坦一系列理论的鼓舞。即使这样，爱因斯坦对于量子的"超距现象"还是感到了恐慌，同时也嘲讽了世界本来是一种概率这个结论。

　　超距现象跟量子力学里最古怪的东西——量子纠缠有关，因为它能产生"鬼魅般的超距作用"。如果两个粒子的距离够近，它们可以变成纠缠态而使某些性质连接。出乎意料的是，量子力学表明，即便你将这两个粒子分开，让它们以反方向运动，它们依旧无法摆脱纠缠态。

　　要了解量子纠缠有多么怪异，我们可以拿电子的"自旋"作为例子。电子的自旋与陀螺不同，其状态总是游移不定的，直到你观测它的那一刻才能决定。当你观测它时，就会发现它不是顺时针转就是逆时针转。假设有两个互相纠缠的电子对，当其中一个顺时针转时，另一个就逆时针转，反之亦然。不过奇怪之处是它们并没有真正连接在一起。对量子理论坚信不疑的尼尔斯·玻尔和他的同事相信，量子纠缠可以预测相隔甚远的电子对的状态，即便它们一个在地球，一个在月球，没有传输线相连，如果你在某个时候观测到其中一个电子在顺时针旋转，那么另一个在同一时刻必定是在逆时针旋转。换句话说，如果你对其中一个粒子进行观测，那么你不止影响了它，也同时影响了它所纠缠的伙伴，而且这与两个粒子间的距离无关。

　　爱因斯坦无法相信纠缠会如此运作，于是他说服自己：出错的是数学，而不是现实。他赞同纠缠态的粒子是存在的，但他认为有更简单的方式可以解释为什么它们彼此连接，而不必涉及神秘的超距作用。他的解释是，在你观察以前，一切就已经决定了。也就是说，粒子在被观测前就已经决定了自旋状态。如果你对爱因斯坦说"那你怎么知道呢",他会说"你测量它,就会发现那绝对的自旋态"。而玻尔则会说"但是那自旋的状态是由于你的观测所造成的"。

其后,约翰·克劳泽(John Clauser)与阿莱恩·阿斯派克特(Alain Aspect)证明了量子力学的方程是正确的,纠缠是真实的,粒子可以跨越空间连接:对其一进行测量,确实可以瞬间影响到它远方的同伴,仿佛跨越了空间限制。爱因斯坦生前认为不可能的"鬼魅般的超距作用",确实存在。

量子力学以完整的理论体系阐述了自然运行的法则。不管爱因斯坦承不承认,他都是这次科学革命的启蒙者。

在我们阅读了大量关于物理学革命的素材后,发现绝大部分人都会这样描述:牛顿定律是爱因斯坦相对论的特殊情况,当速度慢下来的时候,其解释是有效的。并且,很多工程师依旧在使用牛顿定律,正说明了其价值所在。这种论调正是库恩讽刺的对象。

对爱因斯坦定律加以种种限制,只是为了说明牛顿定律的合法性,这样做的危害是会让"科学"失去拓展的可能性。也可以说,牛顿定律之所以是牛顿定律,是因为它曾经是解释世界的通则。对爱因斯坦定律做出关键条件的限制之后,牛顿定律看似依然可以实现,可是其整体性就失去了意义,这时,我们还能说牛顿定律还是牛顿定律吗?

爱因斯坦对时间和空间的再定义,绝不是为了给牛顿定律找一个继续生存的理由,而是为了开拓一个全新的、未知的疆域。总不能说,新疆域用爱因斯坦的理论解释,旧疆域用牛顿定律解释吧?我们所生存的世界如果就这样被粗暴分割,我们又如何作为一个整体存在呢?

此外,用新科学解释旧科学的方法,本来就是一种逻辑循环。通过革命建立起来的新范式,其目的难道就是为了证明旧范式的合理吗?

打造高维组织

从绝对时空到相对时空，不仅是物理学意义上的革命，更是人类认知模式的革命。康德认为，人类具有自主获取知识的认知框架，其内在于人的意识之中，即时间和空间。换句话说，时空就像一个天然的加工器，一切经验都要经过其加工才能内化为知识。我们可以认为康德所说的时空是哲学意义上的，带有强烈的意识色彩。但这并不妨碍我们将物理上的时空和哲学上的时空进行统一，得出时空作为整体性框架，在塑造着我们的认知模式的结论。更何况，仅就爱因斯坦的狭义相对论而言，时空的确是因为意识的不同而出现了相对性。

静态且权力单向度的组织结构体现的是牛顿思想。如牛顿《自然哲学之数学原理》所言："绝对的、真实的数学时间，就其自身及其本质而言，是永远均匀流动的，它不依赖于任何外界事物。"多层级的组织架构，也曾被认为是绝对稳固长久，且足以应付市场需求的，因为市场缺少变化。

从另一个角度也许更好理解。我们经常听到"人生都有既定的轨迹"这句似是而非的话。轨道就好像是一层一层的官阶，人要做的就是按照既定顺序一步一步往上走。按照你的能力和意愿，不出意外的话，你总能估算出自己可以爬到多高。量子力学却不这么想。粒子的存在方式是无法预知的，"轨道"这个词压根就无法在粒子的世界里出现。粒子的能量可以让它出现在任何地方，只不过是概率不同。在量子力学的世界里，只有概率。

"绝对性"原理在当代组织管理中很多见，比如认为企业只要满足用户需求就可以盈利。事实上，"需求"的定义在一直变化，且变得越来越纷繁复杂而难以琢磨。比如，20世纪80年代的人只需要一台冰箱制冷。90年代的人，需要一台售后服务很好的冰箱，需求就变成了服务。互联网时代的人，可能需要的就是可以告诉他相关食品信息且具有分享功能的智能冰箱，需求变成了"交互"。即使在"交互"需求中，还可以细分出很多。例如，自2007年，苹果掀起智能手机革命以来，手机的需求以及细分演变越来越复杂，而获取用户真实需求的途径也发生了变化。为了满足"即时性"，社区、电子商务、社交都开始被企业所使用。

用户的需求五花八门，且是瞬时产生，用"绝对性"理论无法与之匹配。如果想获得相对长久的生存时间，组织不但不能把自己和时代决裂，更不能和"即时"割裂。"钟表"可以自我定义时间，不代表可以跟上市场变化的速度。组织构造越精密，适应性就越差。

把员工、用户、创业者统统看成知识体，每一个人都是粒子并能产生能量场，彼此之间就一定会产生联系。这样的联系是自发形成，而非依赖于引力源：上层指令。

20世纪，量子力学领域另一位重量级人物戴维·玻姆就提出人际间的"意义交流"要比个体的具体思想更为基本，"知识与思想原本为群体现象"。在一个可进行对话的群体中，一种可以超越对话者原有意义的共享意义在群体之间流动着。

不过，玻姆对物理学最大的贡献是其提出的全息宇宙观。"鱼缸里的鱼"就是说明全息概念的经典试验：在一个长方体玻璃鱼缸中放进一条鱼，两台相互垂直的摄像机"观察"鱼的活动，图像直接在两台电视机上播放出来。在电视机里我们可以看到，"两"条鱼分别做方向相反、速度相等的游动。你最终会觉察它们之间存在某种关联。当一条鱼转动时，另一条也会做出稍微不同的相应动作；当一条正对前方时，另一条总会朝向侧面。

两条鱼之间似乎存在某种感应。但事实并非如此。

再看另一个试验。1982年，物理学家阿莱恩·阿斯派克特领导的研究小组，在巴黎大学进行了后来可能是20世纪最重要的试验之一。阿莱恩·阿斯派克特和他的小组发现，在特定情况下，次原子粒子，例如电子，无论彼此相距多远，都能互通信息。不管是10英尺⊖还是100亿英里⊜，它们似乎总能知道彼此所处的状态。该现象违反了爱因斯坦的光速最快理论：粒子之间的反应是同时出现的，而光速无法做到"同时"。当速度超越光速的时候，时间会倒流。所以，用速度无法解释粒子之间的感应问题。

玻姆对上述两个试验的解释是："两个纠缠粒子应当被视为同一高维现实的两个不同的低维投影。在三维空间看来，二者没有相互接触，毫无因果关联。而实际情况是，两个粒子之间相互关联的方式，非常类似于上面所说的鱼的两个电视图像之间相互关联的方式。因此普遍地说，隐序必须被扩展到一个高维现实，这个高维原则上是不可分割的整体……全运动在高维空间中卷入与展出，其维数实际上是无限的。"

也就是说，宇宙本身就是一个全息投影，在"实在"的更深处，存有一种我们尚不知晓、更复杂的空间维度，就像鱼缸。我们人类是其中一个鱼缸中的鱼，我们自然无法感知另一个和我们完全一样的投影。除非，我们站在一个更高的维度，比如超出现有人类所知的十一维空间，好像我们屏幕前观看两个鱼缸的影像一样。在显现的宇宙秩序中，隐藏着绵绵不断的另一种秩序。如果想发现后者，就要超出前者所在的维度。玻姆认为，维数是无限多的，隐藏的秩序只能随着发现的维度的增加而慢慢展开。因此，宇宙也极有可能是一个我们根本认识不到的"实体"的全息投影而已。

至此，玻姆将爱因斯坦追求的"实在"和量子力学中的超距现象完美结合。

⊖ 1英尺 = 0.3048米。
⊜ 1英里 = 1609.344米。

玻姆的全息宇宙理论对企业而言，启示在于要主动提升自己的组织维度。打造高维组织的要点是如何让企业去投射一个全息图，产生无数个"自己"出来：把一条生命，变成千百条生命。如果我们把平台看成特定维度的空间，平台上就应该有大量的企业被投射出来。一个海尔变成了千百个海尔，一个企业家变成了千百个创业者。

组织也不应再是简单的战略—执行的二维思路，而是在面对复杂的市场时，具备让自己进行各种试验的能力。这种能力主要取决于平台生命体的多样性。

海尔的量子式变革

新范式的确立需要一个长久的过程。在这个过程中，管理实践就好像物理学中的"试验"，显得尤为重要。

在新的量子范式看来，电子具有粒子与波这两种互补相容的性质。粒子的存在方式是无法预知的，粒子的能量可以让它出现在任何地方，只不过是概率不同。我们唯有放弃轨迹，接受概率的诠释，才能勉强理解电子的行为。在量子力学的世界里，只有概率。它只能协助我们找到事件发生的概率大小而已。

量子力学所呈现的世界观是那么的荒诞，激烈地冲击我们从古典物理中培养出的直觉。这让许多物理学家觉得很不自在。例如20世纪最著名的物理学家爱因斯坦，曾经在与别人讨论量子力学时，问了一个连小学生都知道答案的问题："是不是只有当你在看它的时候，月亮才在那儿呢？"

沿着爱因斯坦的问题思考下去，一大堆哲学问题就跑出来了。物质世界有个客观的实体吗？爱因斯坦坚定地认为有。他认为自然的本质不应随着我们是否在观察它而改变。但是量子力学却似乎告诉我们,自然展现给我们看的面貌会依我们观察方式的不同而有所变异。量子力学难道就让我们永远失去一个没有不确定性的客观世界了吗?有些物理学家认为我们必须赋予"客观实体"一个新的意义。古典的说法已不适用,但不表示我们就失去了"客观",今后我们要谈的是量子实在(quantum reality)。

对组织的量子式思考,首先就是要打破组织的原有实存,这种实存由一些基本要素构成。比如,组织是一个实体,在环境中生存、演化、互动;人是构成组织的基本要素,而目标则是组织存在的理由。这同时就把那些无目的性的自发涌现的结构排除了。组织也被视为一种系统:它是动态的、开放的,同时还意味着内部结构、规则与边界的存在,以及整体行为与环境之间的交流等。组织的目标或行为,是通过其内部的活动达成的。

经过多年的演进,以上的组织观已经很先进了,相比较现代化早期阶段的僵化组织认识而言。然而,在量子思考者那里,这样的延伸还远远不够。在无限的宇宙当中,如何理解组织?它们是些什么?它们是圆形的行星,飞在自有空间里的精确轨道上,同时受重力、吸引力和惯性规律的影响吗?还是金字塔形的人造主体,与之冲突的不仅有外部势力,还有居于其中的自己团队的成员?抑或是曰善其身但又追寻长期目标,不仅关心成员也关注整体环境的流式自组织?

量子式的组织观认识到我们的确失去了确定无疑的企业世界,所有过去的组织引以为常的东西无一不在动荡之中:文化、能力、团队、战略-结构、激励体系、学习过程、渐进改善(单元层面的持续改进)、激进行动(宏观层面的跨界限设计)。

一个牛顿/笛卡尔式组织所有的机械式概念在量子化的组织观看来都需要重写:比如结构化、效率、设计、运营、目标导向、结果驱动、任务优先；还有，你需要问自己，今天你还能画出传统的组织结构图吗？

量子式的组织观要解决的问题是：如果信息和知识，而不是物质，成为宇宙的基本成分，组织该怎么办？而信息和知识本身又被另外一个看不见的要素所组织，那就是意义。知识，以及赋予意义这件事，并不遵循主宰物质的古典物理规律。玛格丽特·J. 魏特利（Margaret J. Wheatley）在《领导力与新科学》㊀一书中试图阐明，理解任一系统的关键，不是将其分解为基本的组成部分，而是要把握不同组成部分之间的关系。量子物理学认为，在亚原子层面，没有任何东西可以脱离关系而存在。失去关系的部分，就等于失去意义，从而也就不存在。正是通过关系，事物才从那个包括一切发生可能的概率的海洋中被塑成形。

我们的自然，虽然缺少命令与控制系统，但却拥有强大的力量，非常善于通过自组织的过程建立成功的系统。在这样的系统中，部分是经由与其他部分的关系而表现出来的。关系导致处理信息的能力增强。随着信息不断得到处理，意义开始浮现，意图随之而来。系统由此演化为充分运行的意图"场"，而把系统及其每一组成部分向着有意义的方向推进。组织中的人是否在为了更大的意义而一起工作？这个意义清晰吗？被人理解吗？为人共享吗？在众多关系当中，我们发展出要让该意义得以实现的那种意图了吗？还是说我们只是关注自己的议程，或者更糟，只从事那些绩效光鲜亮丽而意义却付之阙如的工作？

量子式的组织必须拥有具备自我设计意识的系统，跨越界限的流程和活跃的参与者的内在承诺。它既小又大，小到只保留网络化组织的枢纽功能，可能借由小型的、集中的、地方化的、自我管理的、以所有权为基础的、只

㊀ 玛格丽特 J 魏特利. 领导力与新科学 [M]. 简学，译. 北京：中国人民大学出版社，2008.

追求单项优越的权益主体来行使；大到拥有面向整个世界的接口，以及由此连接出去的规模巨大的、分散化的，能够实现多种功能，甚至比组织枢纽表现更出色的网络。新的组织悖论是，量子式的组织必须同时能够管理这些相互冲突的特性，正如了不起的美国小说家斯科特·菲茨杰拉德（F. Scott Fitzgerald）所说："一流的智力测试是要看一个头脑是否能够在持有两种对立的观念的同时，仍然保持运转的能力。"一个高智力的组织，也就是能够不断增强其信任、协作、沟通、协商和交易能力的组织。

更进一步，量子式组织的成员是流转的，使得大量的利益相关方（诸如顾客、供应商、生产商、金融机构、政府和其他重要方面）都得以将组织的战略重点、文化精神、全球化思维内化，从而保持在不断变化的技术和经济环境中的竞争力。传统的业务分工被当代的知识分工所取代，这些分工包括：设立目标和对标结果，收集战略性信息，识别用户需求，吸引资源，开发新服务，使用一切中介手段令充满各种张力的网络黏合在一起。传统的等级制被消解，现在要看谁对就手的工作拥有最相关的知识。资源的所有权由跨越传统的组织甚至国家的界限的谈判活动加以决定。

对于新范式，库恩在《科学革命的结构》㊀中有这样一段朴素的论述：

> 这并不是说新范式的胜利最终要通过某种神秘的美感才能达到。恰恰相反，几乎没人会只为了这些理由而抛弃一个传统，那些真的这么去做的人通常会误入歧途。但是如果一个范式真的要胜利，它必须得到一批最初的支持者，这些人会去发展它以期能产生和增殖的有力证据。而且即使这些论据能够达到，它们也并非单个地起决定性作用。因为科学家是理性的人，他们中的大部分最终会为这个或那个论证所说服。但没有哪一个单独的论证能够或应该说

㊀ 托马斯·库恩. 科学革命的结构 [M]. 金吾伦，胡新和，译. 北京：北京大学出版社，2004：159.

服所有的科学家。实际的情形并不是整个团体发生改宗，而是对其信奉在专业群体中的分布，有一个日益增加的转变。

笃定自己的信仰，这是革命者要具备的第一个素质。正是这种笃定，常常在新旧交替的初期，把自己推向异端者的位置。革命是科学时代的例外，英雄往往就是异端。茨威格在《异端的权利》㊀礼赞这样的人："托尔斯泰式的沉着，把信念像旗帜般升起。"但光有信念是不够的，革命者还需要有卓然的能力把信念付诸实践。

当张瑞敏推出平台化战略的时候，回馈给他的并非是对一个敢于向传统知识体系挑战的英雄的掌声，相反，类似于"理论太美丽，不具操作性""经营不足，管理有余"这样的质疑声此起彼伏。一方面，这体现了海尔以及张瑞敏在中国商界的影响力，更重要的是，张瑞敏挑战了人们的认知极限。

在传统雇员社会里，工资是第一诉求。雇员是为组织或者老板一个人尽力。在知识社会里，雇员需要通过组织提供服务，德鲁克将这种雇员称为"自我雇用"。组织更像是一个平台或者量子力学中的"场"，雇员就像是活跃的粒子，他们自身的能量就构成了对组织的"作用力"。

对于现代组织而言，最大的难度还不是组织内的知识管理，而是如何跨越疆界，打破传统的人才观，将散落的个体知识和组织知识进行融合。张瑞敏想到的办法就是引入创客机制。不同于IT公司的内部创业，海尔的创业平台是一种极致的借力打力模式，即借助外部创业者的进入打破内部的组织惰性。两种粒子产生的"场"相撞，产生的力道可想而知。

创客化可以说是平台化的必然结果。组织不可能仅仅通过内部市场进行

㊀ 斯蒂芬·茨威格. 异端的权利：卡斯特利奥对抗加尔文 [M]. 张晓辉，译. 长春：吉林人民出版社，2000.

自治，也许在工业时代可以，但是在这个知识可以通过市场进行交换的时代里，一组无线网络信号就可以打穿市场围墙。更何况，中国自身的市场经济发展已经证明，不存在一个可以与世隔绝的区域市场。

海尔以平台搭建者的身份面对创客，就无法也不能对创客的成长做过多干预，这是一个从"管理"到"共识"的进化过程。张瑞敏的理念是：方向指明，路径自寻。

海尔的跨越是在摧毁自己的行业属性，并将人类可见的组织能力推到极限。无论张瑞敏如何在理论上进行完美推演，人们都认为海尔的目标几乎不可能实现，更不可能具有复制性。在张瑞敏主动透露"裁员"细节之后，这场批判到达了一个最高峰。

舆论的哗然并没有动摇张瑞敏的信念。裁员事件后不久，张瑞敏说了一句话："现在是海尔的关键时刻。"他对高管说，海尔已经无路可退，只有继续走下去，才能获得一线生机。张瑞敏希望能把时代带来的紧迫感传递到海尔的每个人身上，小微也好，创客也好，这是他能想到的最好模式：通过员工自救达到企业自救。价值评判的权力早已转移到用户手中，对于制造业来说，与其给员工一个很可能是让人坐以待毙的"户口"，莫如释放他自由的意志和行动空间，做一个创造者。这便是最大的社会责任。

第二节

创造型企业家

实践智慧：浮士德、王阳明和英式橄榄球

在德国中部的魏玛小城，有一座保留了300多年的房子，每一天都会迎来全球各地的游客，他们为这座房子的主人的文学作品所指引，来此朝圣。而魏玛小城的文化魅力，也有一多半因为他而被赋予。

对于18世纪的德国人来说，无论是装修还是面积，这座房子都算是奢侈的。由于当地政府的妥善修缮，房子的布局依然和爱克曼（Johann Peter Eckermann）初次见到房屋主人时的情形保持一致。站在那张深红色沙发旁，仿佛能听到房屋主人语重心长地对爱克曼说："我只劝你坚持不懈，牢牢地抓住现实生活。每一种情况，乃至每一顷刻，都有无限的价值，都是整个永恒世界的代表。"㊀

房屋主人长得矮矮胖胖，论相貌无法和魏玛城的另一位文化偶像席勒（Herbert Irving Schiller）相比。但是，这个矮胖子脑袋里思考的东西却影响

㊀ 爱克曼. 歌德谈话录[M]. 朱光潜, 译. 北京：人民文学出版社, 1978：11.

了整个西方文化，这种影响力直到今天越发显示出了强大的后劲。他就是歌德（Johann Wolfgang von Goethe）。

很多人将歌德精神和浮士德精神相匹配，而《浮士德》正是歌德带给人类的不朽名作。一个努力走出象牙塔的老教授和魔鬼之间的交易，300年来被人反复提起。因为这事关人类对知识的追求和对人生价值的探讨。

> 国内学者高全喜对浮士德精神的总结如下："浮士德精神强调的是历史过程，意义就在过程之中，开始和结尾都是无足轻重的，人没有过程什么都不是。但是人在过程当中最终是虚妄的，即便是虚妄的，浮士德认为这个过程本身就是意义。浮士德精神把宗教性最终变成了历史的过程，通过这个富有实践性的历史过程，人类能够达到自我救赎。这就是浮士德精神。"⊖

浮士德精神是探索精神，将知识的边界进行拓展的救赎精神。汪丁丁总结了知识的三种路径：直接体验、间接体验和内省体验。浮士德精神把三者进行高度统一，"体验的过程就是知识的过程"。知识没有彼岸，人生就要进行无尽的体验。

亚里士多德在《尼各马可伦理学》⊜一书中，将知识区分为三类：理论知识（episteme）、技艺（techne）和实践智慧（phronesis）。理论知识是普遍的真理，关注普遍适用性，不依附环境、时间或空间；技艺大致与技巧、技术相对应，是需要不断被创造出来的技术诀窍或实际技能；而实践智慧是关于伦理、社会和政治生活的实际知识，发轫于政治学领域。用上文的三种知识路径来比照，实践智慧只能来自高质量的直接体验。

野中郁次郎在其知识管理理论中，极其推崇"实践智慧"。它结合主体

⊖ 高全喜. 浮士德精神 [M]. 北京：北京时代华文书局，2014.
⊜ 亚里士多德. 尼各马可伦理学 [M]. 廖申白，译. 北京：商务印书馆，2003.

当下的环境，经由信息和经验的过滤和整理而产生，是一种在特定语境下发现"正确答案"的能力。它也是一种良好的基于共同利益来做出决策和采取行动的习惯。相形之下，理论知识和技艺各有各的局限性。

野中以汽车制造为例说明：任何人只要掌握必要技术和零部件都可以制造出汽车，但用户是否认为这辆汽车是辆"好"车，完全是另外一回事。生产者的"价值"和使用者的"价值"是不同的。如果说技艺是关于制造汽车的知识，实践智慧就是关于什么是好车的价值判断，以及如何制造这种好汽车、实现价值判断的方法。

同样，理论知识也不能回答什么是"好"车，因为"好"是一个主观价值而非普遍真理，它取决于用户的感受。简而言之，企业的实践智慧就是理解什么是"好"，并且将这种"好"变为现实的能力。

可见，企业不能仅仅靠"技术"生存，因为不管技术如何高明，如果制造出来的不是一辆客户心目中的"好"车，那是徒劳无功的。张瑞敏给海尔经理人开会常举一个例子：摩托罗拉为了鼓励公司的技术发展，员工搞出10项专利，得1个金质奖，搞出25项专利，得1个白金奖，专利这么多，但并没有摆脱被苹果颠覆的命运。专利就是为了创造市场的，如果它和用户不直接发生联系，再多的专利也没用。

那么，知识创造的企业里，真正的实践智慧是什么呢？野中郁次郎认为，它应该包括以下六种能力。这是一种理想模式，在组织中，六种能力不一定均衡，而是视情形而定。

（1）判断什么是"好"的能力。

（2）与他人共享情境，创造出知识共享空间（即"场"）的能力。

（3）把握特定情境/事物本质的能力。

（4）将特殊个性化为普遍共性的能力，反之亦然：使用共性语言概念描述个性的能力。

（5）善于运用任何必要的政治手段，将共同利益转化为现实的能力。

（6）培养其他人的实践智慧，建立起弹性组织的能力。㊀

让人投入精力去实践的，是信念或者信仰。他相信这么做会带来价值，就是对的。How do know that you know，是实践智慧的根基，其中包含了why、what和how三个部分，即知其然，知其所以然和如何实现。

在中国传统文化里，"实践"对应了王阳明的"行"，即笃行。王阳明的"知行合一"反驳的是程朱理学中的先知而后行。正所谓"真知即所以为行，不行不足谓之知"。知行合一就是实践智慧，两者都是在一种强烈的信念指导下，将内心与现实实现高度统一。

"破山中贼易，破心中贼难。"在组织变革的时候，知行合一是"破心中贼"的价值框架。张瑞敏对外界演讲时，很爱引用黑格尔的"熟知并非真知"："过去成功的东西可能成为一种思维定式，制约你今天向互联网转型"。这正是他自己内心寻求实践智慧的写照。

2000年，张瑞敏发表了《新经济之我见》，论述了信息技术对制造业的颠覆意义。而彼时，中国的家电产业还处于价格战的酣斗阶段，思考互联网似乎是一件没那么急迫的事情。之所以这样，是因为这种杀敌一千自损八百的方式，从20世纪80年代至今屡试不爽。

而张瑞敏却开始了在海尔进行大规模信息化改造。时间线过长，成本巨大，损失了当下的利益空间，海尔从那时起就开始饱受业界非议。但张瑞敏一直都很笃定。对待那些非议，他这几年只回应过一句话，"不知有汉，无论魏晋"。十几年过去了，当"互联网思维"的概念被热炒，当传统企业必须要面对互联网而进行要么坐以待毙要么重生的抉择时，人们才发现张瑞敏

㊀ 野中郁次郎，远山亮子. 智慧如何在企业"生长"[J]. 中欧商业评论，2009（5）.

早已为海尔的互联网转型打下了坚实的基础。

野中郁次郎认为,"实践智慧试图综合隐性的、显性的、模拟的、数字的知识,这些都是互相矛盾的,但也是互补的。所以,我们必须找到一种辩证的方法,实现螺旋式上升,而非螺旋式下降。"它内含了浮士德的探索精神和知识即是过程的思考。

很重要的是,实践智慧并不仅仅限于高层管理人员。知识创造是实践智慧通过分散领导得以实践的过程,各个层级的人们都应该根据其所处的环境来运用实践智慧。野中甚至提出,战略就意味着分布式的实践智慧。

战略的诞生,来自人对自身存在的信念,对未来愿景的承诺,对环境和资源的主观诠释能力,以及主客观世界的互动。这样的能力需要被分散到组织的每一个成员中。这样,在不同的情形之下,战略从对共同利益的追求实践中形成,因为企业作为一个实体,既追求普世的理想,也追逐特定的现实。这样一种理想的现实主义意味着在一个动态的语境下,知识得以被创造出来并成为智慧。每一个人都是知识的缔造者,也都是领导者,知识分布由此意味着领导力分布。

野中郁次郎对于实践智慧的总结启发了软件界著名的"敏捷开发"(agile development)原则。

1993年,从美国空军退役后担任软件工程师的杰夫·萨瑟兰(Jeff Sutherland)读到了野中郁次郎和竹内弘高合写的一篇介绍制造业新产品开发模式——"并列争球"(scrum)的文章。○并列争球是英式橄榄球中规模最大的争球方法:双方各出八人,互搭肩膀组成三排人墙,待裁判下达指令后,球从双方的中间投入,双方以类似"顶牛"的人墙头肩相顶的方式

○ Takeuchi, Hirotaka and Nonaka, Ikujiro (January 1986). "The New New Product Development Game". *Harvard Business Review*. https://hbr.org/1986/01/the-new-new-product-development-game.

争球。橄榄球的规则规定,球不能从对方后面被抢走,进攻时就要想尽办法让对方后退,或者把球往前传。所以,目标很简单,就是快速向前,再向前。

scrum 和其他球类的抢球不同,它要求全员参与,动作要敏捷,更要发挥战斗激情和你争我夺的拼搏精神。当时任教于日本一桥大学的竹内弘高和野中郁次郎两位教授,走访美日两国制造业大厂后,发现这些企业每年的收益中,越来越多的比重来自新开发的产品。为了在市场竞争中胜出,这些公司将传统的瀑布式开发流程放在一边,改用快而有弹性的方法开发新产品。两人借用英式橄榄球的争球术语,把这个现象比喻为"用正集团推进"(moving the scrum downfield),这是 scrum 第一次用来描述项目管理或产品开发。

scrum 对应到产品开发中,要有明确的最高目标,熟悉开发流程中所需具备的最佳典范与技术,具有高度自主权,紧密地沟通合作,以高度弹性解决各种挑战,确保每天、每个阶段都朝向目标有明确的推进。有趣的是,当年竹内弘高和野中郁次郎所说的"新新产品开发游戏",在制造业没有激荡出什么水花,但他们归纳出的六点游戏规则,后来在软件业敏捷开发法兴起之后,反而成为项目的共同特点。

软件开发无法一开始就定义软件产品最终的规程,过程中需要研发、创意、尝试错误。短时间的迭代,不断地改善和反馈,并且相互合作,说明"并列争球"可以成为软件开发的一种简单、轻量级的流程。特别当争球时,场上情势瞬息万变,双方队员要随时因应变更,才能获取优势。正因如此,萨瑟兰和肯·施瓦伯(Ken Schwaber)才会把他们体悟出来的软件敏捷开发新方法,命名为 Scrum Framework。如今,在互联网推动下,敏捷开发已经成为软件开发的主流模式。野中郁次郎也被 scrum 方法的创立者称作"敏捷开发的祖父"。

Outsofting 的联合创始人朱利安·马兹娄（Julien Mazlou）认为，"持续有效的反思是困难的，因为它需要个人与团队对成长的持续内在的渴望。自组织的奖赏是帮助团队由内而外建立良好习惯的有力方法。分担痛苦的事，进而解决造成痛苦的事的根源，也是团队给自己的奖赏。根据《新新产品开发游戏》，跨职能团队在既定时间盒内完成清晰的业务目标是 scrum 的基本概念"。⊖

敏捷开发的精髓是做事的人决定怎么做。在管理中，敏捷开发引导产生了"分形组织"（fractal organization），这是野中郁次郎最近在研究的课题，和海尔实践的"小微"极为类似。有活力的分形组织由存在于整体中的部分组成。然而，部分并不 100% 匹配整体；部分包含异质性，能够刺激多个组织层级之间的动态互动。而分形组织的对立面就是层级架构，"总部的人从来不去一线，只是制定规则"，野中郁次郎认为，这是传统组织最糟糕的情形。

而实践智慧能够让领导者根据特定的时间和情形做出正确决定，并且为了共同利益采取符合这些时间和情形的最佳行动。有实践智慧的领导人，是这个世界所需要的领导人：他们做出判断时深知每件事情都有自己的语境，做出决策时懂得每件事情都在变化之中，采取行动时了解行动的伦理含义。他们把对未来的伟大设想同微观管理结合起来。

野中郁次郎和竹内弘高将有智慧的领导人描述为一个多重角色的混合体：他是一个哲学家，能够捕捉问题的本质，并从随机观察中得出一般性的结论；他是一个工艺大师，了解当下最紧迫的事情，能够为此迅速采取行动；他是一个理想主义者，按照自己认定的对企业和社会都有益处的标准行

⊖ 转引自王国良：《Scrum 解析：当西方遇上东方》(http://www.ituring.com.cn/article/66289)。

事；他是一个政治家，懂得凝聚人心，推动众人；他是一个小说家，善于隐喻、讲故事和修辞；他是一位教师，有正确的价值观和坚定的原则，让人心生学习的渴望。○

唯有这样能力全面的领导人，才能把组织从知识创造带向智慧实践。实践智慧正是知识管理的核心。

领导者的二象性

你也许会问，在竹内和野中描绘的理想领导人身上，难道那么多的特质真的能够集于一身而不发生冲突吗？实际上，在有实践智慧的领导人那里，尤其对于革命者而言，有一个属性是无法回避的，即二象性。《科学革命的结构》一书的中文译者之一胡新和教授在一篇文章中谈到，对库恩思想的评价存在二象性的问题，正如库恩自己对哥白尼的评价：他在天文学领域发起了革命，但是在物理上还是遵循了亚里士多德的体系。"熟悉库恩及其科学哲学学说的人都知道，在他本人的背景、学说及由此形成的形象中，有着各式各样的二元对立，如科学 / 历史；科学的思想史 / 社会史；科学史 / 科学哲学；常规科学 / 革命科学；科学研究中的传统 / 创新；收敛式 / 发散式思维；发现的逻辑 / 研究的心理学；……"一句话，胡新和教授认为库恩也是一个矛盾体。

这种矛盾现象来自量子力学中的波粒二象性。胡新和教授写道："波粒二象性的本义是指：①同一个微观客体；②具有微粒和波动这样两种截然对立、互相排斥的性质；而按照尼尔斯·玻尔著名的'互补原理'

○ Nonaka, Ikujiro and Takeuchi, Hirotaka (May 2011). "The Big Idea: The Wise Leader". *Harvard Business Review*. https://hbr.org/2011/05/the-big-idea-the-wise-leader.

（complementarity principle），则有③这两种互斥的性质又是互补的，其叠加共同构成我们对于对象的完整描述。"㊀

革命者站在时代的拐点，他的思想不可能被时间进行纵向切割，只有新没有旧。库恩认为哥白尼的意义不是他说了什么，而是他让人们说了什么。正是这种类似于启蒙的观念，才得以让真正的新范式在激辩中获得时代的认同。

对于组织而言，在转型期需要美丽的理论，更需要二象性的领导者。这样的领导者身上存在着明显对立的气质，尤其在互联网时期，他们制造着的产品或者他们的管理方式和他们本人之间，既能体现出个人气质的高度匹配，又在处处显示着某种"不和谐"。乔布斯创造了智能产品奇迹，构建了接近完美的商业生态模式，而他却被人认为不是一位那么胸怀宽广的人。我们将此称之为"君主/互联网的二象性"。

在麦克卢汉（Marshall McLuhan）眼里，我们正在进入一个创造性混乱的阶段，学科领域的轮廓不再固定，但却在诞生重要的成果。"在当前的混沌之中，存在着认知新构型的可能，人类沉睡的感官、整合的能力、生命那黑暗而神秘的触觉，将会从封闭、被动的古登堡文化体系中解放出来。否则，一位伟大的君主就只能囚禁在狱中。"㊁

技术早已不再是"技术"，管理也早已不再是"管理"，我们可以把两者相交的区域称为"混沌艺术"。混沌是解救君主的唯一办法，而并非所有的企业家都可以称之为君主。

在这片交叉的区域里，君主需要是一个坚定的感官主义者，因为感觉是创造波拉尼所谓的"默会知识"的唯一路径。有人说乔布斯无法复制，事实

㊀ 胡新和. 库恩"二象性"解读——论库恩科学哲学的若干特征［J］. 自然辩证法通讯，2013，35（01）：1-8+126.

㊁ McLuhan, Marshall (1962). *The Gutenberg Galaxy*. Toronto: University of Toronto Press.

上无法复制的不是乔布斯本人，而是他为苹果公司塑造的隐秘的知识系统。这套系统的作用不应该是仅仅保持乔布斯的创新精神，而是将苹果内所有员工的理念和技巧作为知识传承下去。

二象性同样可以体现在张瑞敏身上。他没有互联网企业家的活跃和社交欲望，而更像一个传统的读书人，喜欢在书斋中观察世界。同时，他又像一个布道者，和全世界的知识精英交谈。从张瑞敏身上总是能感受到威严和沉重：他经历过"文革"中的种种荒唐，对知识有着迫切的渴求；30年前，他在某种程度上被迫来到那个几乎倒闭的小厂，也不是为了实现自我价值、财富梦想。我们有一次问张瑞敏，是什么让你产生了一种持续不断学习和实践的动力？他的回答是："总想着能为这个国家做些什么。"

张瑞敏是一位深谙传统的领导者，无论是传统文化还是传统的管理模式。他熟读老庄，一方面大量阅读新技术、新经济、互联网的书，另一方面不断地用中国古典的智慧思想解释这些新东西。他能把管理模式的变迁从钱德勒时代细说端详，但又能不囿于其中任何一家而跳脱其外，自寻路径。传统是他理解新经济的基础，或者说正是依赖于这些传统，张瑞敏得以洞察新经济的关窍之所在。

张瑞敏认为，儒家文化更适合于科层制组织，讲究和谐稳定，也就是非去中心化而强化中心。老庄文化相反，赞赏太上不知有之，也就是去中心化；主张道法自然，所谓的道并不是人为地制定出来一个东西，而完全是根据自然。他认为海尔建立生态圈的核心法则同"道法自然"是相通的。他也欣赏庄子所说的"外化而内不化"："互联网思维万变不离其宗，其实就是一点：要更好地创造用户最佳体验。这一点和传统经济创造用户需求有一点类似，但不同的是我让用户变成参与者了。外在表现出来可能更多的是与物相化，但是它的本质、它的核心价值一点都没有变。"

在海尔，万变之中有不变，一切重要的、不变的东西莫不打着深刻的张瑞敏印迹，但他却说自己却信奉"群龙无首"的哲学：

> 其实中国传统文化里《易经》的第一卦乾卦说的潜龙勿用、见龙在田、飞龙在天，一直到最后，最高境界就是群龙无首。群龙无首在中国成语里可能是贬义词，但在管理上是一个最高境界——没有人来发号施令，但是每一条龙都会治水，每一条龙都会各司其职。

张瑞敏希望，每一个自主经营体都应该是一条龙：

> 马克斯·韦伯曾经提出"权威类型说"，把权威的类型分为三类。第一类是传统型，比如世袭制，家族企业基本上是这种类型。第二类是卡里斯马型，即魅力型。现在很多做得好的企业都是这种魅力型权威，比如苹果的乔布斯就是最好的权威。第三类是法理型，即民主选举。海尔和这些类型都不一样，是自主经营体型，组织中没有领导，用户才是员工的领导。

用户是领导从何体现呢？就是海尔多年探索的人单合一的驱动机制。人就是员工，单就是用户，把员工和用户合起来，最后的目的就是自主经营体，自主经营体再变成一个个自治的小微公司，目的是为其赋予最大的自主权，更快反应、更多决策，最后做到人单自推动。

张瑞敏既要做海尔的精神支柱，还要在整个集团推行去中心化。他把每个人变成节点，而他自己却保持为原点。他既要求海尔人可以坚定、准确地执行转型指令，却还要打破海尔曾经赖以强大的"执行力文化"。他既是历史的，又是科学的。一个代表过去，一个面向未来。

"任何革命都产生于传统之中，也就难以全然摆脱传统的痕迹、惯性及其评价标准。革命性人物因而常常有传统／革命的二象性显露：哥白尼是这样，康德的二元论是这样，量子革命的首倡者普朗克也是这样，又更何况库恩这样一个对批评较为敏感的人？对于传统的作用，他有再三地提及：'十分常见的是，一个成功的科学家必然同时显示维持传统主义和反对偶像崇拜这两方面的性格''识别和估价反常，又一次依赖于坚决地依附于当代科学传统'。"胡新和评价库恩的这段话，用在所有的范式革命者身上都显得恰如其分。

归根结底，在知识创造的组织中，矛盾冲突并不是需要加以克服的阻碍，而是知识创造的必需：人们无需追寻矛盾冲突的最佳平衡，而是辩证思考，拒绝非此即彼的想法，产生新知识。

重新定义管理

人们总习惯于把管理看成工具，希望借助管理达到什么样的组织目标。然而，德鲁克认为，"管理的目标是在寻找目标的过程中产生"。可见，管理是一种实践过程，在实践中利用知识生产知识，目的是通过解放个人实现的。

是时候对管理重新做出解释了。

> 管理是一种流模式，是人类求知的卷展过程。管理没有目标，或者说是在寻找目标的过程中产生目标，它是一个目标自生成和自我进化的系统。

让我们再回到将物理学和哲学高度统一起来的戴维·玻姆那里。全息宇宙观来自玻姆的"整体性"理念。他认为，东方思想传统与现代量子力学都支持世界作为不可分的整体，物理学中一直都将整个现实描写为以点事件为终极元素的过程，这种"点事件"是某种发生在无限小的时空区域的事情。

玻姆认为这种基本元素应当被时空瞬间（moment）取而代之。时空瞬间是无法被精确测量的，仅仅是个模糊区域，就像河流中的"漩涡"，它们之间没有清晰的界限，但又相互包容。

经典物理认为物质可以被无机分割，彼此之间的关联是靠外力作用。玻姆全息宇宙的提出，就是把包含隐缠序与显析序的整体客观世界理解为不可无机分割的有机整体，由此得到事物之间、事物的各个部分之间像全息照片那样的内在关联。整体世界是一个全运动的过程。所谓隐缠序（implicate order），是指任何相对独立要素的内部，都包含着一切要素（即存在总体）的总和。所谓显析序（explicate order）可以被看作一般的隐缠序的特别或突出的例子，从隐缠序可以导出显析序。

全运动（也叫"流模式"）是用有机生命现象来解释整个宇宙。玻姆说："我们可以将这个粒子模型与森林相比较：森林是老树不断死亡由新树所代替的过程构成的。在长期来看，森林可视为持续存在但缓慢变化的实体。"由于生命与外部环境不断地进行物质与能量的交换，那么，生命体与外部环境之间就没有截然的界限，"植物的生命自身在某种意义上必须被视为属于包括植物与环境在内的整体"。生命在这个整体中不断展开与卷入，"于是我们不再将生命与非生命物质分割开来，也不再试图将生命还原为仅仅是非生命的产物而已"。生命和非生命之间不再是绝对的关系，非生命可以看作生命没有表现出来的部分。

组织管理的动力理应是一种生命动力，追求内在活力与外界环境高度统一，而不是静态的战略—市场—利润模型，组织将自己看作价值输出者，市场就像一块无人认领的荒地，等待着去被开垦、被占领。这种模型的代表作非迈克尔·波特的五力模型莫属。在波特的世界里，"战略"是结构性壁垒的别称。战略的重点不再是创造用户，而是保护企业免受竞争对手的伤害，这样商业就成了理论上的"零和博弈"。"零和博弈"最可怕的不是结果，而是竞争过程。以中国互联网为例，百度、阿里巴巴和腾讯三家（BAT）的竞争策略充斥着远古时代的荒蛮气息，以资本为铁蹄，以战略版图的疆界为诉求，压缩小型创新团队的成长空间。对于小公司而言，创新本身不再重要，重要的是谁成为三家战略版图中的一块。现实情况是，它们一拥而上地做某一种可能让 BAT 感兴趣的模式，大量资源拥挤其中，造成了整体创新资源失衡。

做大做强依然是中国互联网企业的守则，这种极度糟粕的壁垒意识使得中国即使产生了阿里巴巴这种超级体量的财团，也依然无法成为"创新"的主角。因为，这本就是在落后的知识基础之上产生的。

中国的互联网尚处于詹姆斯·马奇所言的"低智学习"阶段，不是学习先进的，而是学习成功的。低智学习指在不求理解因果结构的情况下复制与成功相联系的行为。与之相反的是高智学习，是指努力理解因果结构并用其指导以后的行动。在低智学习状态下，管理常常被认为是"成功学"，实乃天大的笑话。

管理不是本位主义，也不是追求成功的阶梯，而是视角和思维。我们在上述管理的新定义中，借鉴了玻姆的"流模式"，也是想表达管理者有时不得不扮演德鲁克的角色——社会生态旁观者，同时还是一个类似于亨利·福特般的设计者。管理者的目标和组织目标应该是同步的动态演化过程，且与环境时时互动。马奇总结了组织适应的特征，其中两条是：

> 组织适应涉及数个嵌套水平的同步交互适应。组织群在演化，与此同时，组织群内部的个体也在演化；组织在演化，与此同时，组织内部的个人也在演化。
>
> 某种程度上，组织的环境是由其他组织构成的，因此，组织适

应的一个基本特点是，多个组织同步调整、共同演化。

管理者首先是一位环境监测者。管理目标在哪里？目标是基于过去的经验判断而成，它是无法超出管理者现有经验范围的。即使是使用的新知识，也会出现像马奇总结的那种情况："经验丰富的人对自己所提建议的把握往往高于自己所提建议的质量。"他引用了瑞典心理学家贝恩特·布莱默（Berndt Brehmer）的文章标题《一句话：别来自经验》。因为从经验中学习，极有可能导致次优选择，不大可能有效解释深层因果结构。

马奇认为："经验并非不能形成一般知识。有关人类行为的知识，是可以令人印象深刻的，但是，当它镶嵌在稳定的文化和制度背景中时，或者当它形成于可以反复进行受控观察的情境时，它最令人印象深刻。"摆脱对经验的依赖，组织必须要拥有"适应智慧"，才可以随时代长久生存下去。与"适应环境"相反的是"强迫环境"，即让环境随着自己来改变，"长远以来，通过改变环境来提高与环境的匹配度会带来一个不良后果：适应能力的衰退（强者也有适应环境的时候）。霸主地位如果丧失了，适应能力就会加速衰退"。

虽然经验并非一无是处，但是过于依赖经验，尤其是通过"改变环境"获取的经验，是组织前进路上的一大陷阱。对应到张瑞敏的变革哲学中就是，不要被自己发明的东西打败。柯达、诺基亚都是改变环境的高手，但他们最后被自己发轫的时代所击败。

经验最大的问题是其灵活的诠释功能。我们在做事后评价时，不可能看到真相，因为立场不同，使用的语言不同。比如，同样的管理行为可以贴上不同的标签，"大胆"／"冲动""谨慎"／"保守""自信"／"自大"，这

○ Brehmer, Berndt (1980). "In One Word: Not from Experience". *Acta Psychologica*, vol. 45, no. 1-3. pp. 223-241.

些概念之间的界限非常模糊。马奇说:"贴标签与其说是进行解释,不如说是承认缺乏理解,或者说放上一个占位符,留待进一步研究。"

一个高管在海尔的周六会上汇报工作业绩,他负责的部门还是按照传统的流程在运作,而没有按照集团提出的"全流程"模式。这位高管说自己的产品卖得不错,似有得意之情。张瑞敏反驳他说,你不要高兴太早,没有用户思维的产品迟早不会持续有好销量的。

张瑞敏要给海尔带来"自以为非"的精神,不是否定自己的能力,而是对过往成功的经验要保持警惕:做时代的企业,永远处在"正在进行时";做成功的企业,也就是不做静态的企业。

组织目标的自生成和自我进化,也是在强调把依赖经验转变为依赖市场和用户。用户的需求是无法靠经验获取的,只有无限接近用户,才能知道自己的下一个目标在哪里。

制度企业家+基因术士=创造型企业家

在本书即将收尾的时候,我们回顾一下本书的基本脉络,以便为我们提出一个全新的理念做一铺垫。

我们在第一章用德鲁克、野中郁次郎、哈耶克、波普尔、科斯等人的理论论证了:企业由知识塑造而成,而知识的最大化在于对个人能力的解放。因为,作为宏观概念的"知识"首先来源于"个人知识"。什么样的组织结构才能达到解放个人的目的呢?我们在第二章中讨论如何用平台的逻辑建立全新的组织生命观。结构与决策是互生的关系,第三章探讨的是全新组织结构中的决策命题,论证向分散化的网络决策转变的必然性。

在寻求结构转型时,"中层困境"是绕不过去的问题。在传统层级中,中层起到了信息中枢的作用。在网状组织中，中层不但是创业项目的孵化者，还面临着自身去向的尴尬。我们注意到，这可能也会是海尔转型逻辑闭环中相对薄弱的环节。在中层的问题上，张瑞敏和野中郁次郎有着截然相反的观点。

野中郁次郎对中层职能的定义是"自中而上而下"（middle-up-down）。如果纯粹是自上而下，相当于知识在高层，中层只是处理问题，而基本不参与到知识的创造中。如果完全是自下而上，相当于把知识创造者放到基层，这个时候中层基本上就失去了作用。所以他主张高层提出愿景，告诉员工这个世界应该是什么样子的，一线的人处理的是这个世界本来是什么样子的，中层则解决高层希望创造的未来和现实之间的矛盾。

张瑞敏则认为，只要有"上／下"的关系存在，就会有层级存在。每一个人都应该做创造知识的主体，他既要面对矛盾也要处理矛盾。其实，张瑞敏的理念更适合于小型创业团队，一旦组织规模扩大，只有通过转型做创业平台才能继续保持活力，而海尔企图走的正是这条路径。

我们不是要判断孰是孰非，也没有必要判断，因为两者都有各自的理论模型、方法论和实现路径，而且一定会对当下寻求转型的企业有所启发。

结构与决策的体系都发生了变化，是不是昭示着管理即将迎来一次范式革命了？我们在第四章从牛顿的经典物理体系和量子力学的对比出发，证明了在世界观层面上的范式已经发生了转变。在管理领域，需要打造量子式的组织，张瑞敏领导的海尔变革正踩在又一次范式革命的门槛上。

作为新范式革命的领导者，其动力在何处呢？

借用经济学家张维迎的观点，决定变革的两个主要因素是：理念和领导力。

理念就是领导者坚信并为之奋斗的东西。比如中国的改革就是理念的产物。理念的意义大于设计，这个问题我们在前面的章节里探讨过。在组织变革的时候，大都是理念先行，典型的如杰克·韦尔奇对 GE 的改造，是在"无边界组织"的理念下进行的，用"群策群力"的方法把实践中的问题带入到群体智慧中。

变革的过程往往是理念的推广过程，从高层到员工，大家基于共同的方向前进，即使遇到问题，也会有一个"前进式"的解决过程。现实中，问题归因的方式有很多种。比如组织平台化期间，势必有的人适应，有的人不适应。不适应的人离岗，可能会造成其所负责的产品市场下滑。保守派就推导出：市场下滑是因为人才流失，人才流失是因为组织变革过于激进。而理念派会认为：组织变革对业绩的影响是不可消除的。人才的流失说明：理念在组织内贯彻得不够坚决；这是一个个人自由选择的结果，既然平台是开放的，那么一定会有更合适的人来担任这个角色。

领导者如果对理念没有信心，那么很多问题就会被归咎到理念上来。领导者是否足够坚定，是组织变革成败与否的第一重大因素。

张维迎认为："理念最重要的一点是相信人的自由，人的创造力只有在一个自由、竞争的社会中才能迸发出来。"在层级组织中，横向协同一直是没有得到解决的难题，因为人的行为要受到纵向权力的约束。也许很多人认识到了这一点，但是有勇气和韬略去尝试改变的，依然寥寥无几。其中有一个无法回避的因素：你把做企业看成什么？如果仅仅看成一场商业游戏或者个人价值兑现的路径，"成功"就是终点。如果看成一场社会实践的话，企业家就会超越其本来的内涵，进而升华到一个更高层面的意境：如果说过去的企业管理（包括商学院的教育）局限在模仿自然科学上，今天的管理则要学会问社会科学式的问题，诸如"我们要走向哪里？""谁受益，谁受损，通过什么样的权力机制？""这样的发展是可欲的吗？""对这个世界，我们应该

做点什么？"[一]

由此将会诞生制度企业家与基因术士的合体：创造型企业家。这是一个崭新的企业家物种。

制度企业家是就宏观能力层面而言的，是张维迎最近几年在提倡的概念。他认为，制度企业家是那些要改变社会的游戏规则，对制度进行创新的人。"如果他在既有的制度下维持现状，那就不能叫制度企业家。制度企业家要有突破，要创造新的体制。一个优秀的制度企业家能够很好地判断未来，有一种责任感、使命感。他还要敢冒险，因为任何改革都是要冒险的。他也能对社会大趋势做出相对比较正确的判断，让大家接受。"制度企业家和政治家有相同之处，张维迎认为，循规蹈矩出不了伟大的政治家。由此来看，制度企业家必然是敢于打破旧规则的领导者。

制度企业家首先要判断社会需求，并发现现有制度是否无法持续生存。一般来说，企业家满足的是当下需求，制度企业家则满足的是未来几代人的需求，推动他们的是强烈的使命感和长远的历史眼光。就像很多人问张瑞敏接班人的问题，他的回答看似模糊其实也很明确：做平台的一个诉求就是让每个人都具备成为 CEO 的能力。这是大势所趋，因为组织的生命只有从一条分解成无数条才有可能永续下去。

同时，也应该意识到，制度企业家需要时代（即外部环境）的配合。中国产生制度企业家最好的时代应该是 20 世纪 80 年代初至 20 世纪末，即张瑞敏、柳传志这一代人到马云、马化腾这一代为止，这个阶段的主题正是"破旧立新"：为中国的商业确立一些前所未有的理念。事实也证明了在当前引领中国管理思潮的也的确是这几代人。进入 21 世纪后，外部环境逐渐

[一] Flyvbjerg, Bent (2001). *Making Social Science Matter: Why Social Inquiry Fails and How it Can Succeed Again.* Cambridge University Press.

趋于常态，秩序相对固化，新一代企业家的使命感和抱负下降，创新的力度开始着重于技术和产品，而鲜有制度层面的创新。虽然当前中国互联网异常活跃，但是以阿里巴巴和腾讯领衔的格局相对稳定，这是一种宏大的"官僚体系"。在这个局面下，敢于不满足现状而击破传统的制度企业家更显可贵。

基因术士则是微观能力层面上的，是里夫金提出的理念。[1]当把整体与局部、永恒与死亡的边界消解掉之后，组织的领导者要做的是从烟火时代里的"炼金术士"转变成信息时代里的"基因术士"。

炼金术起源于公元前4世纪的古埃及。那时，人们相信在火的帮助下，可以把多种金属熔合形成黄金。这被认为是一个完美的隐喻，世界的圆满在于融合。炼金术士的任务就是严格按照摸索出来的程序，把作为部分的各种金属，在高温的帮助下加以熔化，希望能够把低贱的金属变形为高贵的金属，如金、银；希望能够烧炼出哲人石（philosopher's stone），它是万能的催化剂，能够将任何种类的劣金属转化为黄金；希望炼制物泡水溶化之后成为"万灵药"（elixir），拥有无比的医疗能力，给人带来青春和长寿。这些都是炼金术士毕生努力的目标。

而基因术士秉持的信念是，任何物质和生命形态都可以被还原成信息或者载有信息的DNA。生命的形态是流动的，它现在这一刻的状态不代表未来的形态。生命体之间并没有什么实质的区别，生命体都具备趋向新形态的能力。基因术士不再在"部分与整体""圆满"的思维下工作，他们要做的就是通过解码、编码重构一个新型的生命体。在烟火哲学里，这种行为被认为是超越自然的。

---

[1] 杰里米·里夫金. 生物技术世纪：用基因重塑世界［M］. 付立杰，等译. 上海：上海科技教育出版社，2000.

从自然的角度来讲，很难说基因术士会面临怎样的自然伦理的拷问，我们在此只是借用基因术士这个隐喻，来说明如果把组织视为一种生命形态，"基因术"应该是未来企业家的必备能力之一。

基因术士认为生命界是以潜在的形式存在的，它总是在变化成为另一种东西。新一代企业家也是如此，对他们而言，企业的实在感正在消失，它不再是一个分立的实体，而是暂时存在于一个变动范围之中，并趋于成为其他生物体。

对基因术士来说，物种界限只是便于识别我们所熟悉的生物学状态或关系的标签，绝不是一堵分离各种植物和动物的不可透过的墙。同样，对新一代企业家而言，企业的熟悉边界也在消失，市场始于何处，企业终于何处，用户始于何处，员工终于何处，这些都不再具有科斯式的明晰感和确定性。

康奈尔大学化学生态学研究所所长、生物学教授托马斯·艾斯纳（Thomas Eisner）要求我们重新思考关于"物种"的概念，他写道："作为遗传工程最近进展的结果，（生物物种）应当被看成是基因的寄存处，这些寄存的基因有可能发生转移。物种不仅只是自然书库中的一本硬皮精装书，同时也是一本活页书。它的每一页都是基因，都可以转移或改造成为其他物种。"㊀

还有什么比这种物种的转移或改造更有力地喻示了组织生命体的裂变？企业家更像是基因术士一样，用信息流的眼光打量整张网络，不断把信息组织形式进行高效裂变，而变革的目的，就是要不断让企业从一个生命走向无数个生命，从精装书走向活页书。

相对于现代性，后现代主义通过对严肃的消解、对游戏的迷恋来摆脱目

㊀ Eisner, Thomas. (July 15, 1985). "Chemical Ecology and Genetic Engineering: The Prospects for Plant Protection and the Need for Plant Habitat Conservation", *Symposium on Tropical Biology and Agriculture*, St. Louis: Monsanto Company.

标对生命体验的束缚。后现代主义更加追求个体生命体验的关怀，就像里夫金所说的，这是一种心灵框架。在这个框架里，每个人都可以在时间允许下充分体验生命的多样性。因此，印刷术带来的工业化思维也必然会被网络信息时代的创造性思维取代。组织的任务就是要不断创造更加适合于作为节点的个体的环境。对于组织领导者而言，与其说他们印证了基因术士的隐喻，不如说他们更像是创造新作品的艺术家。

既有制度企业家的政治气魄，又有基因术士的再造能力，我们将同时具备这两个特性的人称为"创造型企业家"。

创造型企业家能发现我们这个时代的奥秘，并能将其转化成组织领域里的现实，他们就是张维迎形容的"捅破窗户纸"的人。他们在为时代创造一种与之匹配并能随之长久前行的制度，同时还能通过不间断地开展基因再造，让知识创造、流转、组合，使企业成为一个生生不息的生命体。

| 跋 |

没有颠覆，只有奥伏赫变

奥伏赫变与扬弃

1928年1月15日，创造社的综合性理论刊物《文化批判》在上海创刊。对于刊物的宗旨和任务，成仿吾在《文化批判》创刊号的《祝词》中引用列宁"没有革命的理论，就不会有革命的运动"的名言，强调理论学习、宣传、斗争的重要性。

成仿吾从日本带回来的一批新成员（也即所谓的后期创造社成员）集体亮相。彭康、冯乃超、李初梨、朱镜我等人是《文化批判》的主力。这些作者强势地引进了一套从德国古典哲学到马克思列宁主义的哲学术语和话语模式，许多时候，新的哲学和政治名词以德语的形式出现。他们设立了"新辞源"这一栏目，通过对革命理论的"名词解释"来为读者"启蒙"。第一期的九个词条当中有一条：奥伏赫变。

这个词条是这样写的：

奥伏赫变为德文 Aufheben 的译音，其意译是抑扬，然亦有译作弃扬或止扬的，颇不一致。它本是黑格尔哲学的特有的用语，用以表示辩证法的进程的。就是一个思考必然地包含与它相矛盾的思考，对于这二个相反的矛盾的思考，丢弃了矛盾的不合理的部分，

表扬它的合理的部分，形成一个较高级的综合的思考，这个丢弃，蓄积及表扬的过程，就叫做奥伏赫变。⊖

这四个突兀难解的汉字，今天普遍被译作"扬弃"。

众所周知，那时的鲁迅和创造社不对付。在《"醉眼"中的朦胧》一文中，鲁迅为"奥伏赫变"一词加了一个括号说明："'除掉'的意思，Aufheben 的创造派的译音，但我不解何以要译得这么难写。"也就是说，鲁迅把 Aufheben 译为"除掉"。

针对这样一个括号中的翻译批评，"创造派"进行了反击。彭康在《文化批判》第四期上发表了《"除掉"鲁迅的"除掉"！》，专门回应了鲁迅对于"Aufheben 的创造派的译音"的讥讽。首先，彭康强调 Aufheben 这一黑格尔－马克思术语的含义复杂，当时的其他汉译都不充分，从而为音译的必要性辩护："我们在中国文字中找不出可以包括 Aufheben 底复杂的全部意义的语句。"其次，他强力指责鲁迅的译法"除掉"是对这一概念的曲解。彭康凭借着自己的德国哲学理论功底对鲁迅讲解起了这一不可译的哲学词汇：

> 可是黑格尔（Hegel）开始用在哲学里的时候，［Aufheben］底意义便复杂起来了。黑格尔的哲学最重要的地方是在他把世界看为变动的，会生成的（Werden）。而世界的运动又取辩证法的方式，即所谓肯定—否定—否定的否定—肯定的过程。这个过程，黑格尔用 Aufheben 这个字来表示，因为 Aufheben 原有否定，保存，提高的意义。所以这里的 Aufheben 包含了这三种全部的意思，不只是其中的一个。

⊖ 转引自：王璞. 从"奥伏赫变"到"莱茵的葡萄"——"顿挫"中的革命与修辞［J］. 现代中文学刊，2012年（5）.（原文出自"新辞源"，《文化批判》1928年第一期。）

鲁迅说得没错，Aufheben 一词在日常德文中确实意味着消除、消灭、取消，但是彭康说得更对，在黑格尔以及后来马克思的哲学语言中，这个词明显地具有更加辩证的含义：既是消灭，也是保存和升华。换言之，是过渡到一个更高的形式。

按照邓晓芒的解释，auf 是"向上"，是一个介词；heben 是动词，有抬高、举高之意。所以，这个词在德语中有"举起来""放在高处"的意思，表示在高处保存起来，不让其流失。㊀ Aufheben 从来不是单纯的消灭，作为发展环节，否定总是有所抛弃，同时也有所保存。**这里存在一个"是一非一变"的过程**：是与非"两者都同样是变（becoming），即使它们方向是如此不同以至相互渗透和制约。一个方向是消亡（ceasing-to-be）。'是'过渡到'非'，但'非'又是它自身的对立物，过渡到'是'，即成为（coming-to-be）。这个成为是另一个方向。'非'过渡到'是'，但'是'又同等地扬弃自身，更确切来说过渡到'非'，即消亡。它们不是相互扬弃，不是外在性地将另一者扬弃，而是每一个在自身中扬弃自身，每一个在自身中就是自己的对立物。"㊁

其实，鲁迅自己引用的裴多菲的一句名言，把扬弃的道理说得非常清楚："绝望之为虚妄，正与希望相同。"绝望本不实有，希望也不实有；绝望中或可窥见希望，而希望中仍然潜伏绝望；人必得先经历希望之虚妄，进入绝望之地，或可重燃希望。这也就是"求生者反得死，求死者反得生"的道理。

颠覆与逾越

如今企业家好把"颠覆"二字挂在嘴边，**殊不知，在管理中，并没有完**

㊀ 邓晓芒. 黑格尔辩证法演讲录[M]. 北京：北京大学出版社，2015.
㊁ Georg Wilhelm Friedrich Hegel, *The Science of Logic*, George Di Giovanni (trans. and ed.), Cambridge: Cambridge University Press, 2010, pp. 80-1.

全的颠覆，有的是奥伏赫变。

　　黑格尔解释事物的发展，扬弃是基本概念之一。黑格尔认为，在事物的发展过程中，每一阶段对于前一阶段来说都是一种否定，但又不是单纯的否定或完全抛弃，而是否定中包含着肯定，从而使发展过程体现出对旧质既有抛弃又有保存的性质。

　　对于扬弃的含义，黑格尔自己描绘道："扬弃在语言中有双重意义，它既意谓保存、保持，又意谓停止、终结……被扬弃的东西同时即是被保存的东西。"㊀在《小逻辑》㊁一书中，他进一步阐释说："我们顺便须记取德文中的Aufheben（扬弃）一字的双层意义。扬弃一词有时含有取消或舍弃之意，依此意义，譬如我们说，一条法律或一种制度被扬弃了。其次扬弃又含有保持或保存之意。在这意义下，我们常说，某种东西是好好地被扬弃（保存起来）了。这个字的两种用法，使得这个字具有积极的和消极的双重意义，实不可视为偶然之事，也不能因此便斥责语言产生混乱。反之，在这里我们必须承认德国语言富有思辨的精神，它超出了单纯理智的非此即彼的抽象方式。"

　　Aufheben 原是一个德文常用词，具有拾起、保存、取消、废除等多个含义。18、19 世纪经过康德、费希特，尤其后来黑格尔的发扬，它成为一个重要的哲学词汇。黑格尔明确把它作为同时具有否定与肯定双重含义的概念加以使用。马克思在《德意志意识形态批判》和《资本论》等著作中也用到"扬弃"一词，并与黑格尔的词义相同。

　　扬弃包含着一种有保留的放弃，有克服的继承，有终结的持续。旧有的许多东西并不能单纯地被丢掉或取消，而是要在它本身中发展新状态，最后

㊀ 黑格尔. 逻辑学：上卷 [M]. 杨一之，译. 北京：商务印书馆，1982：98.
㊁ 黑格尔. 小逻辑 [M]. 贺麟，译. 北京：商务印书馆，1980：213.

导向高一个层次，成为更复杂的统一体。在这个意义上，用"超越"一词来形容也许更准确。但汉语的"超越"又不含割裂性的深层意义，所以或许可以改作"逾越"。

事物的发展，本质上是从潜在展开到现实的过程，是事物本质成为现实的过程。事物成为真正的现实，无非就是本质得到了最充分的显现。事物越是向前发展，事物的本质就越充分，就越是成为其自己。但成为其自己的过程中伴随着否定，因而绝不平静。讲到这里，我们就会想到黑格尔念兹在兹的"精神"。

否定性是死亡的力量，但黑格尔认定：

> 精神生活不是害怕死亡而幸免于蹂躏的生活，而是敢于承担死亡并在死亡之中得以自存的生活，精神只当它在绝对的支离破碎中能得全自身时才赢得它的真实性。精神是这样的力量，不是因为它作为肯定的东西对否定的东西根本不加理睬，犹如我们平常对某种否定的东西只说这是虚无的或虚假的就算了事而随即转身他向不再询问的那样，相反，精神所以是这种力量，乃是因为它敢于面对面地正视否定的东西并停留在那里。精神在否定的东西那里停留，这就是一种魔力，这种魔力把否定的东西转化为存在。⊖

关于 aufheben 的辩证含义，中国哲学家也有阐述，比如冯友兰先生在接受母校哥伦比亚大学名誉博士学位的答词里，就说道："发展过程是一种辩证的运动。用黑格尔的术语说，就是肯定、否定、否定之否定。换言之，就是正、反、合。这样的合，包括了正、反的一切精华。在这个意义上，现在应当包括过去的一切精华。这是解决不同的文化矛盾冲突的自然方式。这种解决应当是黑格尔称之为'奥伏赫变'的过程。这的确是一种很复杂的过

⊖ 黑格尔. 精神现象学：上卷 [M]. 贺麟，王玖兴，译. 北京：商务印书馆，1979：24.

程，是与简单化针锋相对的。"⊖

所以，为什么我们应该弃用"颠覆"一词而用"扬弃"或者"逾越"，原因在于"颠覆"把复杂化的过程简单化了。

自否定

英文中一般将 Aufheben 翻译为 Abolish，但 Abolish 仅有革除、放弃之意，无 Aufheben 批判性继承的内涵，所以英文中也找不到与 Aufheben 完全对等的词。这是一个翻译研究中常举的例子，证明即使在欧洲语言内部也难以完全对等翻译。⊜

在中国，把 Aufhebung（由动词 Aufheben 转化的动名词）译为"扬弃"并非始于贺麟先生译黑格尔，郭大力和王亚南两位先生在20世纪30年代翻译《资本论》时，就已多次将此词译作"扬弃"了（不过1972年，郭大力、王亚南再版《资本论》时，关于"扬弃"资本的私有性质此类语句都变为"消灭"⊜）。

"扬弃"倒是精准地传递了 Aufheben 的双重含义，不过随之带来一个问题是：在具体语境下是取其中一种意思，还是两种兼而有之？例如，如果我们强调"除掉"之意，这意味着消灭某些事物，因而一般被认为具有"消极的"结果。然而，"除掉"同时也为新生事物腾出了地方，又可以被视为"积极的"。**作为辩证法大师的黑格尔，对于否定的重视超过肯定**，如果我们追随他，那么或许应该倒着思考：作为"取消"和"舍弃"来讲的

⊖ 冯友兰. 在接受哥伦比亚大学授予名誉博士学位的仪式上的答词 [M] // 冯友兰. 冯友兰自选集. 北京：首都师范大学出版社，2008.
⊜ Munday J. *Introduction to Translation Studies*, New York: Routledge, 2001.
⊜ 胡德平. 鉴别两种社会主义的一块试金石——是"扬弃"而不是"消灭"私有制 [EB/OL]. (2016-12-13) [2019-8-26]. http://opinion.hexun.com/2016-12-13/187318260.html.

Aufheben 是积极的，而作为"保存"来讲的 Aufheben 是消极的？

具体放到张瑞敏主导的海尔的管理变革中来考量，海尔的微观组织，由自主经营体走到利益共同体，再到小微公司和链群，有什么被去除了、悬置了、否定了？去除的过程中有保存吗？组织发展的结果，是既保留了原来的内容，同时又加上了更高级、更丰富的新内容吗？还是把旧内容荡涤一空了（这是可能的吗）？

再有，"除掉"是突然发生的粗暴行为吗？还是必须经历一种缓慢的过程，存中废、废中存，继而才能实现"逾越"？此种复杂的奥伏赫变引发的观感也是复杂的，比如，海尔要消除企业中的等级制，这究竟是一种"消极的"废除（因为它消灭了一种低效然而有用的事物），还是一种"积极的"废除（因为它释放了普通员工的能量）？或许，只有发展出来的新生事物，即那个更高的存在，才能决定废除的后果究竟是消极的还是积极的？

这里我们需要一种崭新的标准。扬弃的真正意思，是要在旧的标准已经崩溃时，创造出新时代的新标准，通过自我否定达到新的高度，以新的高度的标准来衡量事物的发展。

由此，**扬弃必须是自扬弃，如果是他扬弃，那么就不构成一种主动的、能动的活动**，也就不能实现黑格尔所说的"精神的生活"。"扬弃"这个译名没有显示自身的辩证关系，更没有表达出"面对面地正视否定的东西并停留在那里"的决绝，在汉语语境中，它更多使人联想起一种外在的技术手段，如将麦子和秕糠分开，或者去粗取精、去伪存真一类过程。

这是个严重的误解，所以有的翻译家认为，为了避免这样的歧义，应直接将 aufheben 音译为"奥伏赫变"。如前所述，**"奥伏赫变"不是外在性地将另一者扬弃，而是每一个在自身中扬弃自身，每一个在自身中就是自己的对立物**。正如邓晓芒所强调的，在黑格尔那里，被"保存"的和被"取消"

的是同一个东西,是同一个东西通过自我否定而把自己保存下来了。"**奥伏赫变"是同一个东西的自否定**,即一方面否定自己,另一方面正是因为自己否定,而不是由他者来否定,所以自身仍然保存下来了。

所以,我们如果找不到更好的译名来取代它,至少应当对这一概念加以充分的解释,即应说明:扬弃既不是怀着愧惜的心情对旧有的东西加以掂量,看哪些还可以保留,哪些是不得不弃的;也不是怀着恐惧的心情对未来的东西加以预防,以免在得到新的好处的同时又带来新的祸害。相反,扬弃是否定,更确切地说是自否定。**它就是投身于"死亡",投身于"绝对的支离破碎",并从中得到新生;或者说,这种否定或自否定本身就是新生。**此外,扬弃也不是以现有标准去识别或审查正在发展中的东西。毋宁说,扬弃正是标准本身的形成过程,扬弃本身就是由于现有的识别标准已经过时才显得刻不容缓。⊖

在此意义上,扬弃不是取其精华弃其糟粕,不是设定稳定的标准衡量已有情境,不是纠缠过去的观念与现实,而是通过自否定形成螺旋上升,通过自否定形成行动的反身性,通过自否定在支离破碎的瓦解中保持其自身。如马克思所说:"根据否定的否定所包含的肯定方面,把否定的否定看成真正的和唯一的肯定的东西,而根据它所包含的否定方面把它看成一切存在的唯一真正的活动和自我实现的活动。"㊁

胡泳

⊖ 邓晓芒. 思辨的张力:黑格尔辩证法新探 [M]. 北京:商务印书馆,2008.
㊁ 马克斯. 1844 年经济学哲学手稿 [M]. 中共中央马克思恩格斯列宁斯大林著作编译局,译. 北京:人民出版社,2000:97.

显而易见的商业智慧

书号	书名	定价
978-7-111-57979-3	我怎么没想到?显而易见的商业智慧	35.00
978-7-111-57638-9	成效管理：重构商业的底层逻辑	49.00
978-7-111-57064-6	超越战略：商业模式视角下的竞争优势构建	99.00
978-7-111-57851-2	设计思维改变世界	55.00
978-7-111-56779-0	与时间赛跑：速度经济开启新商业时代	50.00
978-7-111-57840-6	工业4.0商业模式创新：重塑德国制造的领先优势	39.00
978-7-111-57739-3	社群思维：用WeQ超越IQ的价值	49.00
978-7-111-49823-0	关键创造的艺术：罗得岛设计学院的创造性实践	99.00
978-7-111-53113-5	商业天才	45.00
978-7-111-58056-0	互联网原生代：网络中成长的一代如何塑造我们的社会与商业	69.00
978-7-111-55265-9	探月：用改变游戏规则的方式创建伟大商业	45.00
978-7-111-57845-1	像开创者一样思考：伟大思想者和创新者的76堂商业课	49.00
978-7-111-55948-1	网络思维：引领网络社会时代的工作与思维方式	49.00